JN452537

한 개인과 사회에 대한 끊임없는 통찰과 반성 속에서 개인과 사회를 재현하고 그 이상을 꿈꾸는 것이 소설이라면, 현대인의 정체성과 현대 사회를 반영하는 섹슈얼리티라는 주제가 소설에서도 매력적인 주제가 아닐 수 없다. 특히 소설에서 '현대성'은 인물의 성격 변화에서부터 비롯되었으며, 근현대인에게 성격 변화는 섹슈얼리티의 변화와 함께 진행되었다. 때문에 소설 작품 속에 등장하는 인물들의 섹슈얼리티를 서사 구조 속에서 고찰하는 것은 작중 인물의 성격 변화를 통해 현대 소설의 '현대성' 그 자체를 분석할 수 있는 방법론이기도 하다. 따라서 본 연구는 섹슈얼리티를 소설 연구의 방법론으로 제시한 도발적인 시도이기도 하다.

한국 현대 소설과 섹슈얼리티

Korean Modern Novels & Sexuality

김윤선

도서출판 월인

책머리에

1. 그녀와의 만남

이 책은 필자가 2001년에 제출했던 박사학위 논문 「1920년대 한국 소설에 나타난 성담론 연구」를 수정 · 보완한 것이다. 1996년 박사 과정에 입학하여 5년 만에 논문을 제출하였고, 논문을 제출한 지 다시 5년이 흐른 후에 한 권의 책으로 엮어낸다. 이래저래 10년의 세월이 흐른 것이다. 10년이면 강산도 변한다는데, 나는 이 한권의 책만을 바라보며 강산을 지킨 셈이다. 부끄럽다. 그리고 어느새 10년의 세월이 두 번 지나도록 한국 현대 소설을 공부하면서 보내고 있으니, 문학과의 인연도 예사롭지는 않은 듯 하다. 문학을 공부하겠다는 선택을 주저한 적이 없었고, 지금도 소설을 공부하는 사람으로 살아감이 감사하지만 처음으로 문학 공부의 길에서 돌아서고자 했던 날, 내가 만났던 소설 한 편이 오늘의 이 연구서를 가능하게 했음을 고백하고 싶다. 그 소설은 박사 과정 진학을 앞두고 좌절했던 1995년 겨울 우연히 만난 송기원의 「늙은 창녀의 노래」였다.

나는 이 소설을 통해서 비로소 창녀가 이 땅에 살고 있음을 인식했다. 부끄러운 고백이지만, '그녀' 덕분에 위로받을 수 있었고, '그녀'에 대해서 알고 싶어졌고, 그래서 '다시' 공부할 수 있었다. 단지 여자가 창녀였기 때문만은 아니었다. 평범하게 살고 싶었던 여자, 자신도 귀한 생명을 낳아보고 싶었던 여자의 소박한 꿈마저 외면한 듯한 하늘의 뜻 앞에서 공부하는 자의 슬픔이나 고통이 그보다 더하다고 말할 수 없었기 때문이다. 그 후 박사과정에 진학을 할 수 있었던 나는 여인들, 특별히 몸 파는 여인들의 삶에 관심을 갖게 되었다. 그들을 알기 위해서 여성학 공부를 하기 시작했고, 그녀들을 만나기 위해 집창촌을 찾기도 했다. 그리고 그녀들이 이미 오래 전부터 인간 역사와 함께 문학 안에서 등장하고 있음을 알게 되었다. 일제 시대 이래 국가는 여성의 몸을 이용하기도 하고 금지하기도 하면서 관리해왔지만, 그녀들은 늘 밑바닥 인생, 인권의 사각지대에서 인간답지 못한 삶을 계속 해왔다. 무엇보다 그녀의 이야기들을 들으려 하지 않았고, 우리는 값싼 동정 아니면 경멸로 그녀들을 하대해 왔던 것이 사실이다.

1996년 박사 과정에 입학 한 후 다시 만난 여자는 요한 복음서의 막달라 여자 마리아였다. 성서는 내게 인간들의 삶으로 가득 찬 가장 세속적이면서도 성스러운 이야기책이자 소설책이기도 하다. 예수가 왜 막달라 여자 마리아를 사랑했을까? 그저 동정이었을까? 꼭 그렇지 만은 않을 것 같다. 불쌍한 사람으로 치자면 당시에도 많은 사람들이 있었을 테니 말이다. 예수는 막달라 여자의 삶 안에서 자신을 보았는지도 모른다. 그저 욕망을 위해 자신에게 와서는 욕구가 풀리고 가면 떠나버리고 마는 손님들처럼 사람들도 자신들의 욕망을 위해 예수를 찾고 그 욕망이 사라지면 그분을 떠나기 일쑤다. 화대든 헌금이든 얼마의 대가를 지불했다는 당당함으로 말이다. 막달라 여자의 허허로운 영혼은 예수의 그것과 닮아있었을지도 모른다. 예수는 막달라 여자의 영혼과 만났고, 그녀를 있는 그대로 인정해주고 변호해 주었으며 그녀를 사랑해주었다.

가부장제 속에서 여성들이 받아온 억압과 상처가 남성들보다는 크다. 그러나 이제는 우리의 상처 안에 갇혀 그것만을 바라보기 보다는 우리의 상처를 통해 다른 이의 상처를 보듬어주고 연대할 수 있는 마음으로 거듭나야 하는 것은 아닐까? 나는 그 마음을 예수와 막달라 여자 마리아의 만남 안에서 깨달을 수 있었다. 더 많이 고통 받았고 더 많이 차별받았기에 다른 이들의 고통을 더 잘 이해하며, 그들의 삶에 귀 기울이고 그들의 삶을 인정해주고 소외된 이들의 변호자가 될 수 있는 것, 그것이 내가 특별히 소설 연구에서 여성 인물들에게 관심을 갖는 이유이기도 하다.

2. 페미니즘, 섹슈얼리티, 성매매

성매매 여성들에 대해 알기 위해 시작한 것이 여성주의(feminism) 공부였다. 무엇보다도 페미니즘은 여성으로 태어나 여성으로 성장하고 여성으로 살아가고 있는 여성인 내게 역사적·사회적 존재로서의 여성에 대한 이해와 반성의 기회를 제공해주었으며, 여성으로서의 정체성과 자존감, 그리고 그 존재 이유를 생각하게 해 주었다. 나는 당시까지만 해도 한번도 내가 여성임을 깊이 생각해본 적이 없었다. 나는 페미니즘 공부를 통해 나의 여성성을 찾을 수 있었고, 그 여성성이 단지 여성의 권리와 지위 확보를 위한 남성과의 투쟁이 아니라는 것도 배울 수 있었다. 서구에서 그러했듯이 한국에서도 페미니즘은 남성과의 대결양상으로 표출됨으로써 남성 뿐 아니라 여성자신에게도 불편함을 주는 듯하지만, 내게 페미니즘은 대결이 아닌 평화를, 지배가 아닌 조화를 생각하게 해 준 이론이기도 했다. 또한 페미니즘은 여성들만 하는 이론도, 여성만의 행복을 위한 운동도 아니었다. 그것은 오히려 인간 고통의 문제, 소외의 문제, 소수자의 문제, 차별의 문제, 욕망의 문제, 권력의 문제, 자유의 문제를 고민하는 이론이었으며, 그것들은 모두 문학의 주제들이기도 했다.

여성주의를 배우는 과정에서 자연스럽게 그 지평을 열게 된 분야가 性性이라고 번역되는 섹슈얼리티의 문제다. 여성이나 성매매 문제보다 더 근본적이라 할 수 있는 섹슈얼리티의 문제가 내게는 선결되어야 할 주제였다. 섹슈얼리티에 대한 이해 없이 남자, 여자, 인간에 대한 이해, 사회에 대한 이해는 불가하며, 또한 인간과 사회의 대결 양상을 다루는 소설에 대한 연구도 불가하다고 생각했기 때문이다. 섹슈얼리티에 대한 이해에 서구 학자들의 도움을 많이 받았다. 프로이트를 비롯하여 빌헬름 라이히, 마르쿠제, 미셸 푸코, 들뢰즈, 앤소니 기든스에 이르기까지 서양 지성사의 한 획을 그은 섹슈얼리티 논의는 내게 지적 충격으로 와 닿았으며 성 정체성에 대해 정리할 수 있는 기회를 제공해주었다. 이들의 논의에 대해서는 이 책의 Ⅰ장에서 간단하게나마 정리하였다. 특히 미셸 푸코의 저서 『성의 역사』 1, 2, 3권은 비록 그것이 프랑스를 중심으로 서구 근대 사회에 대한 논의이기는 했지만 서구를 모델로 전개된 한국의 근대적 상황을 섹슈얼리티를 통해 파악하는 데 도움이 되었다. 자신의 성 정체성의 문제를 학문적 성과로 이루어간 미셸 푸코의 생애와 저서는 학자의 정체성과 본분을 다시 생각해보게 하는 계기도 되었다. 박종성의 『한국의 매춘』과 『권력과 매춘』은 한국의 성매매 현실을 이해하는 데 역사적 배경을 제공해 주었다. 그의 논의는 이 책의 Ⅱ장에서 작품 분석에 앞서 섹슈얼리티와 성매매 문제에 대한 전반적 이해를 돕기 위해 정리되었다.

섹슈얼리티의 문제는 또한 현대 소설의 문제이기도 하다. 한 개인과 사회에 대한 끊임없는 통찰과 반성 속에서 개인과 사회를 재현하고 그 이상을 꿈꾸는 것이 소설이라면, 현대인의 정체성과 현대 사회를 반영하는 섹슈얼리티라는 주제가 소설에서도 매력적인 주제가 아닐 수 없기 때문이다. 특히 소설에서 '현대성'은 인물의 성격 변화에서부터 비롯되었으며, 근현대인에게 성격 변화는 섹슈얼리티의 변화와 함께 진행되었다. 때문에 소설 작품 속에 등장하는 인물들의 섹슈얼리티를 서사 구조 속에서 고찰하는 것은 작중 인물의 성격 변화를 통해 현대 소설의 '현대성' 그 자체를 분석할 수 있는 방법론이기도 하다. 따라서 본 연구는 섹슈얼리티를 소설 연구의 방법론으로 제시한 도발적인 시도이기도 하다.

3. 1920년대, 그리고 희망

섹슈얼리티라는 주제로 1920년대 소설을 만난 것은 내게는 소중한 체험이었다. 1920년대는 한국 근현대의 기원을 숨겨둔 우물과 같은 곳이었고 한국 현대 소설의 시원과 같았다. 사실 처음 논문을 준비하면서는 섹슈얼리티라는 주제로 해방 전 한국 현대 소설을 일괄하는 것을 목표로 했다. 그러나 양적 방대함으로 연구 대상의 작품 시기를 1920년대로 한정할 수밖에 없었다. 해방 전이든 해방 후이든 1920년대에 대한 통찰과 연구 없이는 섹슈얼리티 문학 연구는 불가능하다고 판단했기 때문이다. 1920년대는 한국현대사에서 가히 섹슈얼리티의 시대였다고 해도 과언이 아니다. 나는 이 시기 소설을 비롯한 담론들 속에서 현재 나의 자리, 우리의 자리를 성찰할 수 있었다. 그런데 인간 정체성의 기제의 하나라고 생각한 섹슈얼리티라는 주제로 1920년대 소설을 연구 하는 과정에서 다시 만난 것이 성매매 여성들과 여학생들이다. 나는 그녀들에게로 다시 돌아왔다. 여학생과 성매매 여성은 1920년대의 새로운 징후를 보여주는 섹슈얼리티의 전위자들이었다. 그들은 누구보다도 철저하게 식민화와 근대화라는 당대 조선의 현실을 온 몸으로 각인하면서 살았던 자들이다. 그녀들의 삶은 그녀들만의 삶이 아니라, 다른 여성들의 삶, 그리고 다른 남성들의 삶과 연관된 메타포이기도 했다. 그리고 그것은 근대화와 동시에 진행된 식민지 조선의 모습이었으며, 지금도 신자유주의 체제 속에서 세계화라는 미명하에 자행되고 있는 지구촌의 현실이기도 하다.

당시 학교라는 공적 영역에서 처음으로 지식을 학습해나갔던 여성 지식인이라 할 수 있었던 여학생들이 내게 선배의 모습으로 다가왔다면, 성매매 여성들은 내 문학 공부가 만나야 할 새로운 친구들의 모습으로 다가왔다. Ⅲ장은 이러한 지향을 『무정』을 통해 천착한 첫 번째 작품 분석이다. 나는 단지 흥밋거리나 서사구조를 위해 등장하는 도구적 존재가 아니라, 살아있는 인물로 그녀들을 만나고 싶었다. 소설 텍스트를 통한 그녀들과의 만남은 인간 본질에 대한 탐구라는 인문학적 과제를 수행하는 기쁨을 알게 해 주었으며, 아울러 역사에서는 배우지 못했던 1920년대 식민지 조선의 현실을 다시 발견할 수 있게 해 주었고, 무엇보다도 문학은, 그리고 문학연구는 인간에게 무엇이어야 하는지에 대해 성찰할 수 있게 해 주었다. 그것은 소설 연구자로서 누릴 수 있었던 딱딱하지만 값진 위로였다.

나는 지금도 지식인 여성인물의 형상화와 성매매 여성인물들의 형상화 방식에 주목한다. 언젠가 한국 현대 소설에서 지식인 여성으로든 성매매 여성으로든 인물 형상화에 성공한 뜨거운 인물을 만날 수 있기를 고대한다. 그것은 곧 내가 사는 세상에 대한 기대이기도 하다. 이러한 희망이 본 연구의 Ⅳ장과 Ⅴ장의 내용을 지루할 정도로 세세하게 진척시킨 이유이기도 하다. Ⅳ장이 여학생과 성매매 여성들의 인물 형상화 양상을 분석한 내용이라면, Ⅴ장은 이들이 작품 안에서 세계와 갈등하는 서사구조에 대한 분석으로 섹슈얼리티 연구를 통해 드러나는 작품의 재발견이라고 할 수 있다.

1920년대 섹슈얼리티를 통한 한국 현대 소설 연구는 앎과 성찰의 시간을 주었지만, 불편하고 아픈 기억에 대한 작업이기도 했다. 그러나 그 아픔이나 상처가 새로운 세상에 대한 희망으로 이어지리라는 믿음이 없었다면 나는 결코 이 연구를 마칠 수 없었을 것이다. 백 년 전, 그리고 지금도 섹슈얼리티를 둘러 싼 인간 세상의 아픔은 계속되지만 다시 백년 후 섹슈얼리티가 가장 불행하다고 생각하는 사람에게까지 기쁨과 위로로 전해지는 인류의 마지막 보루가 될 수 있으리라는 희망, 그 희망을 잇는 일에 지성이 작은 모래알이라도 될 수 있으리라는 희망, 이 모든 희망을 엮는 일에 문학이 불행한 이들의 가장 부끄러운 상처 뿐 아니라 행복해 보이는 이들의 숨겨진 눈물과도 동행할 수 있으리라는 희망, 이 희망이 아니었다면, 부끄러운 이 졸저를 세상에 내어 놓는 무례함을 저지를 수는 없었을 것이다.

서문의 끝에서나마 이 책을 함께 만들어주신 귀한 분들의 은혜를 기억하고 싶다.

제게 첫 남자였고, 첫 이별이었던 하늘에 계신 아버지, 제게 첫 여자였고, 첫 인생이 되어 주신 어머니. 감사합니다. 두 분 덕분에 모든 것이 가능했습니다. 공부하는 사람의 기쁨을 가르쳐주신 김명호 선생님, 류양선 선생님, 정문수 선생님, 성낙돈 선생님, 덕성에서 선생님들을 뵙지 못했다면 지금 저는 학문하는 자리에 설 수 없었습니다. 문학을, 문학 작품과의 교감과 소통을 가르쳐주신 고려대 선생님들, 선생님들이 계셔서 텍스트의 기쁨과 아픔을 느낄 줄 아는 연구자로 살 수 있었습니다. 특히 늘 큰 산으로 풋내 나던 저를 오랜 세월 지도해주신 지도 교수 홍일식 선생님의 품은 지금도 그립습니다. 불온의 정신이 문학의 혼임을 가르쳐주신 서종택 선생님, 선생님이 계셔서 다시 용기를 낼 수 있었습니다. 감사합니다.

석사와 박사 논문을 지도해주셨던 송하춘 선생님, 김인환 선생님, 최동호 선생님, 김종균 선생님, 한승옥 선생님, 선생님들의 질책과 격려가 소설 연구자로 살아가는 자의 겸손을 가르쳐주셨습니다. 제 연구의 성과를 학생들과 나눌 기회를 처음으로 주셨던 신경숙 선생님, 학생들과 함께 공부하고 가르칠 수 있는 기회를 주신 제정원 신부님, 정덕준 선생님, 김은희 선생님, 임승렬 선생님, 그리고 여성문화이론연구소 선생님들, 가톨릭여성연구원 선생님들, 막달레나의 집 가족들, 상록수의 어머니들과 류해욱 신부님, 전교 가르멜 수녀회 가족들과 가톨릭 안에서 만났던 좋은 님들, 그분들이 계시지 않았다면 문학과 더불어 사는 행복과 여성에 대한 애정은 이어갈 수 없었을 것입니다. 감사합니다.

이 연구서를 수정 보완했던 여름부터 겨울까지 더위와 추위를 동행해 준 친구 이경수와, 박사 입학시험을 준비하던 날부터 이 책의 완성까지 든든한 의지가 되어 준 이혜원 언니가 계셔서 따뜻했습니다. 젊은 날, 문학을 공부해야 하는 불편한 행복을 함께 느꼈던 선배님들과 동학들에게도 고마움을 전하고 싶습니다. 아울러 부족한 원고의 출판을 기꺼이 허락해주시고 엮어주신 도서출판 월인의 사장님과 월인 가족들께도 머리 숙여 감사드립니다.

소설 안에서 허구의 장벽을 뛰어 넘어 내게 다가왔던 이들, 뒤늦게 출판하는 이 책이 그들을 기억하는 연구자로 살겠다는 첫 마음이 되었으면 좋겠다. 여자와 남자에게, 여남을 지으신, 지금도 짓고 계신 분들과 창조주에게 마지막 감사를 드리고 싶다.

2006년 2월

김 윤 선

차례

Ⅰ. 서론

1. 연구 목적 및 개념 규정

이 글은 『무정』과 1920년대까지 한국 현대 소설 형성기에 나타난 성담론에 관한 연구로, 소설 속에 드러나는 섹슈얼리티(sexuality)에 관한 연구이자, 섹슈얼리티를 통한 소설 연구이다. 본 연구는 소설 텍스트 속에서 섹슈얼리티와 관련된 담론을 추출하여 주제 연구 · 인물 분석 · 서사 구조 분석을 하고, 이를 통해 당대 한국 소설의 특성을 논리화하는 것을 목적으로 한다. 동시에 섹슈얼리티를 문학 연구 방법론의 하나로 확립하고자 한다. 본 연구는 20세기 한국 현대 소설 속에 나타나는 성담론의 문학사적 서술을 목표로 하지만, 일단은 한국 현대 소설 형성기의 작품을 연구 대상으로 한정한다.

1920년대는 한국 현대 소설의 형성기이다. 이 시기 문학에서는 이전 시대와는 다른 장르 의식이 대두되었으며 본격적인 작품 활동과 비평 활동이 전개되었다. 역사적으로는 일본 제국주의에 의한 식민화와 근대화가 진행된 시기이기도 하다. 식민화와 근대화라는 식민지 조선의 현실은 서구의 근대와는 다른 역사의 전개가 나타날 수밖에 없었다. 즉 식민지 조선에서는 전근대와의 갈등 속에서 근대화가 진행되었을 뿐 아니라, 식민화를 통해 근대의 폭력성을 체험함으로써 탈근대의 맹아까지도 이미 드러나기 시작한다. 합리적 이성과 진화론에 근거하여 낙관적 전망으로 나가야했던 근대 지향이 식민지 현실로 야기되는 근대의 문제점과 파행성 때문에 그 시작부터 굴절될 수밖에 없었던 것이다.

그러므로 이 시기 문학 연구는 근대화와 식민화라는 역사적 배경뿐 아니라 근대와 탈근대의 관계망 안에서 함께 논의되어야 한다. 이 시기 소설에 관한 기존 연구가 일제와의 대타의식에 초점이 맞춰져있었다면, 본 연구는 근대성 그 자체를 문제 삼는 동시에 당시 소설 속에서 발견되는 근대 비판, 탈근대의 성격을 함께 재구하려고 한다. 따라서 본 연구는 일제에 의해 파행적으로 진행되었던 근대의 문제 뿐 아니라, 오히려 일제의 수탈을 촉발하고 묵인하면서 그것을 합리화시킬 수 있었던 '근대'가 당시 한국 현대 소설 안에서 어떻게 형상화되었는지를 분석할 것이다. 이러한 연구를 위해 효과적인 주제가 '성(sexuality)'이다.

성(sexuality)은 개인의 미묘한 감정에서부터 각 개인의 생존 방식과 사회 구조 안에서 법과 도덕을 통해 끊임없이 재구되는 인간들 사이의 공통의 관심사에 이르기까지 인간과 인간 사회를 탐구할 수 있는 주제이다. 20세기 후반 서구의 지적 성취들은 성(sexuality)을 중심으로 진행되어왔다. 특히 생물학이나 의학 분야에서나 연구 대상이었던 성에 관한 연구가 1960년대 이후에는 철학 · 인류학 · 역사학 · 사회학 · 심리학 · 정신 분석학 등의 분야로 확산되면서, 성에 대한 개념의 변화와 함께 현대 사회를 성을 통해 진단하고자 하는 노력들이 활발해졌다. 그간의 연구에 힘입어 성은 이제 단순히 본질적이고 생물학적인 개념을 넘어섰다. 개인과 사회가 함께 만나는 가장 첨예한 영역이 성이며, 친밀성의 구조 변동이라는 현대 사회 변화의 주요 요인이 또한 성이다. 성은 일상생활에서 개인의 위치를 정해 줄 수 있는 기준점이자 삶을 성찰할 수 있는 기제이기도 하다.

서구의 근대 자본주의 체제는 인종과 성차별을 통해 하위 계층을 만들었다. 그리고 하위 계층을 체제 안에 묶어 두면서 그들의 정치적 역량을 최소화하는 한편, 시장의 수요 공급의 변화에 따라 그들을 때로는 노동자로, 때로는 산업 예비군으로 재배치해왔다. 자본주의는 항상 성이나 민족 차별을 기반으로 진행된 것이다. 서구의 근대 자본주의 체제를 모델로 형성된 한국의 근대 역시 성과 민족 문제를 떠나서 설명될 수 없다. 따라서 근대 자본주의 체제 속에서 창작되고 향유된 현대 소설을 연구하는 데 있어서도 성은 텍스트를 분석하는 데 주요한 주제이다.

본고에서 '성(sexuality)'에 주목하는 이유는 다음과 같다. 우선 현대 소설에서 인물은 서사 구조의 기본 요체이다. 현대 소설이 인물의 성격 변화를 통해 전대 소설과는 다른 현대성을 확보한다고 볼 때, 근대화 초기 한국 현대 소설에 나타나는 인물의 성격은 무엇보다도 '성(sexuality)'을 통해 확연하게 드러나며, 성격의 변화 역시 '성'을 계기로 이루어지는 경우가 많다. 따라서 본고에서는 현대 소설이라는 장르성에 입각해서 각 인물들의 성격을 성을 통해 밝힘으로써 당시 소설에 나타나는 인물들의 성격과 그 특성을 규명해 보고자 한다. 다른 하나는 '성(sexuality)'이 근대인의 정체성을 찾을 수 있는 유용한 기제인 동시에 근대성 자체를 문제 삼음으로써 근대 비판 혹은 탈근대의 문제를 탐구하는 데도 유용한 주제이기 때문이다. 소설 속에 나타난 인물과 사회의 형상화 양식을 '성'을 중심으로 연구함으로써, 전근대인에서 근대인으로의 변화 뿐 아니라, 당대 소설에 나타나는 근대인들의 진보와 합리성이 내재한 근대의 부조리한 속성을 도출할 수 있을 것이다.

본 연구는 당시 소설에서 인물들의 성(sexuality)을 통해 전근대인에서 근대인으로 변하는 과정에서 나타나는 인물들의 성격을 밝히고, 일본 제국주의에 의한 식민화를 가능하게 했던 근대의 속성을 분석함으로써 근대 소설 형성기에 나타나는 한국 소설의 정체성을 찾아보고자 한다. 즉 본 연구는 『무정』에서부터 1920년대 한국 소설에 이르기까지 한국 현대 소설의 형성기 소설에서 성담론을 추출하여 그 특징을 논리화하는 동시에, 이를 통해 한국 현대 소설의 특성을 규명하고자 한다. 여기서 성담론이란 성과 관련된 담론이며, 담론은 언어체계와 사회체계가 만나서 이루어지는 실천의 산물로서 입으로 말하거나 글로 표현된 것[1])으로 규정하되, 소설 텍스트 속에서 발견될 수 있는 것으로 한정한다.[2])

---

1) 김성기, 『포스트모더니즘과 비판사회과학』 문학과 지성사, p.31.

2) 담론(discourse)이라는 용어는 말하기나 글쓰기에서의 정격(正格)표현이라는 전통적인 의미와는 다른 수많은 의미를 갖게 되었다. 서사학에서 담론은 사건의 배열과 반대되는 서술(narration) 내지 텍스트(text)의 언어를 지칭한다. 담론에 대한 관심은 바흐친 학파의 언어에 관한 다양한 논의를 통해 그 이론적인 기반이 확립되었다. 소쉬르의 구조주의 언어학 이론에 대한 비판에서 시작한 그들의 논의에 따르면 결국 담론이란 실제적인 사회적 상황에서 발화된 언어와 그 발화의 방법을 의미한다. 따라서 담론이란 인간 생활의 총체성을 반영한다. 포스트구조주의 비평가와 이론가들 역시 이 용어를 채택하지만 서사학적 · 언어학적 용례들과 관련시키는 동시에 구별하는 방식으로 사용한다. 그들에게 담론은 텍스트를 가리킬 뿐만 아니라 언어의 의미작용 일반도 가리킨다. 담론이라는 용어는 종종 '텍스트'를 실질적으로 대체하여, 포스트구조주의에서 말하는 문학작품과 비문학작품의 자의적이고 작위적인 구별을 강조하거나 해체하는 데 도움을 준다.

이 용어는 미셸 푸코의 규정에 따라 사용 중인 언어를 가리키는 데에 쓰이기도 한다. 즉 푸코에게 있어서 담론이란 특정한 대상이나 개념에 관한 '지식'을 생성시키고, 존재들에 관해 무엇을 말할 수 있고 무엇을 인식할 수 있는가를 정하는 규칙들을 형성시킴으로써 현실에 관한 설명을 산출하는 언표(statement)들의 응집성 있고 자기지시적인 집합체이다. 푸코에게 담론은 개인의 활동과 지식의 가능성을 포함하여 주체성의 형식과 모양을 만드는 것이다. 푸코는 어떤 사회에서든 담론의 생산을 통제하고, 선별하고, 조직화하고, 나아가 재분배하는 일련의 과정들이 존재한다고 본다. 담론은 사회적 실천과정에서 지식을 형성하는 방식이며 그 지식에는 권력관계와 주체성의 종류들이 내재해 있다. 따라서 담론은 지식 · 권력 · 주체성간의 관계들을 의미하기 때문에 그 자체가 정치적인 것이다. 이상 담론에 대해서는 다음 책을 참고하였다. 미셸 푸코, 이정우 역, 『담론의 질서』(새길, 1993), 권영민, 『서사양식과 담론의 근대성』(서울대출판부, 1999), 조셉 칠더즈 · 게리 헌치 엮음, 황종연 역, 『현대문학 · 문화비평 용어사전』(문학동네, 1999; 미국 컬럼비아대학 출판부, 1995).

본론에 들어가기 전에 이 장에서는 본 연구에서 주제로 삼은 '성(sexuality)'의 개념과 성 연구에 대한 이론적 배경을 먼저 살펴보겠다.

1) '성(sexuality)'의 개념

성(性)은 생물학적인 성(sex)으로서의 개념과 성차(gender) 개념, 그리고 섹슈얼리티(sexuailty)로서의 성 개념에 이르기까지 그 용어가 지시하는 바가 포괄적이다.[3] 생물학적인 성(sex)은 성을 생물학적으로 이미 결정되어 있다고 보는 본질론자들에 의해 주창되는 개념이다. 그들은 성적 욕망을 자연적으로 내재된 본능으로만 한정하며, 성은 남녀의 성기 결합과 같은 신체의 결합이라고 규정한다. 이들은 무엇보다도 생물학적 성이 성별(性別)[4]과 섹슈얼리티를 결정한다고 보고, 'sex-gender-sexuality'의 정합성을 주장한다. 그러나 생물학적 성의 우위를 주장하는 이들의 성개념은 주로 페미니즘 이론가들에 의해서 성기 중심적이고 이성애 중심적이며 남성 중심적인 성문화의 정당화를 지속시키고 있다고 비판받는다.

페미니즘 이론가들은 생물학적 성이 남성과 여성의 정체성을 결정하는 것이 아님을 강조하기 위해 성별(gender)이라는 새로운 성 개념을 제시한다. 성별(gender)이란 성이 생물학적으로 결정되는 것이 아니라 사회적으로 구성된다는 남녀의 정체성을 말한다. 이들은 생물학적 성과 사회적인 성별은 우연히 연관되었을 뿐이며, 성별은 생물학적 차

3) 성(性)의 개념에 관한 정리는 다음 저술을 참고하였다.
한국성폭력상담소엮음, 섹슈얼리티 강의, 동녘, 1999.
제프리 윅스, 서동진, 채규형 역, 『섹슈얼리티: 성의 정치』, 현실문화연구, 1994.
Jackson, Stevi and Sue Scott eds.(1996), *Feminism and Sexuality*, Columbia University Press.
Rubin, Gayle(1984), "Thinking Sex : Notes for Radical Theory of the Politics of Sexuality", *Pleasure and Danger*, de. by C. Vance, Routledge & Kegan Paul.

4) '성차(性差)'라고 번역되기도 한다.

이에 따라 결정되는 것이 아니라 남성 중심 사회에서 권력을 가진 남성들에 의해 여성들에게 사회적으로 부과된 것으로 봄으로써, 성에 작용하는 권력에 주목하기 시작한다. 성별 개념은 성영역이 여성 억압의 중요한 영역이며 남성의 권력이 작용하는 정치학의 영역임을 드러내는 데 크게 기여했다. 그러나 이들의 한계는 생물학적 성과 사회적 성별은 관계가 없을지라도 'gender-sexuality'는 정합적인 관계를 맺고 있음은 인정한다는 사실이다. 성별이 섹슈얼리티를 결정한다고 보는 이들의 입장은 사회적으로 여성이라는 성별을 가지면 어떠한 사회적 위치에 놓여 있든 동일한 성적인 억압을 받는다고 가정함으로써 여성들 간의 차이는 인정하지 않는다는 비판을 받게 된다. 또한 성별(gender) 개념은 남성과 여성이라는 대립적 범주를 강조함으로써 남성의 성은 공격적 · 지배적 · 착취적이고, 여성의 성은 관계적 · 친밀함 · 상호적이라는 방식으로 본질화하고 이분화할 우려가 있다. 이는 여성들에게 성적 위험만을 강조하고, 성적 쾌락의 확보에 관해서는 소홀히 다루는 결과를 낳았다.

이에 비해 성적 욕망들 · 성적인 정체성 및 성적 실천을 의미하는 섹슈얼리티(sexuality)는 성을 유동적이고 다원적으로 보는 용어이다. 따라서 섹슈얼리티는 'sex-gender-sexuality' 사이의 고정적이고 일관된 관계를 인정하지 않는다. 이 관점에서는 여성 억압 보다는 성적 억압(sexual oppression) 자체를 문제시하며, 성을 좋은 성/나쁜 성, 정상적인 성/비정상적인 성, 자연적인 성/일탈적인 성으로 위계화 하는데 도전한다. 이들은 성별의 관점을 취하는 페미니즘의 성 연구를 비판하고, 성적 소수자들과 함께 연대하여 여성의 성 문제를 해결해야 한다고 주장한다. 섹슈얼리티의 관점은 고정화되고 이분화된 성별로 성을 연구하는 한계를 극복하고 여성 억압과 성적 억압을 중층적으로 다룰 수 있게 한다는 점에서 성 연구에 새로운 지평을 열었다. 그러나 이들의 입장 역시 비판을 받는다. 이는 남성 중심 사회에서 여성이라는 변수를 강조하지 않고 성 중립적으로 나갈 경우 남성들만의 이해를 관철시키는데 기여할 수 있다는 면 때문이다.

이에 대해 게일 러빈은 성별(gender)과 섹슈얼리티(sexuality)를 구분하되, 이 둘을 상호 연관지어 분석할 것을 주장한다. 여성이라는 성적 억압을 여성이라는 범주로만 분석해서도 안 되고, 동시에 섹슈얼리티의 하위 변수로 여성을 포함시키거나 여성이라는 범주를 완전히 포기해서도 안 된다는 것이다. 그는 성에 대한 논의를 **젠더와 섹슈얼리티가 통합된 관점(gender/sexuality)**에서 진행해야 한다고 주장한다.

성별/섹슈얼리티가 통합된 관점에서 성을 연구한다는 것은 이분화된 성별로 성을 연구하는 한계를 극복하면서도, 여성 억압의 문제를 고려하여 그들의 다양한 성적 경험의 맥락을 드러내고, 여성들의 성적 주체성을 고양시키는 데에도 관심을 가진다. 여성들의 성적 경험의 차이를 드러낸다는 것은 성적 행위 그 자체를 드러내는 것이 아니라, 그러한 행위를 유발하는 사회적 맥락을 드러내어, 특정한 성적 경험이 우리 사회에서 어떻게 의미화 되는가를 탐구하는 것을 말한다. 또한 그것은 섹슈얼리티와 연관되어 있는 다양한 사회적 관계들을 보여주는 것을 지향한다.

2) 성 연구의 이론적 배경

성 개념의 변화와 함께 진행되었던 성 연구에 대한 서구의 지적 성과를 일괄해보면 다음과 같다.5) 서구에서 성에 대한 논의는 프로이트

5) 성에 관한 연구자들의 주요 저술을 소개하면 다음과 같다.
프로이트, 『성욕에 관한 세편의 에세이(프로이트전집9)』, 김정일 역, 열린책들, 1996.
빌헬름 라이히, 『성혁명』, 유수종 역, 수유연구실 편, 1999.
__________, 『문화적 투쟁으로서의 성』, 박설호 역, 솔, 1996.
마르쿠제, 『에로스와 문명』, 김인환 역, 왕문사, 1977.

를 기점으로 해서 성이 인간을 이해하는 핵심적 요인으로 상정되기 시작한다. 성적 에너지가 과연 인간의 삶 속에서 표출되는 생명의 힘인지 아니면 문명과 질서를 위해 포기되어야 하는 어두운 충동인지에 대해 천착하면서, 프로이트는 저항이나 억압·무의식 등이 성적 욕망과 관계가 있다고 주장한다. 억압가설의 주창자였던 빌헬름 라이히에 의하면, 성 억압은 사람들을 병들게 하고 창조적인 문화를 억압한다. 라이히는 성의 해방적인 에네르기에 대한 신봉자였다. 그는 적절하게 표현된 성은 행복의 원천이며, 성 해방을 이룬 행복한 인간은 권력의 손아귀에서 벗어날 수 있다고 주장한다. 즉 라이히에 의하면 성 해방 없이는 사회적·정치적 개혁이란 불가능하다. 자유와 성적 건강을 동일시한 라이히에 의해 성에 관한 과학적 이론에 기초한 '성정치'(sexual politics)라는 개념이 등장한다. 그는 기본적으로 성적 억압 구조와 사회·경제적 억압 구조가 연관되어 있다고 보고 그 연관 관계를 이론적으로 해명하고자 했다. 특히 파시즘을 통해서 사회적 조건이 인간의 생물학적 욕구를 바꾸고 일정한 성격을 형성시키며, 그러한 성격구조가 이념의 형태로 사회구조를 재생산한다고 분석한다.[6)]

저항적 성으로부터 해방의 전망을 찾으려는 시도는 마르쿠제에게서도 나타난다. 그는 프로이트적 의미의 본능과 무의식으로 되돌아감으로써 성에 대한 사회적 억압의 메카니즘을 밝힐 수 있다고 보았다. 그러나 현대 문명이 성을 억압하고 있고 바로 그러한 억압에 기초해 있다는 주장은 어려움에 직면할 수밖에 없었다. 오늘날 표면적으로는 성이 점점 자유롭고 공공연해지고 있기 때문이다. 이에 대해 마르쿠제는 표면적인 성의 만연은 성적 쾌락의 상품화에서 기인하는 것이며,

---

미셸 푸코, 『성의 역사』, 이규현 역, 나남, 1990.
앤소니 기든스, 『현대 사회의 성·사랑·에로티시즘』, 배은경·황정미 역, 새물결, 1996.

6) 오세철, 「빌헬름 라이히의 사회사상과 정신의학의 비판이론」, 『파시즘의 대중심리』, 현상과 인식, 1987.

진정한 해방적 성은 여전히 억압되고 왜곡되어 있다고 분석한다.

성에 대한 역사적이고 사회학적인 탐색을 본격화한 사람은 미셸 푸코다. 푸코는 성에 대한 역사적 탐사를 시작한다. 17세기 이후 부르주아적인 성적 엄격함이 인간의 성을 지배하는 억압의 시대가 시작되었고 이는 자본주의적인 노동력의 통제와 유관하다는 주장들을 비판하면서, 푸코는 17세기 이래 지속적인 '성에 관한 담론의 폭발'을 지적한다. 단순히 단죄하거나 혹은 용인해야 하는 대상이 아니라, 유용성의 체계 안에 끼워 놓고, 만인의 최대 행복을 위해 규제해야하는 것으로써 성을 다루는 담론들이 폭발적으로 등장했다는 것이다. 푸코에 의하면 성에 대한 담론들은 권력의 밖에서 또는 그것에 대항해서가 아니라, 권력이 행사되고 있는 바로 그곳에서 권력 행사의 수단으로서 증가한다. 그는 성을 억압하는 권력이 아니라 성을 생산하고 돌보는 권력에 주목한다. 이 같은 생산적 권력은 성에 형태를 부여하고 성에 대해 정상/비정상, 건강/질병을 규정한다. 또한 개인적 성에 대한 의학 담론의 발전과 국가적 차원에서의 인구에 대한 관심을 통해 성담론을 더욱 더 증가시킨다. 푸코는 섹슈얼리티는 현대의 특징적인 '진리 체제'와 결합되어 있기 때문에 억압/방종의 이분법에서 벗어나 성을 사회적·역사적으로 구성된 진리체제와 권력 관계 속에서 고찰해야 한다고 주장한다. 그는 성 자체가 부정적인가 긍정적인가에 대해 말하려는 것이 아니라, 성을 둘러싼 권력-지식의 양상을 논리화하고자 한다. 성을 하나의 본질로 그것이 의식적이건 무의식적이건 어떤 고정된 범위의 현상으로 못 박는 시각 전반을 전복하려는 함의가 그의 주장 속에 내재해 있다.

기든스는 현대성이 동반하는 자연세계의 사회화, 재생산의 사회화에 주목하면서, '조형적 섹슈얼리티'라는 개념을 제시한다. 기든스는 재생산의 사회화가 사회적 삶뿐 아니라 '자연'이었던 것까지 사회적으로 조직된 체계의 지배를 받게 된 현 사회의 변화에 주목한다. 그는 섹슈얼리티 역시 임신이나 출산으로부터 분리되어 그것 자체가 자기 준거적인 현상이 되었다고 주장한다. 그가 제기한 '조형적 섹슈얼리티'라는 개념은 억압/방종, 자연/문화라는 상식적 이분법을 경유해 사회적 · 역사적 구성물로서의 섹슈얼리티라는 개념에 이르게 하는 데 유용한 철학적 개념을 제공한다.7)

이상 프로이트에서 푸코와 기든스에 이르기까지 서구에서 이루어진 성에 대한 학문적 연구에 의하면, '성'은 더 이상 인간의 생물학적이고 본질적인 개념에 국한되지 않는다. 성은 현대 사회와 현대인, 그리고 그들이 맺고 있는 관계들의 지표화를 나타내는 기제다. 한국에서도 이들의 지적 성과들이 수용되어 정신분석 연구과 여성학 연구, 사회학 연구 등에 영향을 끼쳤다. 특히 페미니즘 논의에서 성에 관한 연구는 그동안 소외되어왔던 여성에 대한 연구에 접근함으로써 여성의 주체성 확립이라는 문제를 학문적 성과로 드러내기는 했지만, 문학 연구의 경우 여성 작가들을 발굴하여 그들의 작품을 연구하는 데 편중되어 왔다.

한국의 경우 인문학 분야에서 특히 문학 연구에서 성에 대한 논의가 활발하게 진행되지 못했던 가장 큰 원인은 성을 인간의 정체성을 규정하는 기제로서의 사회 · 문화적 측면보다는 인간이 동물과 공유하는 본질적인 측면으로 보았기 때문이다. 성을 자연적인 본능으로만 보는 입장을 고수한다면 성에 대한 연구는 본질론에서 벗어나기 힘들다. 또 다른 원인으로는 근대화 이후, 사적 영역과 공적 영역의 분리를 들 수 있다. 사적 영역과 공적 영역이 확연히 분리되면서 성은 사적 영역에서도 가장 은밀한 부분으로 간주되었다. 성이 개인적인 문제만을 의미한다면 성을 문제시하는 것은 개인의 사생활을 침해하는 것일 뿐이다. 그러나 성은 더 이상 개인만의 문제가 아니다. 개인적인 것이라고

---

7) 황정미, 「섹슈얼리티의 정치」, 『성과 사회』, 나남출판, 1998, pp.73~82.

하더라도 개인적인 것 역시 정치적인 것이다. 성은 고정된 것이 아니라, 인간들의 삶과 역사 안에서 구성되고 조형되는 관계망을 통해 형성되고 변형된다. 성을 통해 우리는 개인의 욕망을 분석할 수 있을 뿐 아니라, 한 사회의 구조적 특성과 문화를 이해할 수 있게 된다. 따라서 성에 대한 논의를 공론화시키고 전문화시킴으로써 성에 관한 학적 체계의 장場을 마련하여야 한다.

본 연구는 성에 대한 논의를 공론화 · 전문화시키는 동시에 문학에서 역시 그것을 연구의 주제로 삼을 수 있다는 입장에서 시작한다. 또한 고립되고 신비화된 성, 생물학적으로 결정된 본질적인 성이 아니라 제도들과 감정들, 사회와 개인이 뒤얽혀 있는 관계망으로 성(sexuality)을 규정하고, 성차(gender)와 섹슈얼리티(sexuality)의 통합적인 개념으로서의 성(sexuality)을 주제로 한국 현대 소설 형성기에 나타나는 성담론을 재구하고자 한다. 이를 통해 당시 소설에 나타나는 '일상 생활'에 숨어있는 억압의 기제와 해방의 가능성을 이론화하여 식민화와 근대화라는 이중적 현실 속에서 형성된 1920년대 한국 현대 소설의 특성을 조명해 보고자 한다. 20세기 한국 소설에 나타나는 성담론의 학적 체계화를 통해, 범람하는 성문화 속에서 앞으로 현대 소설과 현대 소설 연구가 나아가야 할 방향성을 찾아보고자 하는 것 또한 본 연구가 지향하고자 하는 목표라고 할 수 있다.

2. 연구사 검토 및 연구 방법

한국의 근대 소설 형성기의 소설 중에서 성을 작품의 주제로 삼은 소위 성애 소설은 찾을 수 없을 뿐더러 작품 안에서 성행위의 묘사나 성을 노골적으로 다룬 작품도 찾기가 쉽지 않다. 소설에서도 성을 노골적으로 표면화하는 것은 드문 일이었는데 이는 성에 대한 보수적인 사회 구성원들의 함의 때문이다.8) 최근에는 성 개방 풍조와 페미니즘의 영향으로 문학 안에서도 성에 관한 표현이나 논의가 점차 공론화되고 있다. 그러나 아직도 소설 분야에서 '성'에 대한 연구는 빈약한 편이며, 몇 안 되는 논의도 성 묘사나 표현의 기술에 그치는 표면적인 연구가 주를 이루고 있는 실정이다. 한국의 근대소설을 '성' 문제를 통해 연구한 논문으로는 전광용의 「근대초기소설에 나타난 성윤리의 한계성」9)이 있다. 그는 문학작품에서 이성의 애정이나 성윤리의 문제는 죽음이라는 인간의 극한상황 못지않게 주요한 대상으로 다루어져 왔고, 문제의 핵심 및 그 표현의 농도에 따르는 예술성 및 윤리의 한계성은 빈번히 논쟁의 초점이 되었다는 것에 주목한다. 또한 종족 · 국가 · 제도 · 습속 등에 따라 상대적이고 다양한 양상이 나타나는 성 윤리에 대한 문제제기를 통해 한국 소설에서 다루어지는 성 윤리를 고찰하고자 했다. 전광용은 작품에서 다루어지는 윤리문항은 작중인물과 작가가 놓인 사회와 밀접한 관계가 있으므로, 소설 속에 나타나는 성 윤리의 문제와 사회적 상황을 함께 논의함으로써 소설 속에서 나

---

8) 최근 성 논의가 공론화되고 있기는 하지만, 성에 대한 학문적 탐구들이 아직도 미흡하며, 대중 매체를 이용한 대중 강좌에서도 사회의 변화 속도를 따라가거나 혹은 새로운 변화의 가능성을 제시하는 데까지는 미치지 못하고, 현실을 진단하거나 성과 관련된 문제들에 대처하는 수준에서 많은 담론들이 쏟아지고 있을 뿐이다. 그만큼 우리 사회에서 성은 오랫동안 개인의 사적 영역 안에서 폐쇄적으로 인식되었고 그것을 공론화하는 데에는 연구 외적인 다른 윤리적 · 인식론적 선입견이 지배하고 있었다.

9) 전광용, 『예술논문집』 14집, 1975.10. pp.32~58.
이 논문이 발표된 같은 해에 정한숙은 「性의 類型과 그 媒體」를 발표한다. 그러나 이 논문은 이효석의 작품을 대상으로 했기 때문에 연구사 정리에서 제외시켰음을 밝힌다. 정한숙의 논문의 논지를 간단하게 소개하면 그는 섹스의 세계가 작품 창작의 무한한 원천임을 전제하면서, 우리 현대 문학사에서 인간의 본능인 성을 본격적으로 다룬 작가인 이효석의 작품을 대상으로 그의 작품을 성문학의 관점에서 살펴보았다.
정한숙, 「性의 類型과 그 媒體」, 『현대한국작가론』, 고려대학교출판부, 1986.

타나는 성과 사회의 관련양상을 작품을 통해 확인하고자 했다. 전광용은 이 논문에서 춘향전에서부터 개화기의 신소설, 춘원문학, 그리고 1920년대의 김동인을 비롯한 몇 작가의 작품 및 1930년대 이효석의 작품 등을 대상으로, 작품에 표현된 성윤리에 연관되는 문제들을 검토하였다. 그 결과 춘향전에서의 과도한 노출은 작품의 예술성과 관련이 없으며 '창(唱)'과의 연관 하에서 청자를 의식한 의도적 변형이라고 보았고, 개화기 신소설에서는 애정표시의 행위가 작품 속에 없으며 춘원의 「개척자」에 와서 드디어 키스라는 단어가 도입되었지만, 이성간의 행위로 나타난 첫 키스가 시신과의 키스였음을 지적했다. 이러한 키스 장면과 성표현의 보수성은 김동인에 와서는 자유롭고 자연스러운 성행위로 변모하며 성교를 수반하게 되고, 현진건은 노골적이고 관능적인 성 장면을 소설화함으로써 독자들에게 관능적인 자극을 유도하고 있다고 보았다. 1930년대 이효석에 와서 성 표현은 소설 형상화의 절정을 이룰 수 있었다고 분석한다. 효석은 세련된 문장기교와 성문제에 대한 작가의 의식적인 명료한 한계성을 설정함으로써 성의 신비성이 작가의 예술성의 경지에 결합되는 가능성을 나타내는 성과를 이룰 수 있었다고 평가하였다. 이상 전광용의 성윤리의 문제에 대한 탐구는 문학 연구 안에 '성'이라는 주제를 도입하였다는 의의가 있다. 그러나 '키스'라는 단어 중심의 연구가 됨으로써, 문학과 사회의 관련양상 속에서 성에 대한 탐구를 하겠다는 의도와는 달리 소설 속에서 나타나는 성표현의 변모양상을 키스 장면을 중심으로 개괄하는 데 머물렀다. 또한 연구자 스스로가 성을 본능이라고 인식하면서, 성행위를 본능적 행위로 간주하고 있으며, 본능적인 성의 묘사가 나타나는 부분을 중심으로 인간의 감정을 지성이 제어해야한다는 의식 하에 그 예술성을 검토하였다. 또한 예술성이라는 미명 하에 말초신경을 자극하는 관능적인 표현의 합리화가 작품 창작에 남용(濫用)되어서는 본말이 전도되는 결과를 가져오고 말 것이라고 경고함으로써 연구자 스스로의 성 윤리를 주장하는 한계를 지닐 수밖에 없었다.

서종택[10]은 20년대 사회와 소설의 서사구조를 성윤리의 파멸적 전개라고 분석한다. 그는 전근대적 윤리질서의 완고성과 근대적 인간관의 대두로 인한 자유연애의 충돌은 특히 성적(性的)인 것과 밀접한 동기적 관련을 맺고 등장한다는 것을 염상섭의 『제야』와 현진건의 『불』, 나도향의 『물레방아』의 분석을 통해 밝혀낸다. 서종택의 연구는 1920년대 소설에 나타나는 성 문제를 소설연구에 본격화시킴으로써 이후 연구의 기틀을 마련하였다는 데 의의가 있다.

문재구의 연구[11]는 한국 근대 문학에 나타난 성문제를 본격적으로 다룬 최초의 학위 논문이다. 그는 작품 속의 성문제가 보다 더 폭넓게 전체적이고 체계적인 구명작업이 이루어지지 않았다는 데 문제제기를 하면서, 우리 근대 문학 작품 중에서 성 문제가 보이는 시와 소설 작품을 대상으로 예술과 외설의 잣대가 무엇인지를 찾아보고자 하였다. 이광수, 김동인, 채만식, 이효석, 이상, 정비석 등의 작품을 검토한 끝에 그는 성을 다룬 우리의 근대소설은 상징적 수단을 썼어야 옳았으며, 성 문제에 있어서 작가들이 자기 나름대로의 철학이 없어서 통속화의 경향으로 빠지게 되었다고 비판한다. 그에 의하면, 문학에 성이 등장할 때는 그것을 예술로 승화시킬 만한 철학이 뒷받침되어야한다. 그런데 그는 이러한 철학을 무엇보다도 인간 구원이라는 명제로 단일화시킴으로써, 성문제를 연구하는데 있어서 단 하나의 성 윤리의 필요성을 역설하는 결과를 초래하였다. 또한 이 연구 역시 근대 문학에 나타나는 시와 소설 전체를 망라하여 성 문제의 체계화를 시도하기는 하였지만, 근대 문학과 성의 관련성을 논하는 데까지는 이르지 못하

10) 서종택, 「성윤리의 파멸적 전개」, 『한국 근대 소설의 구조』, 시문학사, 1982, pp.123～147.
서종택, 「성 모티프와 윤리 의식」, 김종균 편, 『염상섭 소설 연구』, 국학자료원, 1999, pp.393～410.

11) 문재구, 「한국근대문학에 나타난 성문제 연구」, 중앙대 박사학위논문, 1987.6.

고, 본격적인 성문제를 다룬 작품으로 이광수의 『사랑』, 부정적 인간상의 폭로 수단으로 이용된 김동인의 「감자」, 피학대자의 설움을 그린 현진건의 「불」·채만식의 「생명」·『탁류』, 자연으로의 회귀를 그린 이효석, 기성 도덕의 부정을 성을 통해 형상화한 이상 등의 작품 경향을 개괄하고 정리하는 정도에 머물렀다. 그에 의하면, 한국 근대 소설에 나타나는 성 표현 수단이 모두 사실적이기 때문에 두 가지 현상이 초래되었는데 하나는 통속적인 춘화로 타락한 것이고, 다른 하나는 산수도 같은 사생화로 예술 명맥을 유지한 것이다. 전자에는 김동인의 「감자」, 현진건의 「불」, 이효석의 「분녀」 등이 포함되며 후자에는 이효석의 작품 「산」, 「들」, 「화분」 등이 포함된다고 결론을 맺었다. 그에 의하면 김동인이나 현진건의 작품들이 우리 근대 문학 안에서 성표현의 타락화를 주도한 예술성이 떨어지는 작품을 창작한 작가로 폄하된다. 결국 그는 인간 구원이라는 연구자 자신의 철학을 주장하면서 인물들의 성적 파멸을 인간의 파멸로 직결시킴으로써 우리 근대 문학에서 성 표현의 실패를 주장한다.

이 외에도 1990년대 이후 성에 대한 사회적 관심의 고조된 분위기에 부흥하여 문학 연구에서도 '성'에 대한 연구가 점차 증가하기 시작했는데 대표적으로 김정자의 연구[12)]와 정종진의 연구[13)]를 들 수 있다. 『한국 현대 문학의 성과 매춘 연구』는 소설과 시에서의 성과 매춘 문제를 소재 차원에서 접근하고 있다. 1920·30년대의 매춘, 전후 소설의 페미니즘적 읽기, 1970년대 소설에서 나타난 매춘과 탈매춘, 기지촌 소설 등 문학 연구에서 성과 매춘 문제를 주목하였다는 점에 의의가 있다. 정종진의 연구는 성과 문학의 관련성에 주목하면서, 시와 소설에 나타난 성 묘사 부분들을 수집하여 일제 식민지 시기와 전쟁을 전후한 시기, 그리고 이후 성의 자유 추구와 성의 과잉 표현에 이

---

12) 김정자 外, 『한국현대문학의 성과 매춘연구』, 태학사, 1996.
13) 정종진, 『한국현대문학의 성표현 방법』, 태학사, 1997.

르기까지 각 시대 별 성 묘사들을 분류하였지만, 현대 문학에 나타난 성 묘사 부분을 개괄하고 소개해 주는 데 만족하고, 좀 더 집중적인 연구가 이루어지지 못했다. 이는 물론 한 개인의 노력만으로는 역부족인 자연스런 결과일 수도 있다. 그러나 현대 소설과 시를 모두 개괄하려 하다보니 평면적인 분석으로 그칠 수밖에 없었다.

이상의 연구들은 문학에서의 성을 표현 방법 면에서만 접근하고, 그 표현의 노골성을 중심으로 변모양상을 추적했다는 점에서 공통된다. 아직까지 성을 중심으로 한 문학 연구 방법론이 초보적인 수준에 머물러 있으며, 이는 성을 주제로 한 연구 방법론이 정립되지 못했기 때문이다. 또한 연구자 스스로가 성에 대한 자신의 주장을 주관적으로 설득시키고자 함으로써 연구의 객관성을 확보하지 못한 데도 그 원인이 있다. 그럼에도 불구하고 이들의 연구는 적어도 성 문제를 문학 연구에 도입했다는 점에서 그 의의를 인정해 줄 수 있다.

최근 페미니즘 진영에서 여성 작가들에 대한 연구 성과물들이 쏟아지고 있다. 이들은 우선 문학사에서 사라졌던 여성 작가들을 발굴하여 그들의 작품을 문학사에 편입시킴으로써, 그동안 남성 작가와 연구자들을 중심으로 서술되어 온 문학사의 틈새에 자신들의 논의를 채우려는 적극성을 보였다. 특히 이들은 여성학의 연구 성과를 수용하면서, 문학 안에서의 성을 표현의 문제에 국한시키지 않고 남녀 성의 불평등한 성의식을 고발하는 등 성문제를 정치적으로 접근한다. 성과 정치 · 사상과의 접목을 시도함으로써 페미니즘 연구자들은 문학 연구에서 성 연구의 변화를 주도하였다. 그러나 이들은 성차 개념에 집중함으로써 여성 억압이라는 사회적 측면만을 강조하는 경향이 있다. 또한 성 자체보다는 여성성의 문제를 중심으로 연구함으로써 이들의 논의가 성과 문학의 관련 양상을 총체적으로 분석하는 데까지는 이르지 못하고 있는데다가 서구 페미니즘의 적용 텍스트로써 한국 문학을 그대로 적용하는 우를 범하기도 한다. 성문제는 여성들만의 문제라고 볼 수 없으며, 여성 작가들을 연구하고 발굴하는 것이 주가 되는 작업은 아니다. 페미니즘의 성과를 적극 수용하면서도, 기존 문학사에서 기술되어 왔던 정전에 대한 검토가 함께 병행되어야만 당대 우리 문학에 나타난 성표현의 양상과 성의식을 성차별적 입장에서도 심도 있게 밝혀 낼 수 있을 것이다.

본 연구는 소설 속에서 등장하는 '성'을 추출하는데 있어 단지 성 표현이나 행위의 묘사에만 주목하는 것이 아니라, 인물들 사이에서 드러나는 성에 대한 의식, 성 표현과 행위를 연상시키는 내용들까지도 기본 텍스트로 삼는다. 그리고 이러한 텍스트를 작품 전체와의 관계와 사회 체계와의 관계 등을 고려하여 분석하고자 한다. 이를 위해 본 연구는 특히 '성매매' 문제에 주목하고자 한다. 1920년대는 문학 뿐 아니라 사회적으로도 성에 대한 활발한 논의가 있었던 시기였으며, 특히 일제에 의해 성매매가 식민지 조선에 본격적으로 정착된 시기이기도 하다. 따라서 본 연구는 소설 연구의 원론적 방법론인 인물 분석에 주목하면서 그 인물들이 보이는 성 의식과 성 표현의 담론을 텍스트로 삼아 성매매 문제를 중심으로 당대 소설에 나타나는 섹슈얼리티의 양상과 특성을 분석하고자 한다. 또한 『무정』 이후부터 1920년대 소설을 한국 현대 소설의 형성단계로 전제하고, 이 시기 소설 안에서 성담론의 수용과 표현 양상을 논리화하며, 소설에 나타나는 성담론의 서사적 특성을 밝혀보고자 한다.

Ⅱ. 성매매의 사회적 배경과 성담론의 양상

1. 성매매의 역사와 매춘부

성매매는 새삼스런 문제가 아니다. 다른 성적 행위와 마찬가지로 성매매 역시 고정불변적인 특성을 갖거나 시대의 변화에 무관하게 동일한 사회적 의미를 지니지 않는다. 또 성매매는 어느 사회에서나 그 자체로 여성 억압적인 것이라고 할 수도 없다.

성매매를 바라보는 시각의 차이는 성매매 현상에 대해서도 각기 전혀 다른 해석을 가능하게 한다. 성매매를 바라보는 관점과 인식의 차이는 성매매에 대한 용어를 어떻게 명명하느냐에서부터 드러난다. 우리 사회에서 성매매(prostitution)는 보통 오입(誤入), 윤락(淪落), 매춘(賣春), 매음(賣淫), 매매춘(賣買春), 매매음(賣賣淫) 등의 용어로 사용된다. 특히 '윤락'이란 '타락하여 몸을 버림'이라는 뜻인데, 이것은 성을 파는 사람에게만 해당하는 용어이다.[1] '윤락'을 비롯하여 성매매를 지칭하는 용어들은 대개 성매매의 문제를 '파는 자'에게만 일방적으로 도덕적 비난을 가하는 우리 사회의 통념을 그대로 반영한다. 성매매 행위를 '성을 판매하는 행위'의 입장에서 접근할 때, 그 상대자가 되는 자들은 이미 도덕적 면죄부를 받은 셈이나 다름이 없고 그들에 대

1) 현재의 우리 사회에서도 법이 정하는 윤락행위자는 성을 파는 사람이며, 손님은 윤락행위자가 아닌 윤락행위자의 '상대방'일 뿐이다.

한 논의는 불필요하다. 최근에는 기존에 사용된 성매매에 관련된 용어가 내포하고 있는 이중규범을 비판하면서, '팔고 사는 행위'라는 점에서 '매매춘(賣買春)'이란 용어가 제기되어 일반적으로 사용되고 있다. 이 용어에서 '봄 春'자는 春花, 回春 등 일반적으로 성을 가리킬 때 널리 사용되는 말로 성이 매매되는 현상에 대한 은유적 표현이다. 그러나 이 용어가 성매매를 '팔고 사는' 행위에 주목했다는 점에서는 발전적 변화이지만 성을 은유하고 있는 '春'자가 문제가 있다. 성을 봄에 비유하는 것은 춘정(春情), 즉 성욕이란 봄에 새 생명이 돋아나듯 지극히 순환적이고도 자연적인 현상임을 의미한다. '春'자가 일본식 한자라는 사실을 문제 삼지 않더라도 이 용어는 성을 고정 불변의 자연적인 현상으로 간주하는 시각을 담고 있다. 따라서 사고 파는 행위의 대상인 '성'을 새 생명의 싹을 틔우는 봄에 빗대어 '춘(春)'으로 표기하는 것은 성매매로부터 발생하는 문제들을 사회적 맥락에서보다는 자연적이고 본원적인 것으로 은폐해버릴 위험을 안고 있다.

성매매는 범문화적이고 초역사적인 문제라기보다는 상이한 역사와 문화의 조건에서 생성·변화되어 왔으며, 또한 계속 변화될 수 있는 것으로 다루어져야 한다. 이러한 입장을 전제하면서 성이 매매·거래되고 있다는 측면을 강조하기 위해 등장한 용어가 바로 '성매매'이다. '성매매'라는 용어는 아동-매매, 인신-매매 등과 같이 성이 '거래'되고 있다는 측면을 강조하는 용어이다. 즉 이 용어는 성을 파는 사람뿐 아니라, 성을 사는 사람과 이들을 연결시키는 중간매매자를 비롯하여 그 사회의 성산업 등 성의 거래를 이루게 하는 총괄적인 맥락을 드러내고자 하는 용어이다. 특히 매매춘이라는 용어가 갖는 성을 자연적이고 본원적으로 보는 입장을 지양하고 성이 자본주의 사회에서 거래되고 있다는 것에 주목했다는 점에서는 본 논문의 입장과 동일하다.

따라서 본 논문에서는 오입(誤入), 윤락(淪落), 매춘(賣春), 매음(賣淫), 매매춘(賣買春), 매매음(賣賣淫) 등으로 지칭되는 현상을 성매매라고 명명하고자 한다. 아직까지 성매매라는 용어가 우리 사회에서 일반적인 용어로 정착되지 못했으나 본 논문이 대상으로 하는 시기가 1920년대라는 것을 감안할 때 기존의 매매춘과는 성격을 달리하는 '사고 파는 행위'로서의 성 매매 문제가 본격화되는 시기이기 때문에 그러한 변화를 드러내주기 위해서도 이 용어가 더 객관적이라고 보기 때문이다. 또한 성매매라고 했을 때, 단지 직업적으로 매춘업에 종사하는 매춘부 뿐 아니라 성을 사고 파는 현상에서 드러나는 다른 인물들도 함께 논의할 수 있는 개념틀이 되기 때문이다.2)

알렝 꼬르벵이 '가장 오래된 직업'3)이라고 표현한 바와 같이, 매춘은 인류가 지구상에서 존재한 이래로 세인들의 뇌리에서 결코 사라진 적이 없었다. 물론 시간적 · 공간적 · 지역적 · 관습적 차이에서 매춘의 형태가 다르게 나타나기도 하지만, 돈과 결부된 성적 욕구불만의 해소책이라는 매춘의 기본적 기능은 동서고금을 막론하고 모든 인간들에게 공통적 · 보편적으로 적용되기도 한다.4) 성매매란 이런 매춘적 성격을 포괄하면서도 성을 파는 사람 뿐 아니라 성을 사는 사람과 중개업자를 포함하여, 성을 사고파는 행위의 사회문화적, 총체적 맥락까지를 나타내는 용어다. 성매매는 성을 판매하는 경제적인 행위를 말한

---

2) 본고는 '성매매'라는 용어를 선호하기는 하지만, 당시 성매매 현상을 지칭하는 용어로 쓰였던 '매춘'이라는 용어도 본 논문의 논의 서술상 필요하다면 선택적으로 사용하고자 한다. 특별히 당대 성매매 현상을 당대의 용어로 서술할 필요가 있을 때는 매춘이라는 용어의 사용을 겸하겠다. 이는 당시에는 성매매라는 용어가 나타나지 않았기 때문에 '매춘'이라는 용어의 사용이 자연스러울 수 있음을 인정하기 때문이다. 그러나 이 용어의 사용에 있어서 본고의 입장은 '성매매'라는 용어에 찬성한다.

3) 알렝 꼬르벵, 이종민 역, 『娼婦』, 1995, 동문선(1978, Paris), p.29.
알렝 꼬르벵은 프랑스의 창부에 관한 역사적인 서술에서 그동안 매춘에 대한 침묵의 원인이 비역사적인 신념에 토대를 두고 있기 때문이라고 주장한다. 즉 그는 매춘이 세계에서 가장 오래된 직업인 동시에 역사에서 벗어나는 유일한 직업이라고 본다. 어쨌든 그는 매춘업을 하나의 직업으로 인정했다.

4) 알렝 꼬르벵, 앞의 책, p.20.

다. 맑시스트 여성 해방론에서는 결혼 특히 정략결혼까지도 성매매 형태의 하나로 파악한다.[5] 그들에 의하면 경제적 보장을 위해 여성이 자신의 성을 판매한다는 점에서 정략결혼을 비롯하여 경제적인 필요성 때문에 강제된 결혼은 성매매와 동일하다.[6]

성매매 문제는 정치 · 경제 · 사회문화 등 다양한 측면에서 뿐 아니라 역사적인 고찰을 통해서도 연구되어야 한다. 왜냐하면 성매매 문제가 범세계적으로 사회적 · 역사적 이질성 여부와 관계없이 보편화될 수밖에 없는 부분도 있지만, 그 나라의 독특한 문화적 정서, 역사적 배경에 근거하여 발생 · 성장하는 측면도 있기 때문이다. 또한 이러한 역사적 배경에 대한 이해 없이는 한 사회의 성문제의 현실을 온전히 파악할 수 없다. 인류의 보편적 문제이면서도 각 나라와 민족의 구체적인 현실 하에서 드러나는 성매매 문제가 한국에서는 어떻게 전개되었는지를 개괄하면 다음과 같다.

한국에서 성매매 문제가 사회적인 문제로 등장하기 시작한 때는 개항을 전후한 시기다. 일본에 의한 식민지 시대는 우리 사회에 성매매 현상을 구조화시킨 결정적 계기가 되었다. 물론 그 이전에도 매춘 행위가 있었다. 조선 시대에도 기생과 갈보(蝎甫)[7]라고 불리던 유녀(遊女)가 있었다. 그러나 이들은 관기들의 겸업업종이었으며 공식적으로 이들의 매춘 행위를 인정하지는 않았다. 당시 매춘 행위가 대중화 · 보편화 단계에 이른 것도 아니었다. 1876년 개항 이후, 한국에서는 매춘을 전업으로 하는 창기가 생겨나며, 일본인들과 함께 성매매업이 성행

---

5) Frederick Engels(1984), *The Origin of the Family, Private Property and the State*, 3rd ed.H.B Leacock, New York : International Publishers, 1975, p.139.

6) 그러나 결혼은 여성의 성 만이 아니라 여성의 재생산 생산 노동을 구매하는 성격을 더욱 강하게 나타내고 있다는 점에서 결혼을 매춘으로 일괄적으로 정의내릴 수는 없다.

7) 갈보(蝎甫)란 빈대를 의인화한 말로 빈대처럼 밤에만 기어 나와 피를 빠는 사람벌레라는 뜻이다.

했다. 방과 창기를 제공하는 대좌부영업(貸座敷營業)과 특별요리집의 형태로 매춘업이 묵인되기도 했으며, 시내 풍기 방지와 성병 예방이라는 명목 하에 유곽이 형성되었다. 최초의 유곽은 1902년 부산에 생겼으며, 1910년에는 유곽이 전국에 11개소로 늘어났다. 유곽의 출현은 성매매 행위를 공인받은 공창의 출현을 의미했다. 공창제도의 실시는 성매매를 공식적으로 인정하는 법적 조치였다. 이를 통해 성매매가 공식적으로 인정을 받는 가운데 전국적으로 확산되었다. 공창은 1904년 10월 일본공사관 산하 '경성영사관령 제3호'에 의해 시작되었다. 식민지 종주국으로 문화적 우월성과 지배권을 강화하고, 국내에 거주하고 있는 일본인이나 주둔하고 있는 일본군을 위해서 1904년 일본 공사관 산하 '경성영사관령 제3호'에 의해 '불특정 다수인들을 상대로 성교를 하고, 그 대가를 지불받는 직업' 즉 전문직업인으로 매춘녀인 창기와 창녀가 사회적으로 공인된다. 그리고 일제는 1916년 3월 각도 경찰서장이 지정한 장소에서만 공창영업을 허락한다. '조선대좌부창기취체규칙'이 제정되면서 법적으로 공창이 제도화되었으며 공창을 제외한 매춘은 금지되었다.[8] 그러나 실제적으로는 일본에 있는 공창이 특정지역인 유곽으로 한정되어 있는 것과는 달리 식민지 조선에서는 공창이 전국적으로 확산됨으로써 우리 사회에 성매매 현상을 만연시키게 되는 계기가 되었다. 이처럼 공창을 비롯하여 성매매 현상이 사회현상으로 만연될 수 있었던 근거에는 일제의 영향이 있었던 것이다. 1910년대 말기 일본인 창기들과 추업이 활발하게 해외 각지로 진출한다. 이것은 이 지역에 침투해 들어간 일본인들의 요구와 수요가 있었기 때문이며, 그들은 그 지역의 일본인들 뿐만 아니라 지역 주민들도 받아들여 사회에 악습을 퍼뜨렸던 것이다.[9] 물론 일본인들이 이러한 추업을

8) 이배용外, 『우리나라 여성들은 어떻게 살았을까2』, 청년사, 1999, p.166 참조.
9) 일본인 자국민들에게 영사관에서 세금까지 거두며 추업을 은밀히 지원하였다면, 한층 비인간적인 대우를 하였던 식민지인들에게 어떠하였으리라는 것은

경영하면서 일본인 여성들 뿐 아니라, 보다 비용이 적게 드는 현지 여성이나 그들의 식민지인 조선 여성들을 이용했다. <표 1>은 조선에서 추업에 해당하는 직종에 종사하는 여성들에 대한 연도별 통계이다.

물론 표에 나타난 일본인 여성은 한국 안에서의 숫자이다. 일본 안에는 그보다 수배의 동일 직종 여성들이 있었다. 창기만 하더라도 <표 1>과 비교할 수 있는 1920년에는 5,499명, 1925년에는 5,142명으로 나타나고 있다. 이는 일본의 이러한 업종의 만연된 폐습이 식민지하의 조선에도 전래되어 확대되고 있었음을 말해 주고 있다. 그런데 이 표에서 주목해야 할 것은 이러한 업종에 종사하는 조선인 여성의 숫자이다. 처음에는 일본인 여성보다 훨씬 적었으나 해가 갈수록 그 숫자와 비율은 점점 많아져 말기에는 일본 여성을 훨씬 넘어서고 있다. 이것은 일본의 폐습이 조선을 오염시킨 것으로도 볼 수 있지만, 그보다는 일본 이주민들의 증대에 따른 성 노리개로서의 조선 여성에 대한 수요 증대와 조선에 대한 민족 차별적 성차별적 착취적 일제의 식민정책이 하층 조선 여인들을 이러한 업종에 몰아넣었다고 보아야 할 것이다.[10]

능히 짐작할 수 있다.

중국 주재 영국영사관 직원인 클리브씨의 1920년 7월 30일자 제535호 발송문을 동봉한 봉천 정보 보고서에도 다음과 같은 내용이 실려 있다고 한다.

"여기 있는 중국인들도 더하지 않는다 해도 중국 다른 곳에 있는 사람들만큼은 일본인들을 싫어한다. 그러나 이들은 일본의 힘과 그들의 무력함을 다른 곳보다 훨씬 더 제대로 깨달아 그들의 감정을 표현하지 않도록 항상 더 조심하고 있다. 선교사들의 일본인에 대한 반감은 쉽게 설명할 수 있다. 선교사들이 일본인을 싫어하는 근본적 이유는 일본인이 중국인을 다루는 위압감 때문이나 **일본인들이 냉담하게 매춘부, 아편, 모르핀으로 중국인의 신체와 정신을 파멸시키고 있다는 점에서 선교사들은 특히 더 분개하고 있다. 만주에 살고 있는 일본인 대다수가 매춘이나 마약 사업과 관련있다는 것은 잘 알려진 사실이다.**"

10) 김승태, 「일본군 위안부 정책 형성의 일본측 역사적 배경」, http://my.netian.com/~ikch0102 참조.

<표 1> 일제하 '공창제' 하의 여성[11)]

년/ 구분	예기		창기		작부		카페여급		계		총계
	일	조	일	조	일	조	일	조	일	조	
1910	977	427	851	569	2263	197			4091	1193	5284
1915	1226	612	1530	674	1924	482			4680	1768	6448
1920	1336	1224	2289	1400	705	868			4330	3492	7822
1925	1409	826	2034	1017	642	962			4085	2805	6890
1930	2156	2274	1833	1370	442	1241			4431	4885	9316
1933	1985	2635	1551	1009	382	1056	1988	501	5906	5201	11107
1935	2128	3933	1778	1330	414	1290	2395	939	6715	7492	14207
1940	2280	6023	1777	2157	216	1400	2226	2145	6499	11725	18224
1942	1796	4490	1774	2076	240	1376	1644	2227	5454	10169	15623

이상과 같이 합방 전인 1904년 10월부터 합방 이후 1916년 3월까지 일제는 지속적으로 성매매에 대한 규정들을 법제화했다. 이에 따라 창기라는 직업이 법적으로 인정되었으며, 성매매 여성 종사자들의 유형이 공적으로 세분화되었고 그녀들에 대한 단속이 법령화되었다.[12)] 한국을 식민화하는 일제의 정책은 성매매에 대해서도 예외가 아니었으며, 오히려 적극적으로 추진되었던 것이다. 일제에 의한 법 조항 뿐 아니라 당시 사회에서 성매매에 종사하는 여성들이 급증했으며, 식민지 조선에서는 성과 자본의 교환이 본격화되고 성과 관련된 새로운 현상들이 나타난다. 성매매 종사자들의 증가와 새로운 성매매 공간의 등장은 가장 두드러진 현상이었으며 이는 1920년대를 전후해서 그 당시 소설에 그대로 반영되었다.

1910년대가 공창 제도의 실시로 성매매가 사회적으로 인정되고 한국 사회에 성매매 산업의 구조적 기틀을 마련한 시기라면 1920년대는 사창의 시대로 명명할 수 있다. 불경기로 인해 공창이 불황을 겪게 되면서 사창은 점점 증가하였으며, 1920년대 전반기를 거치면서 공창은

11) 송연옥, 「종군위안부 문제와 전쟁책임」, 히로시마현립도서관 국제이해강좌 팜플렛, 1993, p.35, 표3.

12) 박종성, 『한국의 매춘』, 인간사랑, pp.66~67.

쇠퇴하고 사창이 만연하였다. 또한 사창의 만연 뿐 아니라 매춘 여성들 사이에서도 새로운 변화가 일어난다. 매춘을 하지 않고 술시중만 드는 부류였던 기생이나 작부 등도 손님의 요구에 따라 돈을 받고 성을 제공하기 시작한다. 그 당시 공창 여성들은 세금을 내며 매춘을 했었으나 사창에서 이루어지는 매춘은 탈세가 가능했기 때문에 민생고에 처한 여성들이 쉽게 매춘으로 빠져들 수 있었다. 결과적으로 공창은 쇠퇴되었지만 사창이 묵인되고 단속에서 제외됨으로써 성매매 현상이 사회 전반에 성행하였다.

1930년대에는 공창 및 사창의 수가 절정에 달했다. 그런데 이곳에서 일하는 창기들의 99%가 생활의 곤란으로 창기가 되었다. 포주의 횡포 역시 심했으며, 화류병과 모르핀 중독과 질병 · 매독에 의한 사망자 수는 점점 증가하였고 후에 화류병은 폐창운동의 한 근거가 되기도 했다. 이 당시 창기들의 특징은 창기가 되는 동기가 경제적 가난 때문이라는 사실이다. 가난은 여성들을 유인하는 중요한 이유였다. 그러나 성매매는 여성의 가난뿐만 아니라, 팔릴 수 있는 여성의 몸이 있다는 사실과 성별에 따른 부(富)의 불균형이 전제되어 있는 사회 구조하에서 가능한 현상이다. 사회의 경제적 부의 정도와 성매매 발생의 상관성이 적다는 것은 경제 논리만으로는 성매매 문제에 접근할 수 없음을 의미한다.[13] 이러한 맥락에서 매춘 행위는 단순한 개인적 선택이 아니라, 문화적 관습의 무게가 실려야 한다. 또한 성매매를 둘러싼 사회적인 맥락이 함께 고려되어야 한다.

물론 당시에도 이러한 성매매 문제의 심각성을 인식하고 3 · 1운동 직후부터 폐창운동이 전개되기도 했다. 사창이 점점 증가했던 1920년대에 그것에 반대하는 폐창 운동이 청년단체와 여성운동단체를 중심으로 전개되었으며, 해방 후에는 일제 잔재 청산과 함께 즉각 폐창 운

13) 특히 1920년대 소설에 나타나는 매춘 행위의 경우, 매춘의 동기를 경제적 가난으로만 파악하는 것이 지배적 경향이었다.

동이 본격화되었다.14)

성산업은 자본가와 남성들에 의해 주도되고 있으며, 여기서 이득을 얻는 사람은 매춘여성이라기보다는 자본가와 남성이다. 현재 우리 사회는 성매매 문제가 성산업을 통해 만연해 있으며 무분별한 성문화가 점점 확대되고 있는 추세이다. 이러한 현재의 성매매 상황을 가능하게 했던 것이 바로 1920년대였다. 본 논문에서 특히 1920년대에 주목하는 이유는 당시 소설이 갖는 가치 뿐 아니라 사회 문화적으로 성산업의 분수령이 되었던 것이 또한 1920년대이기 때문이다. 새롭게 변화된 성매매를 둘러싼 사회 역사적 맥락이 소설 속에서는 어떻게 담론화되었는가를 확인함으로써 본 논문은 성매매 문제를 현상적인 차원에서가 아니라 좀 더 심층적으로 접근하고자 한다. 즉 소설 속에 나타나는 식민지 조선에서의 성매매 문제의 내면화 과정과 갈등 양상을 통해 섹슈얼리티의 문제가 어떻게 소설 속에서 형상화되었는지를 밝힐 수 있을 뿐 아니라, 당대 소설 속에 나타나는 성담론의 문학사적 의의를 재조명할 수 있을 것이다.

2. 1920년대 성담론의 일반적 경향

본 장에서는 1920년대에 나타난 사회 변화를 성(sexualty)에 관한 논

14) 해방 후 폐창운동에 대해서는 1947년 6월 6일자 <여성신문> '공창제도와 축첩, 빨리 폐지하라'라는 글을 참조할 것. 1946년 5월 미군정은 '부녀자의 매매 또는 그 매매계약의 금지'에 관한 법령 79호 발표하여 인신매매를 금지하였지만, 일제에 의해 징용으로 끌려갔던 수천만의 위안부들이 귀국하면서 그들이 창기로 전락하는 경우가 늘었으며 미군을 상대하는 창기까지 생기면서 매춘은 더욱 심각해진다. 1947.11.4. 군정청법률 제7호, '유곽업 창기 취제 규칙' 폐지, 모든 매춘 행위 금지. 1948년 3월 19일. '공창제도 등 폐지령' 발표. 창기들의 생활문제, <부인신문> 1948.2.15 참조할 것.

의들과 새로 부상한 신여성들, 그리고 그들의 활동을 중심으로 검토하고자 한다. 이 당시 성담론을 주도했던 일군의 사람들은 여성 운동계의 운동가들이었다. 1920년대는 여성 운동사에서 가장 활발하게 결혼과 가족관계 · 육아 문제 · 사랑 · 연애문제 그리고 매춘 문제 등이 본격적으로 논의된 시기이며, 이들이 당시 지성사에 끼친 영향을 부인할 수 없다. 따라서 본 장에서는 여성 운동계에서의 성(sexualty)에 대한 논의와 운동 내용 및 이 시기 성담론의 일반적 경향을 검토해 보고자 한다.

우선 성매매와 관련해 주목할 것은 경제 활동이다. 당시 일본 독점자본이 값싼 미숙련 여성 노동자들을 찾으면서 여성들의 경제 활동 참여가 증가한다. 그러나 이 시기 여성들의 경제 활동은 식민지 사회체제와 가부장제 유지를 위해 이중으로 이용된다. 이러한 폐해의 극단에 위치하는 것이 바로 성매매이다. 자본주의 사회로의 진행과 함께 과거 정절 이데올로기와 맞물려 있던 성(性)이 점차 살아가기 위한 방편으로 상업화되기 시작한다.15)

또한 여성계의 주목할 만한 변화의 하나는 교육이다. 당시 여성 교육이 점차 활기를 띤다. 일제는 여성교육의 목표를 가정에서는 남성에게 예속된 여성, 사회적으로는 일본인에게 억울함을 당해도 말 한마디 못하는 여성을 길러내는 것으로 삼고 여성들의 고등 교육을 무시했지만, 개화기 이래 선교사들에 의해 진행되기 시작한 여성 교육과 여성들의 사회 진출에 힘입어 1920년대 한국 여성사는 새로운 전기를 맞는다. 억압과 몽매에서 벗어나려고 했던 당시 여성운동은 여성교육에서 출발하였으며, 1886년 최초의 여성교육기관으로 이화학당이 설립된 이래 선교사나 민간의 교육기관이 설립되면서 이곳을 통해 교육받은 여학생들은 여성운동의 주체로서 사회 변화를 이끌고자 한다.

---

15) 성매매의 구체적인 진행 과정에 대해서는 앞 장의 내용을 참고할 것.

신문 · 잡지 등 언론계에서 활동하는 여성들이 등장하는 한편 1920년 여성 잡지 《신여자》가 발간되는 등 여성들의 사회 활동이 늘어났으며, 근대 한국여성사회에 새바람을 불어넣은 신여성, 이른바 모단(毛斷, modern)걸이 등장한다. '신여성'이라는 명칭은 전 세계적으로 1914년에 일어난 제1차 세계대전과 1917년 러시아 혁명 전후의 역사적 산물로 등장한 용어다. 이 당시 여성들은 남성노동력을 대체하면서 본격적인 산업역군이 되었으며, 종래 가정을 지키던 현모양처 여성과는 다른 사회적 인격체로 부상한데서 그들은 신여성이라고 불리기 시작한다. 1920년대 신여성은 하나의 사회세력을 형성하여 여성해방론을 주창한다. 이에 한국에서도 1920년대를 전후하여, 근대 한국여성사회에 새바람을 불어넣은 신여성, 이른바 모단(毛斷, modern)걸이라고 하는 여성 지식인 계층이 등장하였던 것이다. 한국에서 신여성은 개화기 이후 여성교육과 여성의 사회적 진출에서 비롯되었다. 이들은 서구의 관습을 적극 수용하면서 사회적 영향력을 미치게 되고, 1919년 말부터 1920년대 초반에 신여성과 여성교육, 여성직업, 여성의 정조(정절)문제 등 여성해방에 관한 지상논쟁을 《개벽》과 《신여성》지를 비롯한 잡지와 신문 등에서 전개한다.16)

1920년대 '신여성'이라는 여성지식인 계층은 자유연애와 결혼 그리고 보다 평등한 부부관계를 이상으로 삼지만, 당시의 연애는 기혼자들간에 이뤄지면서 불륜과 범죄로 이어지기도 한다. 또한 연애결혼 문제와 함께 이혼 문제도 심각한 사회문제로 거론되며, 일제시기 이혼이 법률로 명문화되면서 이혼소송, 협의이혼, 재판이혼 제도가 신설되었다. 그러나 이혼사유로 축첩상태는 인정되지 않아 남성들의 축첩 현상은 법적 보호를 받기까지 했다. 아내의 부정은 이혼사유가 되나 남편의 부정은 이혼이 성립되지 않았던 점에서 여성 지위의 실질적 향상

16) 이배용 外, 앞의 책, p.77.

은 여전히 보장되지 않았다.

이러한 사회 변화와 더불어 활발하게 움직인 부류는 바로 여성 운동가들이다. 1890년대 말 여성운동의 맹아가 나타난 이래 1990년대에 이르기까지 여성운동이 실종되었던 시기를 제외하면 한국의 여성운동은 부문운동으로서 존립하면서도 여성운동으로서의 고유한 독자성을 지켜왔다. 시기적으로는 1890년대, 1920년대, 1980년대 이후가 바로 여기에 해당된다. 1910년대, 1930년대, 1960~1970년대는 한국의 여성운동이 민족독립이나 민주화 운동에 흡수되거나 아니면 이러한 운동의 과제에 비하여 부차적인 것으로 정리되어 여성 운동이 실종되거나 약화되는 시기다.[17] 여성 운동이 사회 변혁 운동의 부문 운동으로서 상대적 자율성을 가졌던 1920년대 여성운동은 여성노동자나 민중여성을 여성해방 및 사회변혁의 주체로 내세우고, 이들 여성의 문제 즉 임금차별, 모성파괴, 불안정한 고용문제를 중요 과제로 제기했다.[18]

1920년대에 들어서면서 여성들은 본격적인 사회적 진출이 두드러지는데 조선여자흥학회를 시작으로 조선여자유학생친목회가 결성되고, 잡지 《여자계》가 발간되었으며, 1923년에는 직업여성 모임이 결성되어 5월에 조선간호부협회가 만들어지고, 1924년 7월에는 원산여자노우회, 10월에는 인천선미여공조합이 만들어져 조합원이 3천명에 이르렀다. 특히 교육을 받은 신여성들은 교육계몽운동, 여성교육, 물산장려운동 등을 주도하는 자유주의 혹은 부르주아 여성운동단체를 형성했다. 조선여자교육협회, 조선여자 청년회, 조선여자기독교청년회, 토산애용(土産愛用)부인회, 조선여성동우회, 근우회 등이 대표적인 1920년대 단체들이다.

또한 자유주의 여성해방운동의 영향으로 단체에 들어가거나 조직

17) 식민지시대 여성운동에서 특히 1920년대 특징으로 주목할 수 있는 점은 이 시기가 여성운동이 활기를 띤 시기였다는 사실이다.
18) 이배용 외, 앞의 책, pp.74~75 참조.

을 만들지 않은 채, 개인적인 활동을 하면서 급진적인 주장과 생활을 보여주었던 여성들이 있었다. 대표적으로 김명순, 나혜석, 김일엽이다. 이들은 자유연애론을 처음으로 제기하고 그것을 여성해방과 연결시켰다는 점에서 '제 1세대' 신여성이라고 불린다. 새로운 서구의 가치관 속에서 자유와 해방의 분명한 길을 발견한 여성들의 활발한 활동은 그 자체로 사회적 정체성의 위기를 촉발시키는 계기가 되었다. 남녀간의 애정문제, 결혼제도, 직업의 선택에서 여성의 역할이 재편되고 따라서 여성은 계몽과 반봉건의 중심에 서 있었다. 여성의 성적 역할과 사회적 지위의 재편에 관해 폭발적일 만큼 많은 글들이 쏟아져 나오고, 이를 중심으로 사회의 근본적인 개혁을 이루려는 논의가 활발해지는 것도 당연했다. 그러나 여성해방과 남녀평등에 대해 뚜렷한 입장을 표명한 일군의 여성들은 더 많은 반발을 겪어야 했으며, 이들의 주장은 설익은 소리이거나 어설픈 몸짓으로 보이기 쉬웠다. 그들은 '문명국의 유행어를 직수입하야 가지고 입으로만 여성해방이나 남녀평등을 주창하는 무자각적 여자'로 매도되곤 했다.[19] 허구적인 전기에서부터 동인지에 발표된 글에 이르기까지 신여성에 대한 시선의 대부분은 부정적이었다. 악의에 찬 평가는 이들의 삶을 허구화함으로써 대중적 흥미와 호기심을 유도하면서 오락적 기능을 증폭시키거나, 도덕 윤리에 대한 경계심을 이끌어내기도 했지만, 많은 사람들이 신여성들의 주장을 피상적으로 받아들이고 그들의 주장이 갖는 정치적·사상적 의미를 축소·왜곡하는 결과를 낳은 것 역시 부인할 수 없다.

사회 변화와 함께 이론적으로도 신문 잡지 등을 통해 성과 관련된 논의들이 공론화되고 활발하게 진행되었으며, 이것을 주도했던 사람들은 누구보다도 신여성들이었다. 이들 중에는 서구적 관습을 적극 수용하여 결혼한 후에, 남편 성(姓)을 따르고, 미국 이름을 갖는 등 성

19) 김진송, 『현대성의 원리』, 현실문화연구, 1999, pp.202~209.

바꾸기와 서구식 이름 갖기 운동을 펼치기도 한다. 예를 들어, 박 에스터(김정동), 김미리사(차섭섭) 등의 이름은 모두 이러한 사회적 변화에서 비롯된 이름들이다.[20] 이 외에도 신여성들은 당시의 결혼과 교육 제도와 현실의 변화를 이끄는 주체로 등장했다.[21]

개화기 이후 여성들은 점차 연애결혼을 선망하는데, 누구보다도 신여성들은 자유연애와 연애결혼 그리고 보다 평등한 부부관계를 이상으로 삼았다. 1894년 갑오개혁 이후, 16세 이상이어야 결혼할 수 있도록 조혼이 법제적으로 금지되었으나 10세 안팎의 조혼관습은 구한말과 일제시기에 이르기까지 성행했기 때문에 이들의 자유 연애와 결혼은 당대 사회에서는 한편으로는 혁신적인 것이기도 했다. 조혼 뿐 아니라 1920~30년대까지도 봉건적 잔재인 첩 제도가 여전히 존재했으며 오히려 자본주의와 결합하면서 더욱 성행했다.[22] 결혼 제도의 모순 속에서 연애는 기혼자들간에 이뤄지는 경우가 많았으며, 기혼자의 연애는 불륜과 범죄로 이어지기도 했다. 그래서 개화의 뜻을 축첩의

---

20) 이런 점은 서구화, 서양 따르기가 곧 여성 해방, 근대로 잘못 이해된 현상이다. 특히 김동인, 염상섭의 소설 속에서 빈번하게 등장하는 서양식의 여성 이름들은 이러한 사회적 분위기를 반영한 작명으로 볼 수 있다. 최근에 일어나고 있는 양성 쓰기 운동과도 '이름'을 바꾸고자 하는 면에서는 동일하다. 여성 운동측에서는 이름에 대해 문제제기를 해왔다.

21) 신여성들은 대개 학교 교육을 통해 근대화 교육을 받은 여학생 출신 여성들을 지칭하였지만, 결코 이들만을 가리키지는 않았다. 최근 연구 중에는 여성노동자들이야말로 당시 신여성이었음을 주장하는 의견도 있다. 여성 노동자들은 여학생을 가장 부러워하며, 한번도 자신들을 신여성이라고 생각한 적은 없었지만, 그들의 삶과 투쟁이 당시 사회를 지탱해준 사회적 힘이었기 때문에 진정한 신여성이 바로 그들이라는 것이다. 사실 이상적인 신여성이란 직업이나 교육 정도에 구애받는 것이 아니라, 사회발전에 얼마나 주체적 · 자발적으로 동참하고 자신의 정체성을 지키고 있었던가에 달려있다고 한다면 이들 역시 신여성이라고 하는 것에 동의할 수 있다. 그러나 본 논문에서는 보편적인 개념으로 통용되는 신여성의 정의에 따라 신여성을 학교 교육을 받은 여학생 출신의 여성 인물들로 한정하도록 하겠다.

22) 1930년대 와서는 첩이 제2부인, 제3부인 또는 좌, 우부인 등으로 불리기도 했다.

소멸과정으로 이해할 때 아이러니하게도 자유 연애를 주창했던 많은 신여성이 첩이 되었다.23)

1920년대 논의되던 여성해방론은 **엘렌 케이**의 자유주의적 연애와 결혼관과 **콜론타이**의 사회주의적 연애와 결혼관이다. 엘렌 케이는 1849년 스웨덴에 있는 아버지의 영지, 스말랜드 지방에서 태어났다. 그녀의 아버지는 당시 스웨덴 국회의 의원이었고 급진적인 사상을 가지고 있었다. 반면 엘렌 케이의 어머니는 전형적인 귀족 가문 출신이었다. 이런 가정환경에서 그녀는 당대 최고 수준의 교육을 받을 수 있었다. 종교와 성윤리에 대해 다원의 이론을 신봉하고 토론하는 젊은이들을 투옥시키기 위해 이단에 반대하는 법이 되살아났을 때 그녀는 개인의 권리를 옹호하기 위해 투쟁적으로 붓대를 들었고 천부적 웅변가로 활동하게 된다. 그녀는 사회 전반에 걸쳐 개조를 주장했으나 누구보다도 여성의 권리를 옹호했고 여성을 정확하게 이해했다. 그녀는 당시 기독교의 성에 대한 편견을 비판하고 인간의 발전을 저해해 온 그릇된 철학, 윤리, 도덕, 습관 등을 깨뜨리는데 적극적이었으며, 여성의 권리문제를 공론화했다. 그녀의 사상은 영국과 미국의 여성 운동에 큰 영향을 끼친다. 또한 그녀의 견해는 일본 유학생들에 의해 한국의 문단에도 큰 반향을 일으킨다. 이광수의 『무정』에도 페스탈로치와 더불어 엘렌 케이가 교육가로서 등장하고 김동인의 「김연실전」, 염상섭의 『너희는 무엇을 어덧느냐』에서는 여권론자의 대명사로 인용된다. 1920년대 초반부터 그녀의 사상은 본격적으로 한국어로 번역되어 소개되었다.24)

1931년 12월 《신여성》 이동 좌담에서 '내가 이상하는 남편'을 보면, 여성들의 최대 희망은 여전히 결혼이었으며, 떳떳한 직업인, 수입보장,

---

23) 개화기를 맞아 변조된 축첩부흥이 일어났던 것도 이런 관점에서 생각해 볼 때, 아이러니다.

24) 최혜실, 『신여성들은 무엇을 꿈꾸었는가』, 생각의 나무, 2000, pp.145~150.

여성들의 경제적 독립을 이해하는 사람, 예술 취미, 의로운 성격, 정조 지키기, 자기 일은 스스로 하고 부르주아적 향락만 추구하지 않을 것, 학식과 교양은 여성과 비슷할 것 등 남자에 대한 정조요구와 결혼생활의 성실성을 자신의 배우자의 조건으로 내세우기도 했다.

1890년대 할 일 없는 첩들이 다닌다 하여 첩학당이라고 불린 여학교도 1920년대에는 달라졌다. 쪽진 여학생 즉 결혼한 여학생들이 늘었고, 부녀야학도 성행했다. 개화기 학교교육에서 교사들이 가장 많이 싸웠던 것이 조혼 풍습이었으며 그래서 학교 측에서 중매하여 결혼을 시키는 학교결혼이 고안되기도 했는데 이후 결혼 의식도 변한다. 개화초 복수결혼(상투와 비녀를 서로 꽂아주는 결혼)이 있었고, 빈자결혼이라는 신식결혼이 기독교도들을 중심으로 유행했는데 이것이 1890년대 예배당 결혼으로 진행되었고, 1900년대 와서는 '불식화혼법'이라는 불교식 개량혼례도 생겼다. 개화사회운동가들은 상고문 없이 올리는 것으로 끝나는 고천식(告天式) 개량결혼식을 하기도 했는데, 이런 신식결혼은 통칭 '사회결혼'이라 불리면서 1920년대 초기에 번창한다. 예식장이 생기고 결혼식 복장 대여점과 신부화장 전문 미장원이 생기는 것이 모두 이 시기로, 서양식 신식 결혼에 대한 기록은 구한말부터 보이고 있지만 1920년대 점차 확대되기 시작했다. 법적으로는 일제지배이후 '신고주의'가 통용되었는데, '신고주의'였던 결혼에 관한 법률안의 부작용이 점차 노골적으로 드러난다.[25)]

이상과 같이 1920년대 여성계에서는 새로운 의식과 삶을 통해 전대의 여성과는 다른 삶을 추구하는 여성들이 등장했으며, 사회적 변화와 더불어 1919년 말부터 1920년대 초반에는 여성사회에 관한 지상토론이 전개되기도 했던 것이다.

---

25) 이에 일제는 1934년 개정안에서 관습상 인정된 식을 거행함으로써 혼인은 성립된다는 '사실혼주의'를 채택한다.

Ⅲ. 새로운 성담론의 등장과 특성

1. 『無情』의 여성 인물과 성담론 구도

한국 최초의 근대소설이라고 평가받고 있는 이광수의 『무정』은 1917년 총독부의 기관지였던 『매일신보』에 연재되었던 작품이다. 『무정』이 갖고 있는 미적 근대성에 대해서는 이미 많은 논의가 있어왔다.[1] 문학사에서 『무정』이 차지하는 위상은 한마디로 기념비적이다.[2] 『무정』의 시대적 배경은 1917년을 전후한 1910년대 조선의 현실이다. 1904년 러·일 전쟁 중 한일의정서 체결로 일제의 내정 간섭이 시작된 이래, 1905년 을사조약으로 외교권을 잃어버리고, 1907년 정미조약으로 행정·사법권을 빼앗기고 군대가 해산 당하는 등 내정권을 단계적으로 박탈당한 대한제국은 의병활동과 구국운동을 탄압하고 경찰권까지 장악한 일제에 의해 마침내 1910년 일본과 합병 조약을 체결한다. 일본은 '한국과 일본 양국간의 특수하고 친밀한 관계를 고려하여,

---

1) 대표적인 논문은 다음과 같다.
송하춘, 「영웅적 인물의 잔영」, 『1920년대 한국소설 연구』, 고려대학교 민족문화연구소, 1985.
한승옥, 『이광수,비극적 세계 인식과 초월 의지』, 건국대학교출판부, 1995.
______, 『이광수 연구』, 선일문화사, 1984.
김윤식, 『이광수와 그의 시대』 1·2(개정 증보판), 솔, 1999(1986).

2) 김윤식, 앞의 책, p.566.

상호 행복을 증진하여 동양의 평화를 영구히 확보하고자 하는 바, 이 목적을 달성하기 위해서 한국을 일본제국에 병합함이 최선책이라고 확신하여 이에 양국간에 병합조약을 체결하기로 결정하였다'는 한일 합병 조약문에서 언급했듯이 '행복증진'과 '동양의 평화'라는 대의명분으로 자신들의 침략을 합리화시킨다. 1910년 10월 1일 조선 총독부가 설치되면서 일제는 한국 침략을 본격화한다. 의병들의 무력항쟁이 계속되는 가운데, 조선 총독부는 헌병 경찰제도를 실시, 정치 · 경제 · 사회 · 문화 모든 분야를 지도 감독하게 되었고, 1910년 임시 토지조사국을 설치하여 토지 및 세금 수탈을 위한 토지조사사업에 착수한다. 뿐만 아니라, 회사령을 공포, 한국의 공업발전을 억압하였으며, 자원 수탈을 위하여 철도 · 도로 · 항만 등의 건설을 계획한다. 한마디로 1910년대 조선은 국권을 잃은 동시에 일제의 수탈과 억압으로 황폐해진 시기였다. 바로 이러한 시기에 『무정』이 자리한다.

『무정』은 1920년대 소설은 아니지만, 1920년대 소설의 문을 연 작품이다.[3] 따라서 1920년대 소설에서 본격화된 한국 현대 소설의 '근대성'은 이미 『무정』에서부터 비롯되었으며, 본고는 『무정』에서 나타나는 전대 소설과는 다른 차이성을 섹슈얼리티를 중심으로 주목할 것이다.

우선 『무정』에 나타난 성담론의 구도는 인물들 사이의 관계를 통해 드러난다. 『무정』은 이형식, 김선형, 박영채를 중심으로 한 남녀간의 애정을 다룬 작품으로, 애정 소설의 전형적인 구조인 삼각관계를 그대로

3) 『무정』이 한국 최초의 근대 소설이라는 평가가 문학사 안에서 일반적이지만, 근대 소설 기점 논쟁은 끊임없이 제기되고 있는 문제이다. 이때 최초의 근대 소설이라는 『무정』의 문학사적 의의는 재고될 수 있다. 그러나 본고가 대상으로 하는 1920년대 소설을 현대소설로 바라보는 입장은 이론의 여지가 없어 왔다. 따라서 본고는 최초의 근대소설이라는 『무정』의 문학사적 의의가 문제시 될 수 있다는 것을 수용하면서도, 1920년대 소설에 나타난 근대성의 시원으로 『무정』이 차지하는 위치를 인정하는 데서 출발한다.

로 보여준다. 이 작품에서 형식이 영채와 선형 사이에서 갈등하다 선형을 배우자로 선택한다는 애정의 삼각구도는 두 여자 사이에서 갈등하는 남자 인물 '형식'에 초점을 맞추게 하면서, 그를 주인공으로 설정하게 했으며 이는 기존 논의의 일반적인 경향이기도 했다. 즉 『무정』의 주인공은 상층 계층을 대표하는 동경 유학생 '이형식'이며, 그가 자신의 배우자로 누구를 선택하느냐를 통해 『무정』의 주제를 파악했다. 이때 '영채'를 중심으로 하는 '기생'이야기는 상층 계층이 극복하고 승리해야 하는 부정적인 인물군으로 평가되었다. 그러나 본고에서는 기존의 논의의 성과를 인정하면서도 이형식이 아니라 박영채를 비롯한 여성 인물들을 중심으로 『무정』을 분석하고자 한다. 왜냐하면 박영채를 비롯한 여성 인물들을 중심으로 이 작품의 성담론이 좀 더 확연하게 드러나기 때문이다.

『무정』에서 여성 인물들은 여학생 인물군과 기생 인물군으로 나뉜다. 영채를 비롯하여 계월화, 계향, 노파, 그리고 선형의 어머니 등 이 작품에는 특히 많은 기생들이 등장하며, 그 외 선형과 병욱은 여학생이다. 다른 여성 인물로는 병국의 아내와 병욱의 어머니가 등장하기는 하지만, 행동하지 않는 인물이라는 점에서 이 작품의 여성 인물들은 기생과 여학생으로 대별된다고 할 수 있다. 여학생인 선형과 병욱이 작품 주제에 중요한 인물 계층이기는 하지만, 박영채, 계월화, 계향, 노파, 선형의 어머니 등 기생들이 대거 등장한다는 사실 역시 간과할 수 없다. 또한 박영채나 병욱 등 다른 인물들 역시 기생과 관계를 맺고 있으며 그 영향 하에서 행동한다는 점에서 『무정』은 기생들의 이야기라고도 할 수 있다. 당시 독자들 중에도 『무정』이 기생 이야기가 소재였으니까, 작가가 과연 기생집 출입이 잦았느냐를 묻는 일이 있었다고 하는 것을 보면,4) 그들 역시 작품에 등장하는 기생들에 대해 관

4) 김종욱 조사, 《문학사상》 제49호, 1976.10, pp.366~367.

심을 가졌던 것으로 확인된다. 특히 영채가 '기생'이라는 점은 독자들의 흥미를 유발하는 요소였다. 그러나 본고는 기생 이야기를 독자반응이라는 수용미학적 측면에서보다는 작품 내적 구조와 작품이 당대 사회 현실과 관계 맺는 담론적 측면에서 접근하고자 한다. 이를 위해 본고에서는 '영채'를 중심으로 『무정』에 나타난 성 담론이 시대 상황과 맺고 있는 관련 양상을 살펴보겠다. 즉 『무정』이 배경으로 하는 시기와 그 이전 시기의 기생에 대한 사회사적 연구 업적을 수용하면서, '영채'와 영채가 맺고 있는 다른 인물들과의 갈등과 화해의 구조를 밝혀서 『무정』을 통해 드러나는 섹슈얼리티의 양상을 통해 이 작품이 지니는 문학사적 의의를 밝혀보겠다.

『무정』은 '영채'의 9살부터 19살까지 성장 과정을 축으로 진행된다. 영채에게는 두 개의 이름이 있다. 하나는 아버지로부터 물려받은 '박영채'라는 이름이고, 다른 하나는 기생이 된 이후에 받은 '계월향'[5]이라는 이름이다. 이 두개의 이름을 가진 박영채의 이야기 즉 기생인 계월향[6]이 다시 박영채로 변화하는 내용이 이 소설의 스토리

5) 영채가 기생이 된 후에 받은 기생 이름 '계월향'은 유명한 기생이름과 같다. 계월향이라고 알려진 평양 기생에 대한 역사를 소개하면 다음과 같다.
임진년에 왜군이 침입, 승승장구하여 평양을 점령했을 때, 평양성에 웅거한 왜장 효용(驍勇)은 기생 계월향(桂月香)을 사랑했다. 이를 이용하여 조선 장군 김경서는 계월향의 친척이라고 속이고 적의 진영에 들어가 적장 효용의 목을 벤다. 경서가 적진을 나올 때 계월향이 옷을 붙잡고 따르려했으나, 경서는 발각될 것을 두려워하여 검을 휘둘러 계월향을 죽이고 성을 뛰쳐 나왔다.《耳溪集》 사실 계월향은 왜장의 사랑을 받음으로써 적진을 빠져나올 수 없어 김경서에게 '나로 하여금 몸을 벗어나게 해 준다면 죽음으로써 은혜를 갚겠습니다.'하여 이를 김경서가 허락함으로써 그녀와 함께 적장을 죽일 수 있었던 것인데, 계월향은 결국 김경서의 손에 죽게 된 것이었다.
이능화, 이재곤 역, 『朝鮮解語花史』, 동문선, 1992, pp.424~425.

6) 본고에서는 논의의 편의를 위해서 박영채와 계월향의 이름을 분리해서 사용하고자 한다. 영채라고 명명했을 때는 기생이 아니었을 때를 지칭하며, 계월향이라고 명명할 때는 기생 영채를 지칭한다.

story이다. 스토리는 소설의 기초이며, 연속적인 시간에 따라 배열한 사건의 진술이다.[7] 스토리가 가지고 있는 단 하나의 장점은 독자로 하여금 다음에 무엇이 일어날까를 알고 싶어 하도록 만드는 호기심 유발에 있다. 이런 면에서 계월향이 영채로 변화해가는 스토리 전개는 이 소설의 기본 축이면서 동시에 독자들의 관심을 끄는데 기여한다. 그러나 포스터가 이미 지적했듯이 스토리는 다음에 무엇이 일어날까를 알고 싶지 않게 만들 수도 있다.[8] 이미 주인공의 위기와 극복이라는 서사 구조에 익숙해있었던 독자들에게 영채를 중심으로 한 스토리만으로는 평면적 진행의 단조로움을 피할 수 없다. 스토리는 문학 조직 중에서 가장 저급하고 단순한 것[9]으로 그 이전 시대부터 이어져 온 소설의 기본구조이기도 하기 때문이다. 따라서 새로움을 지향했던 『무정』은 영채의 변모과정 이외에 다른 갈등 구조를 포함시킴으로써, 스토리가 갖는 한계를 극복한다. 이를 확인하기 위해서 '영채'를 중심으로 『무정』에 등장하는 인물들을 중심으로 그 구도를 그려보면 <표 1>과 같다.

---

7) E. M. 포스터, 『소설의 이해』, 문예출판사, 1990, p.32, p.35.
8) E. M. 포스터, 위의 책, p.32.
9) E. M. 포스터, 위의 책, p.32.

<표 1>

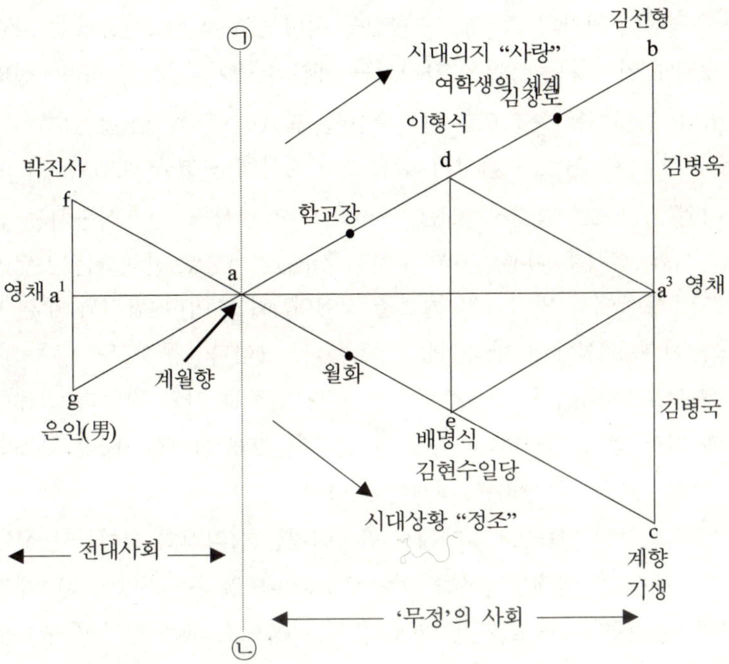

『무정』은 '계월향' 이야기에서 시작된다. 작품 스토리의 중심인물이라는 점에서 뿐 아니라, 박영채가 '기생'인 계월향으로 존재한다는 사실은 상징적이다.[10] 계월향 a를 기점으로 해서 a^3까지의 수평선이 시간적 흐름에 따라 『무정』이 진행되고 있는 **시간의 축**이다. 계월향 a를 수직으로 지나고 있는 점선 ㉠㉡은 작품 『무정』이 진행되고 있는 현실과 『무정』이 진행되기 전 시간인 과거를 구분하는 선이다. 점선㉠㉡ 왼쪽의 삼각형 afg는 이미 지나간 과거이지만, 계월향이 이형식을 만나면서 새롭게 등장하며, 계월향의 과거 회상 고백과 서술자의 진술을 통해 밝혀지는 세계이다. 즉 삼각형afg는 삼각형ade를 통해 드러나는

10) 이 작품의 중심 인물이 '계월향'이라는 '기생'으로 등장한다는 점에 대해서는 다음 장인 2장에서 본격적으로 논의하겠다.

세계이며, 두 삼각형은 그런 의미에서 겹쳐진다. a에서 a^3으로 진행되는 수평선이 시간의 축이고, 수평선을 지나는 수직선 de, fg, bc는 각각 영채에게 일어나는 사건을 가리키는 **사건의 축**이다. 만약 이 두 선만 있었다면, 영채를 중심으로 한 『무정』은 fada3(↘↗↘)으로 그려지는 '영채'라는 한 여인의 하강과 상승의 인생사에 그쳤을 것이다. 즉 아버지의 고난으로 파멸하는 선fa(↘)와 다시 형식을 만나 상승하는 선ad(↗)와, 형식과 이루어지지 못하는 선da^3(↘)으로 전개되는 스토리의 단조로움에서 벗어나지 못했을 것이다. 이는 이미 위기와 구출이라는 전대 소설에서 반복되는 구조이다. 그러나 『무정』은 이 두 축을 기본으로 하면서, 계월향과 맺어지는 인물들 간의 갈등과 화해를 통해 여러 선이 나타나게 되고, 그 선들은 크게 삼각형 abc를 만들면서 당시 새롭게 부상하는 세계를 표상한다.

이제 각각의 선들과 그 안에서 만들어지는 삼각형의 의미를 분석해보자. 『무정』은 영채를 중심인물로 보았을 때, 영채는 기생이 된 '계월향'과 '김선형' 그리고 기생 '계향'을 꼭지점으로 하는 삼각형 구도를 통해 구현된다. 직선 ab는 『무정』의 작품 세계가 드러내고 있는 **시대 의지**를 보여주는 선이다. 계월향을 기점으로 보았을 때, 그 직선은 상승하는 선이고, 이 선 위에는 함교장, 이형식, 김장로, 김선형이 놓여 있다. 계월향을 기점으로 하강하는 선인 ac는 **시대 상황**을 표상한다. 이 선 위에는 월화, 배명식, 김현수 일당, 그리고 계향이를 비롯한 당시의 기생들이 존재한다. 마지막으로 cb선은 상승하는 시대 의지와 하강하는 시대 상황의 긴장과 갈등을 통해 나타나는 새로운 **현실의 선**이다. 이 현실의 선 위에는 '계월향'에서 변모한 '영채'가 있고, 김선형, 김병욱, 김병국, 계향이 있다. '영채'의 행동은 이 선 위에서 움직이며, '김병욱'을 통해 '김선형'이 표상하는 시대 의지에 도달할 수 있는 가능성과 '김병국'을 통해 다시 기생의 신분으로 하강할 수 있는 가능성이 병존하고 있다. 즉 『무정』은 계월향을 중심으로, '김선형'이 표상하고 있는 '여학생'의 세계와 '계향'을 비롯한 '기생들'의 세계를 통해 새로운 시대 의지의 지향과 시대 상황의 타락, 그리고 그 안에서 새로운 인간 '영채'의 출현과 현실 세계의 또 다른 가능성을 보여 준 작품이다.

각각의 선과 이 선들이 이루는 삼각형 그리고 몇 개의 삼각형으로 연결된 내용과 그 의미들 사이의 관련 양상을 살펴보면 다음과 같다.

『무정』에서 성담론이라는 입장에서 주목해야 하는 인물은 '계월향' 이다. 일단 그녀가 '기생'이라는 것은 '성'을 노출시키면서 살아가는 존재를 의미하며, 다른 어떤 인물보다 이 인물의 형상화 방식과 세계와의 갈등 구조를 통해 성담론을 도출할 수 있기 때문이다. 그러나 그녀는 과거 신분 계층 구조에 의해 세습된 '기생'이 아니라, 양반가의 딸이었던 '영채'가 타락한 인물로 전락해서 된 기생이라는 점에서 특수하다. 이처럼 계월향이 보여주는 이층적인 면이 그녀를 '전형적 인물'로 만든다. 계월향의 성격을 파악하기 위해서는 일단 두 사실이 밝혀져야 한다. 하나는 당시 기생들과 작품 안에서 형상화된 계월향을 비교함으로써 현실 세계와 작품 세계가 맺는 관련 양상을 살피는 것이고, 다른 하나는 작품 내적 구조 안에서 계월향의 성격과 전형성을 밝히는 것이다.

첫째, 계월향의 직분에 대해 알아보자. 이 작품의 시간적 배경이 되고 있는 구한말, 개화기 초부터 작품이 발표된 1917년을 전후한 시기의 기생 조직과 사회적 통념을 살펴보면 다음과 같다. 우선 명칭에 대해 알아보면, 실제로 작품 안에서 영채는 자신을 '기생'이라고도 하고, '창기'라고도 부른다. '네가 행실이 부정하여 창기의 몸이 되었거늘, 이제 와서 점점 낫살이 많아 가고 창기 생활에 염증이 나므로 네가 나를 속임이로다, 하고 도리어 나를 비웃지 아니할까'에서는 자신을 '창기'라고 하며, 또 바로 다음 문장에서는 '내가 기생이 된 지 이삼 삭 후에 감옥에 아버지를 찾았더니, 아버지께서 내가 기생이 되었다는 말을 듣고 와락 성을 내어'에서와 같이 '기생'이라고도 한다.11) 이렇게 영채 스스로가 자신을 기생과 창기로 혼용해서 부르는데, '기생'이든 '창기'든 모두 매춘을 업으로 하는 여성을 이르는 말이다.

매춘이란 용어가 언제부터 사용되기 시작했는지는 사료가 불분명하다. 행위 자체의 기원이나 언어로서 '매춘'이라는 용어가 정착되기 시작한 시기 모두 분명하지 않은 채, 매춘은 언젠가부터 우리 주위의 일상적 현상이 되었지만 한국에서는 '매춘업'이 직업으로 인정되어서 존재한 적은 없다. 한국 매춘사회사의 본격적인 시발점은 19세기 말 조선 후기 사회부터이다. 물론 '기생'은 그 이전에도 있었다. 한국에서 '기생'이 언제부터 있었는가에 대해서는 멀게는 신라 때부터라는 주장도 있지만, 기생의 원조격인 기녀가 등장했던 고려시대 때부터 기생의 역사를 추정한다. 고려시대부터 중국의 영향을 받아 생긴 기녀들은 궁중내의 女婢로서 의약이나 침선, 가무 등 기예를 익혀서 봉사하다가, 사대부나 변경 지방 군사들의 위안부로서의 역할을 맡게 되는 자가 증가하게 되었다. 태종 때 이미 창기를 둘러싸고 그 존폐가 논의되었으며, 관청이 관리한 기녀제도는 일본의 반식민지가 된 대한제국 말기까지 존재하였다. 조선시대 말기에는 여러 등급의 매음부들이 있었는데 이들은 기생과는 다른 존재였다. 조선 시대의 기생들은 하층계급 출신으로 문예와 창을 익혀 양반계층의 남자들을 즐겁게 해주는 여자들로 가끔 매춘부로서의 행위를 당하기도 했지만, 언제나 매춘부의 역할을 해왔던 것은 아니다. 대체로 음악과 무용과 바느질에 능했으며, 이러한 기능을 익힌 후에 주로 관청에서 하는 일을 도왔는데, 양반들 혹은 관리들의 시중과 손님 접대 및 기타 사람을 즐겁게 해 주는 일을 하였다. 계속해서 기생의 직분이 발달하여 지방으로 파견되는 정부 관리나 변방에서 근무하는 무관들을 즐겁게 해주는 부류의 직업여성으

11) 이광수, 『무정』, 우신사, 1985, pp.44~45.

로 변모하였으며,12) 양반 계층 남성들의 정실이 되지는 못했지만, 그들의 전유물로 향유되어 양반계급의 부인들로부터 힐난과 멸시의 대상이 되기도 했다.13)

조선조 이전에 있었던 매춘 행위는 '밀매음'형태를 띠고 은밀하게 행해졌다. 과거의 매춘 행태가 보다 가시적인 형태로 변모하여 사회현상으로 확산되기 시작한 결정적인 시기는 19세기 말이다. 일본의 내정간섭이 본격화된 1904년 일제는 10월 10일 일본 공사관 산하 '경성영사관령' 제 3호에서 '불특정다수인들을 상대로 성교를 하고 그 대가를 지불 받는 직업' 즉 전문 직업인으로 매춘녀인 창기·창녀를 사회적으로 공식화한다. 그 후 융희 2년(1908년) 9월에 당시의 한국 경시청도 이 개념에 따라 기생과 창기를 구별, '기생단속령·창기단속령'을 제정·발포했으며 합방 직전인 1910년 8월 13일, 통감부 경무총감부령도 이 사항을 인계받아 전국에 적용하는 조치를 취한다. 이와 같은 규정은 합방 후에도 이어져 오다 1916년 3월 31일, 경부총감부령 제3호 '예기작부치옥영업취제규칙' 및 동 제4호 '대좌부창기취체규칙'14)으로 발전하는데 이상 두 개의 경찰총감부령은 주석에 앉아서 술을 따르고 기예를 업으로 하는 일본 여인을 **'예기'**라고 부르고, 한국 여인으로 같은 일을 하는 자를 **'기생'**, 불특정다수인에게 성을 제공하고 대가를 받는 자는 **'창기'**(기생이나 예기와 엄격히 구분)라고 정했다.15) 즉 『무정』이 발표된 1917년을 기점으로, 합방 이전 이미 공창제도의 이식에 성공했던 일본은 이후 조선에 진주한 일본군대와 본국 거류인들의 성욕 배설 공간을 일본식으로 확보하는 것 역시 성공한다.16)

---

12) 『한국의 여성』, 이화여대 출판부, 1977, p.139.
13) 서례순, 「춘향전에 나타난 기생의 세계」, 고려대 석사학위논문, 1986.12, p.2.
14) 총감부령 제4호 '대좌부창기취체규칙'의 바탕이 된 것은 일본의 명치 33년(1900년) 10월 2일, 내무성령 제44호, '창기취체규칙'과 같은 달에 발표된 경시청령 '대좌부인수다옥영업취체규칙'이었다.
15) 손정목, 「일제하의 매춘업」, 《도시행정연구》 3집, 1988, p.288.

『무정』이 발표될 당시 조선에서는 이미 일본의 영향으로 새로운 성 문화가 형성되고 있었으며, 매춘업을 중심으로 한 기생 조직의 변화가 있었다는 점을 간과할 수 없다. 영채가 되고자 했던 '기생'은 전통적으로 내려오던 기생에 대한 통념과 함께, 일제의 침략 하에서 새롭게 재편성된 기생이라는 양면성과 과도기적인 특성을 지닌다. 일제는 을사조약 체결 이후, 조선인 매음부에 대한 성병 검사, 조선에서의 공창화 정책을 실시하는데, 일본이 조선에서의 지배권을 장악하는 과정에서 자신의 문화적 우월성과 지배권 강화를 위해 조치한 것이 바로 공창이었다. 그러나 식민지 조선에서의 공창제도는 일본에서와는 달랐다. 조선인 창기와 '대좌부'의 영업지가 유곽 이외의 지역에서도 허락됨으로써 결과적으로 조선 사회에 매매음 현상을 더욱 만연시켰던 것이다.[17] 이러한 시대 상황 속에서 '계월향'이라는 인물이 창조된다.

『무정』에서 '계월향'을 비롯한 기생들은 조선에서의 공창화 정책이 실시된 후, 일제 침략 하에서 새롭게 재편성된 기생이라는 점에서 이전 시대의 기생들과는 다르다. 그들은 과거 조선의 기생들과의 관련성보다는 일본의 예기나 성을 제공하여 대가를 받는 창기들과의 관계 속에서 존재했다. 더구나 일본에서 이주한 예기나, 성을 제공하는 것을 주업으로 했던 창기들 사이에서 기생들은 자신들의 정체성을 유지하기도 어려웠을 뿐 아니라 실제로 기생 계층의 성격이 변질되면서 몇몇 집단으로 분화되는 변화와 혼란을 겪지 않을 수 없었다. 이는 『무정』의 여주인공 박영채가 기생이 되는 과정과 형식을 만난 후 계월향의 내적 갈등을 통해서도 확인할 수 있다.

『무정』의 주인공인 박영채가 기생 계월향이 되는 과정과 '박영채'라는 인물의 성격을 파악하기 위해서 우선 박영채와 박진사의 갈등

---

16) 1906년부터 5년간 요리점이나 예기 혹은 작부들의 숫자가 대자부의 숫자나 창기들에 비해 상대적으로 인구증가의 변동이 컸다.
17) 박종성, 『한국의 매춘』, 인간사랑, 1994, pp.61~81 참조.

구조 그리고 은인의 출현으로 야기되는 내적 변화를 분석하면 다음과 같다.[18] 박응진, 즉 박영채의 아버지인 박진사는 사십 여년을 학자로 지낸 양반 재산가이자 세력가였으나 십 오륙 년 전 청국을 유람했던 것을 계기로 개화파의 인물이 된다. 그는 청국을 유람하면서 상해에서 출판된 신서적을 사가지고 돌아와 그 책을 통해 서양과 일본의 형편을 알게 되어, 이후 머리를 깎고 검은 옷을 입으면서 학교를 세우는 등 개화파의 선두가 되었다. 양반 지식인으로 새로운 문명 운동을 벌였던 박진사는 세상을 위해 재산과 집을 바치고 몸과 마음을 바쳐 학교를 세운다. 또한 그는 남이 웃는 것도 생각지 않고, 영채를 학교에 보내고, 학교에서 돌아 온 뒤에는 그녀에게 소학이나 열녀전, 시전까지 가르쳤다. 그리고 자신의 동년지우와 딸 영채와 지우의 아들 형식의 혼인을 약속한다. 그러나 학교를 세운 지 육칠 년이 지나 재산이 다 없어지자, 그의 가르침을 받았던 '홍모'가 자기의 은인인 박진사의 곤고함을 보다 못해 어느 부잣집에 강도로 들어가 돈 오백 원을 빼앗고 그 주인을 죽이는 사건이 일어난다. 이 일 때문에 박진사와 그의 두 아들이 징역 종신을 선고받게 되며, 이를 계기로 영채는 아버지와 두 오라비를 징역에서 구하기 위해 기생이 될 것을 결심한다.

> 내가 이제 옛날 처녀의 본을 받아 내 몸을 팔아 돈만 얻으면 아버지와 오라버니는 옥에서 나오시렷다. 옥에서 나오시면 나를 칭찬하시렷다. 세상 사람이 나를 효녀라고 칭찬하고 옛날 처녀 모양으로 책에 기록하여 여러 처녀들이 읽고 나와 같이 울며 칭찬하렷다. 그러나 내가 내 몸을 팔아 부모와 형제를 구원하지 아니하면 이 어른과 세상 사람이 다 나를 불효한 계집이라고 비웃으렷다.
>
> 또 그동안 이 집에 있어 보니 그 부인도 본래 기생이요, 그 처녀

18) 앞에서 제시한 인물 구도에서는 선분fg 선분ga 선분af로 나타나는 삼각형에 해당된다.

> 도 지금 기생 공부를 한다 하며, 매일 놀러 오는 기생들도 다 얼굴 도 좋고 옷도 잘 입고 마음들도 다 착한데……하였다. 기생이란 다 좋은 처녀들이어니 하였다. 더구나 그 기생들이 다 글씨도 잘 쓰고 글을 잘 아는 것을 보고, 기생들은 다 공부도 잘한 처녀들이라 하였다. 그래서 영채는 결심하였다. 그러고 그 사람에게, 「저는 결심하였습니다. 저도 기생이 되렵니다. 저도 글을 좀 배웠습니다. 그래서 그 돈으로 아버지를 구원하려 합니다.」[19]

영채가 기생이 된 직접적인 동기는 아버지의 '구원' 때문이다. 그녀는 아버지를 면회하러 갔다가 대합실에서 우연히 만난 김운룡 집에 머물게 되면서, 그곳에서 기생이 될 결심을 한다. 그녀의 결심은 김운룡의 집에서 그의 부인과 다른 처녀들과의 만남 때문에 가능했다. 열 살의 소녀 박영채에게 사회적인 가치와 통념이 이미 굳게 형성되었을 리 없다. 오히려 그보다는 자신의 체험이 좀 더 믿을 만한 근거가 된다. 오갈 데 없이 방황하는 자신에게 기꺼이 거처를 마련해 준 김운룡과 그 집에서 만난 사람들은 박영채에게는 더 할 수 없는 은인이다. 더구나 10살의 **박영채 눈에 비친 기생들은 얼굴도 좋고 옷도 잘 입고, 마음들도 다 착한 좋은 처녀들이며, 더구나 공부도 잘 한 처녀들**[20]이기에, 영채에게는 아버지를 구원할 수 있다는 목적 뿐 아니라, 그 목적을 위한 수단으로써 기생이 되는 것도 부정적인 것이 아니었다. 영채는 기생이 되어 받는 몸값으로 감옥에 있는 아버지를 구원하고, 자신

---

19) 이광수, 앞의 책, 1985, p.44.
영채는 아버지를 면회하러 갔다가 만난 간수인 김운룡의 집에 가서 지내게 되고, 거기서 아버지를 구원하기 위해 기생이 될 결심을 한다. 그러나 이 일을 주선하던 자가 영채의 몸값 200원을 받고는 집과 아내도 다 내어버리고 도망을 간다. 또 영채가 기생이 되었다는 소식을 듣고 아버지도 절식 자살한다.

20) 이 작품에서 영채의 눈에 비친 기생들의 모습이 긍정적으로 서술되고 있는 점은 주목할 만하다. 이후 1920년대 소설 속에 등장하는 기생들의 모습과 비교가 때문이다. 이에 대해서는 다음 장부터 본격적으로 논의하고자 한다.

아니라 남작이 유부남이라는 사실 때문에 갈등한다. 이와 같은 갈등은 '잉태'라는 사건을 통해 절정에 달한다. 이 때도 엘리자베트는 유부남의 아이를 잉태한 사실에 대해 고민하거나 죄의식에 빠지지 않는다. 강간 사건이 새로운 욕망을 알게 해 주었듯이 잉태는 그녀에게 새로운 희망을 준다. 그 희망은 자신이 남작의 부인이 되는 것이다. 육체적인 관계를 통해 성욕을 발견하고[60] 임신까지 한 엘리자베트는 이로 말미암아 이환과 남작 사이에서의 삼각관계를 벗어나 남작만을 사랑의 대상으로 선택한다. 동시에 남작의 부인이 되고자하는 그녀의 욕망은 남작과 남작 부인과 엘리자베트로 이루어지는 새로운 삼각 구도[61]를 형성한다. 이 삼각 구도를 야기한 것이 엘리자베트의 잉태이다.

이상과 같이 강간과 잉태로 이어지는 강 엘리자베트와 남작의 관계에서 엘리자베트는 강간의 폭력성이나 부당함을 각성하는 인물이 아니라, 성욕을 발견하고 결혼을 선망하는 인물로 형상화된다. 강 엘리자베트는 처음에는 추앙 받는 이상적인 여학생으로 등장하지만 '사랑'과 '강간'을 통해 타락하는 인물로 반전한다. 또한 성욕과 결혼에 지나치게 집착하는 인물이기도 하다. 유부남인 남작과의 관계에서 생긴 잉태에 대한 두려움이나 도덕적 죄의식도 나타나지 않는다. 그녀는 조선 사교계의 제일의 꽃으로서 자신의 미래를 꿈꾸며 이를 위해 남작부인의 죽음을 바라기까지 한다. 그러나 엘리자베트의 기대와는 달리

60) 특히 작품에서는 강간을 저지른 남작보다는 엘리자베트의 성욕을 강조한다. 그녀는 심지어 잉태한 후 병원에 가서 의사로부터 진찰을 받을 때도 의사의 손에서 성욕과 쾌락을 느낀다. 결국 작가는 강간 사건의 원인을 남작보다는 엘리자베트의 성욕 때문으로 설정하고 있는 셈이다(김동인, 「약한 자의 슬픔」, 앞의 책, p.37).

61) 그러나 여기서 제시되는 두 개의 삼각 구도는 모두 엘리자베트의 의식에서만 존재하는 삼각 구도이다. 인물들 사이에서 실재하는 삼각관계가 아니라 이환과 남작, 남작과 남작 부인 사이에서 사랑과 결혼을 희망하는 엘리자베트의 욕망을 표현하는 상상의 삼각형이다. 이 삼각형은 엘리자베트의 욕망이 지니는 불모성을 표현하는 것이기도 하다. 다른 인물들 간의 구체적인 관계에 기초하지 않은 자신만의 상상 속에서의 사랑과 욕망은 결국 패배하고 만다.

잉태 후 남작은 그녀를 배신한다. 남작은 그녀와 결혼하기는커녕, 더 이상 그녀를 찾지 않고 아이도 낙태할 것을 권한다.

남작의 배신으로 엘리자베트는 다시 한번 변한다. 그녀는 더 이상 소극적이지 않으며 적극적이고 능동적인 인물로 바뀌는데 이러한 모습은 이 시기를 전후한 소설에서 찾아볼 수 없는 새로운 면모이기도 하다. 그녀는 애인의 배신으로 죽음을 결심하거나 타락을 하는 것이 아니라 법으로써 대항하며, 남작을 고소한다.[62] 신분으로 보나 사회적 능력으로 보나 남작보다 아래에 있는 그녀가 법을 통해 동등한 위치에서 그의 죄를 고발하는 것이다. 그녀는 유부남과의 관계를 통해 기존 도덕률에서 벗어나고자 했지만 그것이 실패하자 법으로 상대에 대항한다. 그러나 결국 이 때문에 파멸하고 마는 인물이기도 하다. 엘리자베트의 실패와 파멸은 두 공간을 중심으로 진행된다. 하나는 남작의 집이고, 다른 하나는 법정이다. 이 작품에서 집이 강간의 장소로 그녀를 성적으로 타락하게 하고 성적 욕망을 키우는 공간적 배경으로 설정되어 있다면, 법정은 그녀의 욕망을 종식시키는 판결의 장소로 등장한다. 이에 대해 자세히 분석하면 다음과 같다.

이 작품에 등장하는 공간은 K남작의 집 즉 엘리자베트가 가정교사로 일하는 집, 예배당, 학교 그리고 경성 지방 법원이다. 이 네 곳은 작품 속에서 서로 유기적인 관계를 맺으며 주요한 공간적 배경으로 설정되어 있는데, 이곳은 모두 당시의 대표적인 근대적인 공간이다. 이 중에서 특히 주목해야 할 공간은 K남작의 집과 경성 지방 법원 재판소이다. 학교와 예배당은 엘리자베트라는 인물을 소개하고 여학생이자 기독교인으로서 그녀가 가장 근대적인 교육과 사상을 가졌던 인물이라는 설정을 위해 필요했던 공간이다. 그녀는 학교를 다니는 여학생이었고 그 중에서도 다른 교우들에게 선망의 대상이 되었던 인물이

---

62) 김현수 일당에게 강간당한 후 대동강에 가서 자살을 결심을 했던 『무정』의 계월향과 대조된다.

었다. 또한 그녀는 예배당에 다님으로써 당시 가장 근대적인 종교로 여겨진 기독교를 믿는 인물이기도 했다. 결국 학교와 예배당이라는 두 공간은 엘리자베트의 인물을 소개하고 이후 그녀가 어떻게 변모하는지를 가늠하기 위한 척도로 제시된 공간이다. 동시에 그녀를 통해 이 두 공간의 허위성이 드러나게 된다. 학교와 예배당에서 엘리자베트와 다른 인물들 사이에 특별한 사건이 없었던 반면 남작의 집과 재판소는 실제로 엘리자베트가 행동하는 공간이며, 그녀가 다른 인물들과 관계를 맺는 장소이다. 학교는 남작의 집에 가정교사로 들어갈 수 있게 해 준 조건이 되는 장소이고, 병원 역시 재판소로 이동하는 중간지이다. 이러한 관계 하에서 남작의 집과 재판소를 중심으로 이 작품의 공간적 배경이 갖는 의미를 찾아보자.

남작의 집은 남작의 가족 공동체가 기거하는 공간이며, '남작'이라는 작위가 말해 주듯이 일본 제국주의로부터 귀족이라는 신분을 부여받은 집이다. 동시에 그곳은 여학생 엘리자베트가 아이들을 가르치는 일터이기도 하다.[63] 그곳은 여학생 엘리자베트에 의해 아이들에게 근대적인 교육이 전수되는 장소이자 일제로부터 남작이라는 작위를 부여받았을 정도로 일제의 인정과 보호를 받는 장소이다. 따라서 근대화와 식민화라는 이중적인 시대적 과제가 문제의식 없이 만나 화해하는 공간으로, 일본의 보호를 받으면서 근대 학문이 전수될 수 있었던 남작의 집은 가장 안정적인 공간이기도 했다. 그러나 이곳은 남작과 가정교사인 엘리자베트의 성적 관계를 통해 그 허위성이 드러나기 시작한다. 여기서 엘리자베트는 남작으로부터 강간당하며, 이후 불륜과 임신으로 이어지는 성관계를 유지한다.[64] 남작의 집은 남작과 엘리자베

63) 그러나 실제로 작품에서 엘리자베트가 아이들을 가르치는 장면은 나오지 않는다.

64) 「전화」에서 전화가 가정집을 성매매 공간으로 확대시키는 결과를 낳긴 했었지만,
실제로 가정집에서 불륜의 관계가 진행되지는 않았다. 『무정』에서도 김현수

트의 성적 장소로 변하며, 이곳에서 남작과 엘리자베트의 이상적인 근대인으로서의 정체성은 흔들리기 시작한다. 엘리자베트에게 남작의 집은 남작의 가족이 살고 있는 가정도 자신의 일터도 아니다. 성폭력을 당한 장소이며, 성적 욕망을 발견하게 되는 장소이고 마침내 잉태를 함으로써 새로운 '집'을 욕망하게 되는 성적 공간이자 욕망의 공간이다. 사실 이러한 집의 성격은 당시 조선에서 존재한 근대적인 집의 허위성과 폭력성을 상징하는 것이기도 하다.[65)]

경성 지방 법원 재판소는 남작의 집에서 형성된 성이 심판을 받는 장소이다. 엘리자베트가 알게 된 성욕과 사랑이 도전 받는 장소이며, 공적으로 엘리자베트와 남작의 결별이 합리화되고 표면화되는 공간이기도 하다.

> "그래도 재판은 못 한다. 우리는 상것이고 저편은 양반이 아니냐?"
>
> 아직 채 작정치 못하고 있던 엘리자베트의 마음이 이 말 한마디로 온전히 작정되었다. 그는 아주머니의 말을 우쩍 반대하고 싶었다.
>
> "재판에두 양반 상놈이 있나요?"
>
> "그래두 지금은 주먹 천지란다."[66)]

일당은 계월향을 강간하기 위해 그녀를 청량리 청량사로 유인한다. 그러나 「약한자의 슬픔」에서 남작은 가정교사를 강간하기 위해 다른 곳으로 이동하지 않는다. 집이 그대로 강간의 장소가 될 수 있었던 것이다.

65) 근대의 집은 가문이나 가계를 상징할 수도 없게 되었고, 거룩한 공간의 함축성도 찾아보기 어렵게 되었다. 르-꼬르뷔지에는 집을 '삶을 담은 기계'로 규정함으로써 근대의 집이 갖는 기능주의를 지적한다. 근대의 집은 장소와 친족, 그리고 공동체의 기반을 상실하고 직업과 개인 중심의 폐쇄된 공간으로 변한 것이다. 특히 식민지 조선에서 1920년대는 일제의 압도적인 군사력과 자본의 힘을 바탕으로 전통적인 집(가족) 의식이 해체되고 근대적인 집과 가족이 탄생하는 시기였다(김창수, 「한국근대시에 나타난 집 이미지 연구」, 고려대 박사학위논문, 2001.2, p.23. pp.64 ~65).

인용은 재판소에 가기 전의 상황이다. 남작의 배신에 대해 엘리자베트가 법적으로 대응하게 되는 동기가 제시되어 있다. 아주머니가 재판을 반대하자 오히려 엘리자베트는 남작이나 자기가 '법' 앞에 평등하다는 것을 주장한다. 근대 국가는 법의 우월성을 강조하는 법치국가를 지향한다. 그러나 당시 한국은 식민지 상황이었고, 법이 개인의 자유와 인권을 보장해 주는 근대 국가로서의 특성 역시 왜곡될 수밖에 없었다. 엘리자베트가 신뢰하고 있는 '법'은 이미 개인의 인권과 자유를 보장해 주는 근대법이 아니라 식민지 지배국인 일제의 법이었다. 이것을 인식하지 못했다는 점에서 엘리자베트의 현실 인식의 한계가 있다. 엘리자베트의 현실 인식은 낭만적이며 피상적이고 순진하다. 그녀는 '지금은 오히려 주먹 천지'라고 말하면서 현실의 폭력성을 지적하는 아주머니의 현실 인식의 수준에도 미치지 못한다. 오히려 그녀가 배운 교육 때문에 그녀는 당시 식민지 법의 실체를 판단하지 못하고, 법을 신뢰한다. 그리고 그녀의 이러한 낭만적 현실 인식은 결국 법의 폭력 앞에서 무너진다.[67] 현실을 순진하게 바라 본 엘리자베트는 법의 정당성을 믿고 남작을 소송하고 재판을 받게 된다. 이 과정에서 엘리자베트는 남작에 대한 죄스러움과 재판을 포기하고 싶은 심적 갈등을 겪기도 한다.

> 원고의 말은 모두 허황하다. 그 증거가 어디 있는가? 있으면 보고 싶다. 잉태하였다 하니 거짓말인지도 모르거니와, 설혹 잉태하

---

66) 김동인, 「약한 자의 슬픔」, 앞의 책, p.51.

67) 본 논문의 2장에서 밝힌 바와 같이 식민지 시대 일제의 여성 교육의 제 일 목표는 일본인에게 억울함을 당해도 말 한마디 못하는 여성을 길러내는 것이었다. 엘리자베트 역시 일제에 의해 집행된 법을 맹신한다. 이러한 태도는 그의 학교 교육이 오히려 현실에 대한 비판적 인식을 방해한 결과이며 일제의 교육 목적에 부합하는 결과이기도 하다. 즉 그녀는 법의 본래적 목적과 취지만을 배웠지, 법이 행사되는데 있어서의 부당함과 폭력에 대해서는 무지했다.

> 였다 하여도 그것이 남작의 자식인 증거가 어디 있는가? 자기 자식이니까 떨어뜨리려고 병원에 데리고 갔다 원고는 말하지만, 주인이 자기 집에 가정교사가 병원에 좀 데려다 달랄 때 데려다 줄 수가 없을까? 피고가 자기 일이 나타날까 저퍼서 원고를 내어쫓았다 원고는 말하지마는 다른 일로 내어보냈는지 어찌 아는가? 원고는 당시에는 학교에도 안가고 가정교사의 의무도 다하지 않고 게다가 탈까지 났으니, 누구가 이런 식객을 가만 두기를 좋아할까? 어떻든 원고에게는 정신이상이 있는 것을 잊어서는 안 된다.68)

인용은 엘리자베트가 남작을 걸어서 정조 유린에 대한 배상 및 위자료로서 5천원, 서생아(庶生兒) 승인, 신문상 사죄광고 게재 청구 소송을 경성 지방 법원에 냄으로써 진행된 법정에서의 재판 광경이다. 방청객과 판사 변호사가 참석한 가운데 재판은 진행된다. 이미 변호사까지 동원해서 자신을 변호하는 남작과는 달리 엘리자베트는 변호사도 없이 스스로 단순한 변론만을 할 뿐이다. 이마저 많은 사람들 앞에서 느껴지는 '수치심' 때문에 그녀는 제대로 말도 하지 못하고 변론을 끝낸다. 결국 엘리자베트는 패소할 뿐 아니라 정신이상자로까지 몰린다.69) 이 작품에서 법정은 개인의 사생활 안에 은폐되었던 '성'이 공적인 법에 의해서 심판 받고 제재 받는 공간이다. 법정은 성을 통제할 수 있는 장소가 되었다. 푸코에 의하면 현대의 사회적인 삶은 '기율권력'의 등장과 내재적으로 연관된다. 그에 의하면, 문명은 기율

68) 김동인, 「약한 자의 슬픔」, 앞의 책, p.56.

69) 「표본실의 청개구리」에서 김창억이 광인으로 나왔듯이, 이 작품에서 강 엘리자베트가 정신이상자 취급을 받는 것은 앞서 논의한 푸코의 말을 다시 연상하게 한다. 즉 근대의 역사는 표면적으로는 이성의 역사이지만 다른 한편으로는 끊임없이 광인들, 정신이상자들을 타자화시키고 사회로부터 격리 · 소외시켰던 광기의 역사이다. 그런 면에서 강 엘리자베트가 정신병자로 취급받는 이 부분은 지배 권력에 의해 광인으로 격리되는 근대 이성의 이면을 보여주는 것으로 볼 수 있다.

(discipline)을 의미하고, 기율은 다시 내적 충동에 대한 통제를 내포하며, 통제가 유효하기 위해서 기율은 내재적이어야 한다. 기율권력은 감옥, 수용소 뿐 아니라, 학교, 기업, 병원 조직의 특성이며 무엇보다도 그것은 '순종적 육체' 곧, 충동의 유발에 따라 자발적으로 움직이기보다는 그것의 행동이 통제되고 규제받는 육체를 생산한다. 권력은 여기서 무엇보다도 **제한하는 힘**으로 나타난다. 동시에 권력은 한계를 설정하는 것일 뿐 아니라, 동원하는 현상이기에 쾌락(pleasure)을 생산하는 도구이기도 하다. 따라서 '성(sexuality)'을 사회적 힘으로 제한해야 하는 본능적인 충동으로서만 이해해서는 안 된다. 오히려 그것은 '특별히 조밀한 권력관계의 전이 지점'이다.[70] 권력 관계에서 파생되는 근대의 섹슈얼리티는 권력과 융합해서 발생되는 성적 에너지를 통해 개인을 통제하고 관리하는 대 사회적인 핵심 기제로 이용된다. 이러한 관계를 「약한 자의 슬픔」을 통해서도 확인할 수 있다. 엘리자베트와 남작의 성관계가 법정 안에서 공개적으로 재판을 받게 됨으로써 '성'은 개인의 사생활의 영역을 벗어나 공생활 안으로 유입된다. 또한 이것은 국가 권력에 의하여 성이 통제 받게 되었을 뿐 아니라 국가 권력에 의해 성적 욕망이 제한되기도 하고 창출될 수도 있게 되었음을 보여준다. 따라서 이 작품에서 법정은 '성'을 사회 통제의 기제로 사용하고자 하는 권력의 등장을 의미한다. 또한 이 권력은 일제의 지배 권력이기도 하다. 즉 이 작품에 나타나는 '성'의 통제는 성이 일제에 의한 식민화 통제의 수단으로 등장하였음을 의미한다. 일제는 성을 통해서 식민지 조선을 지배할 수 있었던 것이다.

그러나 작품의 등장인물 강 엘리자베트나 작가 역시 한 개인의 성적 생활의 통제가 식민화 통제를 비롯한 사회 통제의 수단이 될 수 있음을 직시하지는 못했다. 이것은 개인의 한계이기보다는 당시의 시대

---

70) 미셸 푸코, 『섹슈얼리티의 정치와 페미니즘』, 새물결, p.40.

적·사회적 한계이기도 했다. 작품의 결말은 이러한 한계를 등장인물과 서술자의 태도를 통해 보여준다. 엘리자베트는 재판에서의 패소 원인을 자신의 '약함' 때문이라고 생각한다. 서술자 역시 엘리자베트의 비극적 결말이 개인적 성격 특히 여학생으로서의 그녀의 부정적 성격 때문이라고 그 원인을 한정한다. 이렇게 본다면 재판에서의 패소는 여학생의 파멸과 그의 현실 인식의 박약함을 보여주는 결과일 뿐이다. 또한 이러한 결말은 당시 최고의 이상적 인물이었던 여학생을 풍자하고 비판하며, 이를 통해 근대의 허구성을 보여주는 의미로만 축소된다. 다음의 인용에서 확인할 수 있듯이 성격 결함으로 인한 개인의 파멸은 개인의 이상 회복을 통해 만회될 수 있다. 엘리자베트는 재판에서 패소한 후 사회적인 현실 인식 하에서 사건의 진상을 해석하지 않는다. 자신의 모든 패배의 원인을 외부 환경이나 사회에서 찾기보다는 자기 자신의 약함에 때문이라고 생각하기 때문에 엘리자베트는 자신의 서러움이 약한 자의 슬픔이라고 생각한다. 그리고 그것을 극복하기 위해 '사랑'을 회복해야 한다고 생각한다.

> 약한 자의 슬픔!(그는 생각난 듯이 중얼거렸다) 전의 나의 설움은 내가 약한 자인 고로 생긴 것밖에는 더 없었다. 나뿐 아니라, 이 누리의 설움, 아니 설움뿐아니라 모든 불만족, 불평들이 모두 어디서 나왔는가? 약한 데서! 세상이 나쁜 것도 아니다! 인류가 나쁜 것도 아니다! 우리가 다만 약한 연고인밖에 또 무엇이 있으리요. 지금 세상을 죄악세상이라 하는 것은 이 세상이, 아니! 우리 사람이 약한 연고이다! 거기는 죄악도 없고 속임도 없다. 다만 약한 것!
>
> 약함이 이 세상에 있을 동안 인류에게는 싸움이 안 그치고 죄악이 안 없어진다. 모든 죄악을 없이하려면은 먼저 약함을 없이하여야 하고, 지상낙원을 세우려면은 먼저 약함을 없이하여야 한다.
>
> …(중략)… '그렇지만 강한 자가 되려면은……!'

그는 생각하여 보았다.

'내가 너희에게 새 계명을 주노니 사랑하라!'(그는 기쁨으로 눈에 빛을 내었다) 그렇다! 강함을 배는 태(胎)는 사랑! 강함을 낳는 자는 사랑! 사랑은 강함을 낳고 강함은 모든 아름다움을 낳는다. 여기, 강하여지고 싶은 자는, 아름다움을 보고 싶은 자는, 삶의 진리를 알고 싶은 자는, 인생을 맛보고 싶은 자는 다 참사랑을 알아야 한다.

만약 참 강한 자가 되려면은? 사랑 안에서 살아야 한다.[71]

엘리자베트는 모든 죄악의 근원을 약함 때문이라고 보고, 죄악 세계를 없애기 위해서 강한 자가 되어야 한다고 주장한다. 이것은 당시 사회진화론의 내용과 연관성을 갖는다. 19세기 중엽 찰스 다윈의 《종의 기원》(1859) 등에서 주장된 생물진화론은 인간사회에 적용되는 과정에서 사회진화론으로 발전하였다. 스펜서(H. Spencer)가 인간사회의 적자생존을 주장한 바 있고, 헉슬리(T. H. Huxley)와 헥켈(E. H. Haeckel)은 자연도태론을 중심으로 한 사회진화론을 주장하였다. 사회진화론은 자연(생물)계의 진화를 다루면서 적자생존과 자연도태, 우승열패와 돌연변이 등의 이론을 인간사회에 적용하였다. 때문에 인간사회의 강자와 약자를 함께 다루고 있는 것이 사실이지만, 자본주의와 제국주의가 발전함에 따라 그것을 합리화하는 이론으로 전개되면서 사회진화론은 점차 강자의 논리로 이용되었다. 특히 한국의 경우, 한말의 지식인들은 제국주의 강대국들이 침략의 정당성을 포장하기 위한 논리였던 사회진화론을 수용하여 약자의 자기방어·주체성 강화의 논리로 변형시켰다. 사회진화론은 1900년을 전후하여 강대국에서 풍미하게 되었다. 왜냐하면 산업혁명을 거친 자본주의 국가들이 그들의

71) 김동인, 「약한 자의 슬픔」, 앞의 책, pp.73～74.

대외 경쟁력을 정당화시켜 주는 침략의 논리로 사회 진화론을 이용하였기 때문이다. 산업혁명과 자본주의가 발달한 영국, 독일, 미국에서의 사회진화론은 중국 · 일본 · 한국에서 극성을 부리게 되었다. 그러나 한국에서 사회진화론은 서구에서 그 이론이 발달할 때의 배경이나 기능과는 상관없이 부국강병을 이룩하기 위한 사상으로 한말 계몽주의 지식인들에 의해 임의적으로 수용 · 선택되어 그들의 논리로 토착화되었다. 서구에서는 사회진화론이 강자의 권리를 정당화하는 이데올로기로 기능하였던 반면, 한국에서는 서구에서 주장한 것과는 매우 모순되게도 침략을 받고 있는 약자가 강자로 되기 위한 자강주의적 행동의 필요성을 설명하는 이론으로 변형되었던 것이다. 따라서 사회진화론의 이 같은 모순적인 이론변형은 한국에서는 사회진화론의 기능적 특수성으로 설명되고 있다. 반인도주의적이고 반사회적인 사회진화론이 한국에 전래되어 인간과 국가의 문제를 경쟁 · 적존(適存) · 도태패망으로 설명하는 논리로 지식인의 지성을 지배하게 되었고 한편, 비관적 도태의 위기에서 탈출해야 한다는 구국의 계몽주의 논리를 성립시켜 갔던 것이다.

한말 사회진화론이 소개된 것은 양계초의 저술을 통해서다. 양계초는 엄복이 번역한 <천연론(天演論)>을 통해 스펜서, 헉슬리 등의 우승열패 · 생존경쟁과 같은 자연계의 현상이 인간사회에도 적용된다는 사회진화론을 이해하게 되었다. 사회진화론은 그의 《음빙실문집》에 소개되어 조선의 지식인들에게 큰 영향을 미친다. 사회진화론의 논리에 따르면, 자연세계와 마찬가지로 열국도 제국주의적인 경쟁에서 우승해야만 생존할 수 있다는 절박한 상황에 빠져들지 않을 수 없다. 나라를 구하려는 당면 목표는 바로 경쟁에서 승리하는 것이었다. 승리를 위해서는 스스로를 강하게 하는, '자강(自强)'밖에 도리가 없었다. 비록 단재를 비롯하여 한말의 지식인들이 사회진화론을 자강의 논리로 변형 발전시키기는 했지만 사회진화론의 논리를 조금만 더 심화시키면, 국제간의 민족 경쟁에서의 열강을 적자, 강자, 승자로 파악하게 되고, 따라서 묵시적으로 제국주의 국가의 강권(the right of the Strongest)을 인정할 수밖에 없게 된다. 또 제국주의 국가와의 쟁투에서 패배한 민족의 도태 또한 인정할 수밖에 없게 됨은 명백하다. 그것은 제국주의에 대한 철저한 비판을 불가능하게 만들었다. 사회진화론적 입장에서 제국주의에 대한 인식은 진화론이 갖고 있는 "힘"에 대한 추구 때문에 제국주의를 정당화시켜주었다.72)

자신의 비극을 자신의 약함으로만 원인을 두는 강 엘리자베트의 현실 인식은 1890년대 이후 한국의 지식인들 사회에 전파된 사회 진화론의 논리와 다르지 않으며, 이 점은 사회 진화론의 한계와 마찬가지로 강 엘리자베트의 한계를 보여준다. 즉 그녀가 자신의 패배를 약함에 둠으로써 오히려 그녀는 자신을 파멸하게 만든 사회와 K남작과 같은 강자들의 입장을 옹호해 주는 결과를 초래했던 것이다. 따라서 그녀의 약함을 벗어나기 위한 해결책 역시 피상적일 수밖에 없었다.

엘리자베트는 강자가 되기 위한 조건으로 낭만적이고 관념적인 '사랑'을 제시한다. 강한 자가 되기 위해서 그녀가 찾은 방법이 '사랑의 삶'이고, 이러한 엘리자베트의 깨달음이 이 작품의 결말이다. 그녀가 주장하는 사랑이 구체적으로 어떤 것인지는 확실하지 않다. 단지 그녀가 강한 자가 되기 위한 조건으로 제시한 사랑은 소설 전반부에서 그녀가 이환이나 남작에 대해서 가졌던 '사랑'과는 다른 사랑이다. 동시에 강간과 성욕, 쾌락에 의해 진행되어 마침내 그녀를 파멸로 이끈 남작과의 사랑과도 다른 사랑이다. 이환이나 남작과의 관계에서 느낀 사랑이 아닌 다른 사랑이 엘리자베드가 강한 자가 되기 위해 필요한 사

---

72) 이창희, 「단재 신채호의 역사인식의 변천으로 보는 민족주의 사학의 전개」, 『역사 기행 3호』, 2000.11.2. http://www.ilovehistory.net
이만열, 「한말 · 일제 강점기의 지식인」, 교수신문 창간 7주년 기념 학술세미나 <한국지성의 회고와 성찰-근현대사 100년을 중심으로>

랑이며, 이 사랑의 발견이 바로 이 작품의 주제이기도 하다.73)

이 작품 외에도 1920년대 소설에 등장하는 여학생들은 '사랑'을 이상시하고 추구한다. 그러나 사랑은 1920년대 중 · 후반으로 접어들면서, 순수성을 점점 잃게 된다. 엘리자베트가 처음에 추구했던 사랑이 추상적이고 관념적인 한계를 지니고 있었으며 이후 자신의 사랑이 새로운 사랑이 되어야 한다는 것을 깨닫게 되었듯이, 1920년대 소설 속에 등장하는 여학생들이 추구하는 사랑의 성격은 바뀌기 시작한다.

염상섭의 『해바라기』(1923)는 실제 인물인 신여성 나혜석을 모델로 동아일보에 연재된 작품이다. 이 작품의 스토리는 여학생 출신의 노처녀 영희가 결혼에 실패한 순택과 재혼하게 되는 과정이다. 여기에서 결혼식과 신혼여행 등 당시 결혼을 둘러싼 새로운 풍속도가 소개되기

---

73) '약한 자'에서 벗어나고자 하는 인물들, 즉 자신의 약함을 인식하는 인물들은 나도향의 소설 「젊은이의 시절」(1922)과 『청춘』(1920)에도 등장한다.
「젊은이의 시절」에서 여주인공 경애는 자신의 애인과 육체관계를 맺은 후, 이 사실을 자신의 오라비에게 속인 것을 자책하면서 다음과 같이 탄식한다.
'그는 하느님이여, 어찌하여 나를 **약한 자로** 세상에 오게 하셨나이까? 운명의 신이여 어찌하여 나를 이브의 후예로 나게 하셨나이까? 부드럽고 연한 살과 정욕을 품은 붉은 입술과 최음의 정을 감춘 두 눈과 끓는 피가 모두 부끄러움과 강한 자의 미끼를 위하여 만들어지지 않지는 못할 것입니까 하고 혼자 가슴이 답답하였다.'(「젊은이의 시절」, 『나도향 전집 上』, 집문당, pp.38~39 참조)
약한 자라는 인식은 남자 주인공에게도 나타난다. 『청춘』에서 남자 주인공인 일복은 마음이 굳은 자, 사랑으로 굳센 자가 되기를 원한다. 그는 사랑이 없는 부부관계와 거기에서 비롯된 형식적인 아내를 거부한다. 그는 자신과 정혼을 했지만 사랑하지 않는 정희에게 다음과 같이 말한다.
"저는 마음 약한 자 되기를 원치 않어요. 저는 제가 마음 약한 자인 것을 압니다. 그러므로 언제든지 마음이 굳은 자가 되기를 노력합니다."(『청춘』, 『나도향 전집 下』, 집문당, pp.29~31 참조)
이상 두 작품에서 주인공들이 보여주는 약한 자라는 인식은 사랑과의 관계 하에서 나타난다. 사랑하는 애인과의 육체 관계였지만 경애는 자신을 쾌락에 패배한 약한 자로 인식하고 있으며, 일복 역시 약한 자에서 벗어나 사랑을 통해 굳은 자가 되고자 한다.

도 한다. 특히 이 작품은 '인생 문제의 반을 차지하는 성(性) 문제'[74]가 이전의 작품과는 다른 방식으로 전개된다. 여학생 출신의 주인공은 결혼 제도에 대한 비판적 시각을 통해 자신의 성격을 제시한다. 또한 성적인 욕망이나 성적인 것에 대한 대담한 발언이 나타나고 있다는 점에서도 다른 작품과 구별된다. 이에 대하여 구체적으로 살펴보면 다음과 같다.

이 작품의 여주인공 영희는 24살의 노처녀이며 동경 여자 대학에서 문학을 공부하고 돌아온 여학생이다. 서술자는 그녀의 성격에 대해 '침착하고 냉정한 이지와 굳은 심지가 있어 보'[75]인다고 함으로써 동경 유학생으로서의 엘리트적 면모를 부각시킨다. 그녀는 사랑하던 애인 홍수철이 죽은 후 3년 만에 초혼에 실패한 순택과 결혼을 한다. 이 과정을 통해 나타나는 영희의 성격은 크게 두 가지이다. 하나는 전통적인 의례와 의식의 거부이다. 그녀는 폐백을 비롯하여 결혼 의례, 의식에 대해 불만을 갖고 이 모두를 거부한다. 주인공 영희는 결혼식을 치루는 문제, 폐백 드리는 문제 등으로 가족과 마찰을 빚는다. 당시로서는 상식적인 모든 관례와 의례를 그녀가 거부했기 때문이다. 다른 하나는 달라진 사랑이다. 사랑하던 옛 애인이 죽은 후 순택과 결혼을 선택하게 되는 동기와 결혼 과정에서 영희에게 나타나는 것은 새로운 사랑이다.

> ① 영희가 순택이를 사랑하는 것은, 감사하다 가엽다 불상하다는 감정에서 나오는 사랑이요, 가슴에서 솟아나오는 뼈에서 우러나오는 피의방울방울이 끌어오르는 사랑은아니엇다. 영희의령혼

---

74) '적어두 인생문뎨의 반분은 성(性)의 문뎨가 차지를하얏다해두 조흘터인데……'라고 남편과의 대화에서 영희가 말하는 대목.
염상섭, 『해바라기』, 『염상섭 전집 1』, 민음사, p.143.

75) 염상섭, 『해바라기』, 위의 책, p.111.

> 은 순택이의 령혼속에서 살수가 잇서도, 영희의령혼속에 순택이의령혼이 싸일수는업다. .. 영희에게는 자긔밧게는 아모도침범할수업는 자긔만 혼자 락을 누릴세계가잇다. 그것은 곳예술의세계이다. ……순택이에게 대한영희는 자기의 전체이다.[76)]

> ② 다만 성욕의 충동이라는 단순한 리유가 시급히 결혼생활을하도록 영희를 괴곱게한것은 아니엇다. ……영희에게는 예술에서도 어둘수업고, 진리에서 어들수업스며 신앙에서도 어들수업고 그러타고 단순한성욕의만족으로만으로도 어들수업는 그무엇에 주렷거나, 혹은그무엇이잇다가 업서진마음속에비인곳을채이랴거나, 또는 잇다가업서지기때문에 생긴 쓰린 상처를 고칠만한 무엇인지를 어드랴는 고통이엇섯다.[77)]

사랑은 여학생과 신여성이 찾은 최고의 이상이었다. 인용 ①은 신여성인 영희의 사랑관을 서술한 것이다. '하나로만 만족할 여자가 아닌'[78)] 영희는 순택이와 결혼하지만, 그것이 오직 사랑 때문만은 아니다. 그녀가 순택이를 사랑하는 것은 순택이가 영희를 사랑하는 것과 다르며, 감사와 연민에서 오는 감정이다. 그것은 뼈에서 우러나오는 열정적인 사랑도 아니다. 여학생들에게 당시 최고의 이상이었던 '사랑'이 이미 영희에게는 최고의 이상일 수 없었다. 결혼은 사랑을 전제해야 한다고 생각했던 초기의 여학생들의 자유 연애결혼에 대한 생각

---

76) 염상섭, 『해바라기』, 앞의 책, p.124.
이 부분에서 순택이와 영희의 사랑에 대한 태도의 차이가 나타나 있다. 인용에 의하면 순택에 대한 영희의 사랑은 전인격적이고 전존재적인 사랑이기보다는 동정의 면이 많으며 자기의 세계를 확고히 한다. 반면 순택이는 좀 더 영희에 대해 전면적인 사랑을 보이는 인물로 나타난다.

77) 염상섭, 『해바라기』, 앞의 책, p.125.

78) 염상섭, 『해바라기』, 앞의 책, p.126.

은 결혼이 사랑만으로 선택하는 것이 아니라는 인식으로 바뀐다. 이 작품에서 영희는 사랑만으로는 만족할 수 없으며, 자신만의 세계, 곧 예술의 세계를 필요로 한다. 이런 면에서 앞서 다룬 「약한 자의 슬픔」에서의 엘리자베트와도 구별된다. 강 엘리자베트가 자기 세계가 확고하지 못한 약한 자였다면 이 작품에서 영희는 그 약함을 벗어난 강자의 면모를 갖추고 있다. 다만 그 강함이 강 엘리자베트가 말한 '사랑'을 통해서 보다는 '예술'을 통해 드러나고 있다는 점에서 엘리자베트가 추구한 새로운 사랑의 인물로서의 여학생상과도 다르다. 영희는 '사랑을 받아주는 유쾌한 의무를 다한 보수로 밥을 먹여 달라'[79]고 당당하게 요구하는 인물이며 그러한 요구에 대한 충족을 위해 결혼을 선택한다. 그녀의 결혼은 사랑을 전제로 한 결혼이 아니다. 그것은 생계를 위한 선택이었다는 점에서 생계의 해결을 위한 성매매와 다르지 않다.[80] 그러나 그녀의 결혼이 생계의 해결을 위한 패배적이고 소극적인 선택이었다 하더라도, 그녀의 당당한 요구가 그러한 성격을 전복시키는 효과를 낳는다.

뿐만 아니라 인용 ②에 의하면 그녀의 결혼이 성욕의 충족을 위한 것이 아니었음을 알 수 있다. 서술자는 그녀가 시급하게 결혼을 한 이유가 '성욕의 충동'때문이 아니었다고 기술한다. 결혼의 필요성이나 동기로 여자의 '성욕'이 거론된 것은 당시 소설로서는 파격적이다. 결혼의 필요성에 '성욕'이 제기되었다는 점에서, 그것도 남성의 성욕이 아니라 여성의 성욕을 제기했다는 점에서 이 부분은 성담론의 입장에서 염상섭의 소설에 나타나는 새로운 특징이기도 하다. 주인공 영희는 성에 대한 자신의 생각을 과감하고도 솔직하게 표현한다. 그녀가 보여주는 성적 욕망이나 성적인 것에 대한 대담한 발언을 확인하면 다음

79) 염상섭, 『해바라기』, 앞의 책, p.127.
80) 급진적인 맑시스트 페미니스트들은 결혼 역시 생계를 위한 매춘과 다를 바 없다고 주창했다.

과 같다.

> ③ 「그럼 웨 리혼을 햇서?」하고 농담비슷 책망비슷하게 무럿다.
> 「실흐니까 하얏지!」
> 「웨 실혀요?」
> 「어째 실튼지 실흔거야 엇저나?」
> 「그래두까닭이잇겟지요 웨학문이업서서요? 녀학생이아니기 때문에?」
> 「그것두 한가지 리유이겟지!」
> 「그럼 또 무슨 리유가잇세요」
> 「그까지소리는 고만두고 어서자- 그포도주나 마자 마셔요 ……」
> 순택이는 말을 피하랴는듯이 자긔도 잔을들며 술을권하얏다.
> 「웨 그까짓게애요. 적어두 인생문데의 반분은 성(性)의 문데가 차지를하얏다해두 조흘터인데……」[81)]

신혼여행에서 영희는 남편 순택에게 그가 이혼한 이유를 묻는다. 순택이 그의 첫 번째 부인과 이혼을 했던 이유 중 하나도 그녀가 신여성이 아니었기 때문이었다. 이들의 대화를 통해 당시 결혼을 할 때 신여성에 대한 선호도가 있었음을 알 수 있다. 또 하나는 영희가 보여주는 성에 대한 대담한 발언이다. 그녀는 성 문제가 인생 문제의 반을 차지한다는 자신의 생각을 거침없이 피력한다. 성에 대한 영희의 대담한 발언과 솔직함은 이 소설의 주인공 영희의 성격이기도 하다. 영희는 '사랑'보다는 **'성'과 '성욕'에 대해 관심**을 갖고 있으며 이러한 그녀의 관심은 이후에도 빈번하게 등장한다.

---

81) 염상섭, 『해바라기』, 앞의 책, pp.142~143.

여기서 다시 제기되는 문제는 여성의 성욕을 비롯하여 여학생·신여성의 사랑관과 성의식에 대한 작가의 태도이다. 작가의 태도는 작품에서 영희의 남편 순택을 통해 나타난다.

④ 「고만 먹지! (빨간 포도주) 둘이 다 얼골이 홍당무가 되엇다간 장관일껄…… 청도파의 녀자들이 오색주를먹고 욕덤이가 되듯키 조선에 청도파가 생겻다구 소문나게! 하하하……」

「뭐? 청도파?」

「아, 일본에 청도파라구잇섯는대- 신녀자끼리모힌회가요, 그런데 오색주를 먹엇드랍니다.」……

「남자들하고 료리ㅅ집으로 떼를 지어다니며 페퍼멘트를먹느니 오색주를먹느니하기때문에 한참 일본사상계에서 들석햇드랍니다.」

「미친년들이로군, 애개 엇던것들이 어혓길네?」

「웨 미치긴요…… 선생보담 정신이 똑똑한 사람들이라우. 술을 먹은 것은 한때 작난이니까 잘햇든 못햇든말할것업지만 일본녀자로는 자유사상계의 선구자들이랍니다」

「술먹구 남자들하구 료리ㅅ집 단이는게 선구란말이지? 허허허……」

「웨 그러케 말슴을하슈」하며 영희는이마ㅅ살을 잠간찝흐렷다.[82]

⑤ 영희는 향이타서 올으는 것을잠간보다가 일어섯다 몸이 부르를 떨렷다. 동시에 눈에는 눈물이 긋득히 고이엇다……억개가 또한번 흔들엿다. 그러나그눈물은 수삼이에게대한 애도의 정에서나

82) 염상섭, 『해바라기』, 앞의 책, p.140.

> 온것이라 하는 것보다는, 긴장한긔분에 끌리어서 나온것이다. 순택이는 영희의거동을 일일히바라보며 겨테다가 영희의억개가 떨니는것을보고, 외면을하얏다……한숨이 저절로 휘-하며 나왓다. 그러나 한번껄껄웃고 십흔생각이낫다.-순간에 별안간 자긔부친이 폐백도안이드리고, 다례도지내랴하지안엇다고, 화를내이고 떠나든혼인날밤의광경이 눈에떠올낫다. ……순택이는 다시 껄껄껄우서보고십헛스나 쨍쨍한볏헤 비치어서 아즈렁이가치 날아오르는 향로에 연긔를바라보며 잠잣고섯다.83)

인용 ④는 두 주인공이 나누는 대화 중에 나오는 일본 신여성에 관한 내용이다. 인용 ⑤는 이 작품의 결말로 옛 애인 수삼에게 묘비를 세워주고 재를 올려주는 영희의 모습을 바라보는 순택이의 생각과 모습을 서술한 부분이다. 영희로부터 일본 신여자들의 모임인 청도파에 대해서 이야기를 들은 순택이는 '미친년들이로군'이라는 한마디로 일축한다. 그는 술 먹고 남자들하고 요릿집을 다니는 그녀들을 선구자라고 하는 영희의 말을 빈정거린다. 주인공은 일본의 신여성들을 직설적으로 비판한다.84) 신여성과의 결혼을 원했지만 그가 영희를 바라보는 시선이나 또 일본의 신여성을 바라보는 시선은 비판적이고 냉소적이다. 인용 ④가 일본 신여성에 대한 비판이라면 인용 ⑤에서 순택은 영희를 통해 조선의 신여성의 태도를 빈정거린다. 구식이든 신식이든 의례를 싫어하는 영희가 더구나 산 사람에 대한 의례도 싫어하던 영희가 자신의 죽은 옛 애인을 위해 재를 올리고 비를 세워주는 것으로 신혼여행을 마치는 모습을 바라보며 남편은 자꾸만 웃고 싶은 생각이

83) 염상섭, 『해바라기』, 앞의 책, p.177.

84) 이 시기 소설에서 일본 기생이 나오는 경우 조선 기생보다 긍정적으로 서술되었던 것과는 대조적으로 여학생의 경우는 일본 여학생 역시 부정적 대상으로 나타난다.

든다. 그 웃음은 바로 여학생에게 보내는 작가의 웃음이기도 하다.

이상 이 작품에 나타난 여학생 인물의 성격을 요약하면 다음과 같다. 이 작품에서 여학생 인물은 작품의 주인공인 영희와 배후 인물로 일본의 신여성이 등장한다. 여학생 출신의 영희는 결혼 제도와 의식을 거부함으로써 다른 가족들과 충돌을 일으키는 인물이다. 여학생들이 이상시하고 추구해왔던 '사랑'보다는 '생계'를 위해 결혼을 선택하는 인물이며 성욕을 비롯한 성문제를 노골적으로 표현하기도 한다. 한편, 과거 애인과의 관계에서는 감상적 연애 감정을 지키려함으로써 남편과 작가에 의해 희화의 대상이 된다. 특히 '당대의 우리 현실에 대한 대결을 회피하는 대신 고작 어정쩡한 풍속개량이나 회고적이고 감상적인 애정윤리의 추구에 그치고 말았다'[85]는 이 작품에 대한 평가는 재고되어야 한다. 성격 창조와 현실 인식 면에서 작품의 완성도가 떨어지기는 하지만, 결혼이라는 사건을 중심으로 당시 다른 작품에서는 볼 수 없었던 제도와 도덕을 거부하는 여학생 인물을 창조했다는 점에서 그 문학사적 성과가 인정되어야 한다. 또한 이를 통해 성과 제도, 성과 도덕의 문제를 제기하려 했다는 점 역시 간과되어서는 안 된다. 특히 여학생들이 추구해 왔던 '사랑'이라는 가치와 이상이 변질되면서 '사랑'보다는 생계를 위한 '생활'이 중요한 결혼의 동기가 되었으며 이 과정에서 여학생들에 대한 부정적인 시각이 본격적으로 소설을 통해 담론화 되었던 것도 이 작품부터라고 할 수 있다.[86]

---

85) 이선영, 「시각상의 진보성과 회고성」, 『염상섭 전집 1』, 민음사, p.400.

86) 이 작품의 모델인 나혜석은 실제로 잠시 염상섭과 사귀었다. 그는 약혼자 최승구가 죽은 후, 경도 제국 대학 법학과를 나온 김우영과 6년 동안 연애를 하는데 이 중간에 염상섭이 끼어들었다. 나혜석은 김우영의 첩이 되는 것을 원하지 않아 염상섭에게 적극적으로 구애하였으나, 그로부터의 거절 이후 결국은 김우영의 청혼을 받아들이게 된다. 염상섭은 그녀가 약혼했었다는 사실 때문에 나혜석을 받아들일 수 없었다고 한다. 염상섭은 나혜석에 대해 부정적 인상을 견지하고 있었다. 그는 나혜석이 약혼자가 죽은 후 실제 생활면에서 무척 타산적이요 실질적이었으며 이 때문에 김우영을 선택했다고 여겼다. 염상

이광수의 「혈서」(1924)에서는 일본 여학생이 나온다. 작중 화자이자 주인공인 '내'가 동경 T대학에서 법과 대학생으로 지낼 때 자신을 사랑한 노부꼬(信子)의 사랑과 죽음을 다룬 이 작품에서, 노부꼬는 여학생이기는 하지만 일본 여학생이라는 점에서 다른 여학생이 등장하는 소설들과 변별된다. 그녀의 외양은 '갸름하고 좀 여윈 듯한 흰 얼굴, 높은 듯한 코, 호리호리한 몸, 약간 허리를 굽히고 재게 걷는 걸음, 모퉁이를 돌아설 때에 반짝 보이던 흰 버선 신은 발'[87]로 묘사된다. 그녀 역시 사랑을 추구한다. 그리고 사랑을 하는데 있어서 남자보다 더 적극적이다. 주인공을 사랑하는 노부코는 사랑을 위해 한국말까지 배우지만, 사랑이 받아들여지지 않자 죽고 만다. 주인공 역시 그녀를 사랑하지만, 더 큰 일을 해야 한다는 생각 때문에 그녀의 사랑을 받아들이지 않았다. 더 큰 일이 구체적으로 무엇인지는 나타나 있지 않다. 노부꼬가 일본 여학생이라는 사실은 오히려 주인공과 그녀의 사랑에 장애가 되지 않는다. 주인공과 노부꼬 사이에서 민족적 갈등이나 차이가 나타나지 않는다. 결국 이 작품은 노부꼬가 죽은 후 15년이 지나도록 그녀를 잊지 않고 살아가는 주인공의 회고로 끝난다.

이 소설에서 등장한 여학생 노부꼬는 자신의 배우자를 선택하고 구애하는 데 있어서 매우 적극적이다. 동시에 그것이 좌절되었을 때 목숨까지 저버리는 여인, 그래서 죽음을 통해 자신이 원하던 '아내'라는 호칭을 들을 수 있었던 여인이다.[88] 「혈서」에서 일본 여학생 노부꼬

섭 역시 나혜석과의 만남으로 정신적 외상을 입었고, 이후 그는 강한 여성 혐오증을 보인다. 『해바라기』 이후 염상섭은 여성혐오사상을 노골적으로 작품 속에 표출하면서, 여성혐오사상을 바탕으로 하는 작품들을 발표하게 된다(김윤식, 『염상섭 연구』, 서울대출판부, pp.266~276 참조).

결국 이 작품에 나타나는 영희에 대한 서술자와 순택의 부정적인 시각은 작가 염상섭의 신여성에 대한 의식을 그대로 반영한 것이라 할 수 있다.

87) 이광수, 「혈서」, 『춘원의 명작 무명』, 우신사, p.106.

88) 이광수의 소설 중에서 죽음을 통해 자신이 바라던 '아내'라는 호칭을 듣는 여성은 이 작품 외에도 『재생』이 있다. 『재생』의 여주인공 순영도 죽음을 통해

의 인물 형상화에서는 성적인 문란함이 나타나지 않는다. 그녀는 적극적으로 사랑을 추구하는 인물이면서도 지순한 여인상으로 묘사된다.

이광수의 **「H군을 생각하고」**(1924년 11월 《朝鮮文壇》 제2호)는 전주 s학교 교사인 H군과 동경 여자 대학을 나온 애인 C와의 사랑을 다룬 작품이다. 이 소설에서 애인 C는 여학생이었지만, 1920년대 소설에 나타나는 여학생 인물과는 성격이 다르다. 그녀는 헌신적이고 순종적이며, 희생적인 인물이다. C는 애인의 병간호를 위해 공부까지 포기하며, 폐병을 앓고 있는 H군의 병간호에 헌신한다. 그 뿐 아니라 그가 죽은 후에는 그의 어머니 봉양까지 마다하지 않는다. 그녀는 당대의 여학생보다는 봉건적이고 전통적인 한국의 여인상을 그대로 반영한 인물이다. H는 자신의 선생님께 보낸 편지에서 C를 다음과 같이 소개한다.

> "선생님, 이 여자는 미인도 아니요, 재원도 아닙니다. 다만 천진한 여자입니다. 같은 학교에서 반년 동안 교사로 있으면서 교제하는 중에 저는 그를 존경하게 되었습니다. '거짓이 없음', 이것은 조선 사람 중에 보배가 아닙니까. 저는 이것을 사랑합니다. 선생님도 그를 사랑하실 줄 믿습니다. 그도 선생님을 뵈옵기를 원합니다. 저는 속히 그를 선생님께 보여드리고 싶습니다."[89)]

인용은 H가 C와 교제하게 된 과정과 C에 대한 소개이다. 두 사람은 교사로 있는 동안 사귀었으며, 주인공은 그 과정에서 그녀를 존경하고 사랑하게 되었다. 남자 주인공이 신여성인 여자 주인공을 존경하는 경

자신이 사랑하던 남 주인공으로부터 아내라는 호칭을 듣게 된다. 이렇게 이광수 소설에서 여학생들은 '아내'를 지향하는 경우가 빈번하다.

89) 이광수, 「H군을 생각하고」, 앞의 책, p.127.

우는 이 작품 외에서는 찾아 볼 수 없다. 그런데 이 존경의 원인은 여학생으로서의 학식이나 재능 때문이 아니다. C는 동경 여자 대학교를 나온 여학생이자 교사였지만 과거의 봉건적이고 전통적인 여인의 모습을 그대로 지키고 있다. H가 죽은 후에도 C는 '재봉틀도 놓고 농사도 하면서 H의 어머니를 모시고 H의 무덤 곁에서 생을 마치겠다'90)고 한다. 그녀는 H의 어머니를 모시는 것 뿐 아니라 그 어머니를 모시기 위한 방편을 선택함에 있어서도 전통적이다. 즉 자신이 배운 학식이나 재능을 통해 어머니를 모시는 게 아니라 바느질과 농사일을 통해 어머니를 부양한다. H의 죽음은 그녀에게는 여학생과 교사로서의 역할까지도 종식됨을 의미한다. C가 바느질과 농사일로 H의 어머니를 모시고 살겠다고 결심하는 모습은 이 시기 다른 소설에 나타나는 부정적인 여학생들의 모습과는 대조적이다. 그러나 그녀의 선택이 봉건적인 여인으로의 회귀를 통해 진행되었으며, 더 이상 여학생으로 존재하지 않게 되었다는 점에서는 그 한계를 인정하지 않을 수 없다.

당시 소설에서 여학생 인물들의 성격은 「H군을 생각하고」에서와 같이 봉건적인 여성 이미지가 다시 부상하기도 하지만, 본격적으로 타락하는 인물들로 형상화된다. 소설 속에서 여학생들을 주동 인물로 등장시키면서 동시에 시종일관 부정적으로 형상화한 작가는 염상섭이다. 염상섭은 자신의 작품에서 여학생과 신여성으로 대별되는 배운 여성과 그들이 주로 믿는 기독교에 대해 비판적이다. 반면 그가 긍정적으로 내세우는 여성상은 춘향이나 집에서 살림만 열심히 하는 봉건적인 여인들을 통해서이다.

나도향의 소설에 나타난 성담론의 초기 특징은 육체에 대한 인식과 육체의 쾌락은 죄라는 의식이 나타난다는 점이다. 그의 소설에서 '육

90) 이광수, 「H군을 생각하고」, 앞의 책, p.142.

체'는 부정적 대상이며 인물들이 지향하는 '사랑'의 장애물이다. 사랑하지 않는 사람과의 육체관계는 사랑하는 사람을 잃는 원인이 되며, 사랑하는 사람과의 육체관계 역시 사랑하는 사람으로부터의 배신이라는 결과를 초래한다. 결국 육체관계는 서로 사랑하는 사이이건 아니건 좋지 않은 결과로 이어진다. 사랑하는 사람과의 육체적 결합에 의한 사랑의 완성으로서의 형태는 나타나지 않는다. 약혼자가 있는 여학생 주인공이 다른 남자와 연애하고 겁탈당하는 과정에서 육체의 죄를 지었다고 고백하면서 생명을 끊는 **「출학」**(1921)을 비롯하여, 육체의 쾌락은 죄악이라는 것을 보여주는 **「젊은이의 시절」**(1922), 환자를 유혹하는 의사의 고백인 **「J의사의 고백」**(1925) 등 이 시기 나도향의 소설들에서는 육체의 쾌락에 대한 부정적 시각이 공통적으로 나타난다. 그리고 육체관계와 육체의 쾌락이 죄라는 의식 속에서 그 대타에 제시되는 것이 '사랑'이다. 사랑은 육체적 결합과는 다른 결합이다. 오히려 육체적 결합은 사랑을 방해한다. 인물들 사이에서 벌어지는 육체관계는 주인공들의 사랑과 삶을 파멸시키는 계기로 작용한다. 그의 작품에서 서로 사랑하는 인물들은 육체관계를 통해 사랑을 완성하거나 유지시키지 못하고 오히려 배반당함으로써, 사랑의 패자가 된다. 그 구체적 실례를 작품에서 찾아보자.

「출학」(1921)은 여학생 이영숙이 자신의 약혼자였던 이병철에게 보내는 서간체 소설이다. 그녀는 약혼자가 있지만, 친구의 오빠인 정윤모에게 겁탈 당한다.[91] 서술자는 「약한자의 슬픔」에서와 같이 겁탈을 한 남자에 대해서는 침묵하면서 겁탈당한 여자 이영숙을 죄인의 입장에서 서술한다. 그녀의 죄는 육체의 죄이다. 겁탈 사건과 이어지는 이

91) 이 작품에서 '겁탈'은 강간을 의미한다. 작품에서 강간을 '겁탈'이라는 용어로 기술하기 때문에 이곳에서도 '겁탈'이라는 용어를 선택했다. 강간에 대해서는 본 논문에서 이미 다루었기 때문에 여기서는 생략하겠다(본 논문 pp.99~100 참조).

영숙의 참회로 이어지는 과정과 이 과정에서 나타나는 여학생 이영숙의 성격을 정리하면 다음과 같다.

ⓐ 나(이영숙)는 이병철의 약혼녀로 우리는 어릴 때부터 좋아한 사이다.
나는 14살 때 이미 그에 대한 애정을 깨달았다.
ⓑ 나(이영숙)는 친구의 오라버니 정윤모를 만나게 되고, 그로부터의 애정으로 즐거워한다.
ⓒ 나는 그때부터 화장이라는 것을 알게 되고, 애교를 흉내낸다.
ⓓ 교제가 이어지면서, 나는 그와 손을 잡고 양행하길 원한다.
ⓔ 양행하기로 약속한 날 다른 완강한 남자가 나타나 그에게 겁탈당함으로써 나는 죄를 지은 몸이 된다.
ⓕ 정윤모와 함께 가는 도중에 병철을 만난 나는 그의 인사를 외면하고 모르는 사람처럼 대답한다.
ⓖ 나는 학교에서도 퇴학당한다.
ⓗ 나는 병철에게 속죄의 편지를 통해 죄의 용서를 청하면서 죽는다.

주인공이 여자라서 여자의 심리가 구체적으로 서술될 수 있었음에도 불구하고 겁탈 사건 이후의 이영숙의 심리는 나타나지 않는다. 오히려 그는 이 모든 것을 자기 탓으로 돌리고 겁탈을 육체의 죄로 인식한다. 이영숙은 자신을 겁탈한 사람에 대한 원망이나 증오보다는 오히려 겁탈이 자기 행동의 결과라고 여기는 인물이다. 게다가 그녀는 남자에 의해 죄를 얻었고, 다시 남자에게 속죄하는 여성으로 나타난다. 그의 죄를 사하여 줄 수 있는 존재는 자신의 약혼자였던 남자 병철이다. 그녀가 육체의 죄를 얻었다는 죄의식을 갖게 된 것도 약혼자 때문이다. 결국 이영숙은 약혼자에게 참회와 고백의 편지를 남기고, 더럽

혀진 육체의 죄를 벗기 위해 죽음을 선택한다. 이 죽음은 여자의 정조는 목숨보다 중하다는 봉건적인 윤리의식으로의 회귀를 의미하는 것이라고 볼 수 있다.

「출학」에서 주인공 이영숙이 지은 육체의 죄가 사랑하지 않는 남자에 의한 강간에 의해 이루어졌다면, **「젊은이의 시절」**에서 주인공은 사랑하는 사람에게 강간당한다. 사랑하는 사람과의 관계였지만 경애는 그 역시 죄로 여긴다. 경애는 영빈을 사랑한다. 영빈 역시 경애를 사랑한다. 두 사람의 사랑은 다음 인용에서와 같이 서로에게 절대적인 사랑이었다.

> 사랑은 이 세상 모든 것에서 떠나고 뛰어넘는 것이고, 벗어난 것이다. 문학가가 신의 부르는 영의 곡을 받아 써놓는 것이나, 음악가 미술가 배우들이 그 예술 속에 화하여 이 세상 모든 것으로부터 떠나는 것과 같은 경우를 생각하고 시기를 생각하는 것은 참사랑이 아니니다.
>
> 경애는 영빈을 사랑한다. 영빈도 경애를 사랑한다. 경애는 사랑이요 사랑은 영애요 영빈은 사랑이요 사랑은 영빈이다. 사랑과 영빈과 경애는 한 몸이다.[92]

두 주인공에게 사랑은 이 세상 모든 것을 초월하는 것이며, 사랑을 통해 두 사람은 '한 몸'이 된다. 육체의 쾌락은 부정되면서도 사랑을 통해 도달하게 되는 '한 몸'은 지향된다. 이는 한 몸이 쾌락이 아니라 '사랑'에 의해 도달되어야 하는 것이기 때문이다. 쾌락이 아닌 '사랑'을 통해서만 육체는 '한 몸'으로서의 긍정적 가치를 가질 수 있다.

그러나 작품에서 사랑을 통해 '한 몸'에 이르는 인물들은 존재하지

---

92) 나도향, 「젊은이의 시절」, 『나도향 전집 上』, 집문당, pp.32~33.

않는다. 사랑으로 결합된 '한 몸'을 지향해야 한다는 것이 서술될 뿐이다. 영빈과 경애의 육체적 관계가 이루어지던 순간도 구체적인 사건으로 나타나지 않고, 경애의 회상으로 서술자의 서술에 의해 삽입된다.

> 영빈은 경애를 그의 침상에서 맞은 것이었다. 뭉친 사랑은 파열을 당하였다. 익고 또 익어 농익은 앵두같이 엷어지고 또 엷어진 사랑의 참지 못하는 껍질을 터지었다. 그러나 터진 그 때부터 그 사랑은 귀여운 사랑이 아니었다. 사랑이 터진 후로부터 경애는 알 수 없는 무슨 괴로움을 깨달았다. 순간적인 쾌락이 언제든지 계속하겠지 하고 영원한 희망을 갖고 있는 그는 그 순간이 지난 후부터 무슨 비애와 부끄러움이 그의 가슴에 닥쳐왔다. 그리고 가장 사랑하는 자기 오라비를 속이게 되었다. 그리고 그 이튿날 하루 종일 눈물을 흘리게 되었다. 그는 하나님이여, 어찌하여 나를 약한 자로 세상에 오게 하셨나이까? 운명의 신이여 어찌하여 나를 이브의 후예로 나게 하셨나이까? 부드럽고 연한 살과 정욕을 품은 붉은 입술과 최음의 정을 감춘 두 눈과 끓는 피가 모두 부끄러움과 강한 자의 미끼를 위하여 만들어지지 않지는 못할 것입니까 하고 혼자 가슴이 답답하였다.[93)]

경애는 영빈과의 관계 이후, 동생에게 죄를 지었다는 죄의식과 함께 약한자로서의 자기 자신을 발견한다. 자신의 육체적 아름다움은 약한 자가 강한 자를 상대로 한 미끼일 뿐이다. 부드럽고 연한 살, 정욕을 품은 밝은 입술, 최음의 정을 갖춘 두 눈, 끓는 피가 모두 강한 자를 위한 미끼라는 깨달음을 통해, 결국은 육체와 육체적 관계를 모두

---

93) 나도향, 「젊은이의 시절」, 앞의 책, pp.38~39.

부정한다. 사랑하는 영빈과의 관계이긴 했지만, 그것도 쾌락을 위한 방편이었을 뿐이라는 것이다. 경애는 결국 남동생 철하에게 속죄의 편지를 쓴다. 이미 앞서 다룬 「출학」에서처럼 이 작품의 여주인공도 남성에게 강간당한 사실을 다른 남성에게 고백하면서 속죄하고 용서를 청한다. 철하는 누이의 편지를 읽고 누이가 약한 여자이기 때문에 순간의 쾌락에 빠져 자신을 속이는 죄를 지었다고 생각한다. 경애의 애인이었던 영빈도 육체적 관계 이후 오히려 경애와 멀어진다. 그는 하인을 통해 보낸 편지에서 철하가 자신을 의심했다고 분노하면서 경애에게 결별을 선언한다.

육체관계는 경애, 영빈, 철하 모든 인물들에게 부정적인 역할을 한다. 이들 사이에 존재했던 신의가 깨지는 것이 바로 이 때문이다. 그러나 육체관계 후 죄의식을 느끼는 인물은 여학생 경애뿐이다. 그는 육체관계 자체가 쾌락에 의한 것이었다는 죄의식과 그것을 숨긴 것에 대한 죄의식 사이에서 갈등한다. 이에 비해 경애의 남동생과 애인인 두 남성의 태도에서는 죄의식을 발견할 수 없다. 남동생은 자신의 누이를 죄인으로 여기며 그가 죄를 지은 동기를 여자의 약함 때문이라고 생각한다. 애인 영빈도 너무나 당당하다. 그는 겁탈 사건을 주도한 인물이지만 아무런 죄의식을 갖지 않는다. 오히려 경애의 육체를 '죽은 자의 육체'라고 말하면서 자신을 의심한 영빈에 대해서 분노한다. 그 뿐 아니라 이후 다른 여자를 사귀고 설득력 없는 이유로 경애에게 결별을 선언하는 인물이기도 하다. 인물들 사이에서 서술자 역시 겁탈·강간이라는 사건에 은폐되어 있는 남성들의 폭력성과 부당함에 대해서는 침묵한다.

이상 나도향의 작품에서 여학생은 사랑을 추구하지만 자신의 약함 때문에 그 사랑을 지키지 못하고 강간당하는 인물들로 등장한다. 그들은 강간의 피해자였음에도 불구하고 죄의식을 느끼는 인물이며, 이 때문에 갈등하는 인물이다. 자신을 죄인이라 여기는 나도향 소설에서의 여학생들은 남성에게 자신들의 죄와 약함을 고백하면서 용서를 청하는 인물로 등장한다.

1920년대 소설에서 여학생 인물은 더 이상 이상적 존재가 아니다. 대부분의 남성 작가들의 작품 속에서 그들은 부정적인 대상으로 등장한다. 특히 그들의 부정적 면모는 성관계를 통해 드러난다. 문란한 연애 행각이나 강간으로 인한 육체관계는 그들의 삶과 그들이 추구했던 사랑을 파멸로 이끈다. 여학생들의 육체관계에서는 강간 사건이 빈번히 등장하며, '폭력성'을 갖는다는 점에서 성매매의 성격과 공통적이다. 그러나 작품 속에서 여학생들은 자신을 스스로 강간의 피해자로서가 아니라 죄인으로 여긴다. 강간을 주도한 상대자들의 심리나 번민은 작품 속에 구체적으로 서술되지 않는다. 서술자 역시 강간의 책임을 여성에게만 전가하고 강간의 원인을 여성의 약함이나 쾌락 때문으로 간주한다. 이는 작가를 비롯하여 당시 사회의 통념을 그대로 반영한 것이다. 반면 주로 이광수의 소설에서와 같이 여학생들이 긍정적 인물로 등장하는 경우, 그들의 성격은 봉건적이고 전통적인 성격을 통해 형상화된다. 1920년을 전후한 시기에 새롭게 부상했던 여성 인물들로, 성적 평등과 해방을 주장하며 지식인으로 부상했던 여학생들의 진보적이고 긍정적인 성격은 소설 속에서 찾아 볼 수 없다. 특히 여학생들이 소설 속에서 등장하는 경우 주로 '집'을 중심으로 사건이 진행되었다는 점에서 신여성들의 사회적 공간 역시 작품화되지 못했다. 단지 여학생들의 성적 타락의 공간적 배경으로 등장하는 '집'은 일상생활공간의 타락을 보여주는 동시에 근대화와 식민화라는 두 시대적 이념이 일상에 끼쳤던 폭력을 드러내주는 효과를 낳을 수 있었다. 그리고 이러한 일상생활에 가해진 폭력이 가시화된 곳이 바로 「약한 자의 슬픔」에 나타나는 '법정'이다. 법정은 '성'을 제재하고 관리하며 규제하는 장소로 등장했던 것이다.

V. 성담론의 서사 구조와 욕망의 충돌

'성'은 오랫동안 자연적이고 본능적인 것으로 간주되었으며, 사적인 문제였다. 성을 이성간의 성적 본능을 충족시키는 것이자 결혼과 가족 관계 안에서 이해하게 된 것은 근대적 역사의 산물이다. 어느 시대나 남성과 여성, 섹스, 생식과 출산, 가족이 있었으나 이 각각은 시대에 따라 그 시대의 정치경제적 관계, 문화적 관계에 따라 달리 인식되고 체험되어 왔다. 20세기에 인간의 사적 영역을 이해하는데 크게 공헌한 인물 중 한 명으로 평가받는 알프레드 킨제이(Alfred Kinsey)는 자신의 '킨제이 보고서'[1]에서 성을 장악하고 있던 절대주의적 신념에서 벗어나 성을 사회적 사실로 보려 하였다.[2] 킨제이는 성에 관한 신념들을

---

1) 동물학 교수이자 미국의 성연구자 킨제이는 미국의 모든 연령 · 직업 · 계급에 걸쳐 1만 1240명(남성 5300명, 여성 5940명)과의 개인적인 인터뷰를 바탕으로 한 자료 《인간에 있어서 남성의 성행위 *Sexual Behavior in the Human Male*》(1948, W. B. Pomeroy, C. E. Martin과 공저)와 《인간에 있어서 여성의 성행위 *Sexual Behavior in the Human Female*》(1953)를 발표한다. 이것이 바로 '킨제이 보고서'라고 불리는 논문이다. 여기에서 그는 미국 사회의 성행위에 대한 다양한 형태를 제시하여, 현대인의 성생활의 실태를 밝혔으며, 이에 대한 커다란 반향을 불러 일으켰다. 그러나 그의 연구는 명확한 통계적 기준이 적용되었으나, 불규칙적인 표본 추출과 보편적인 신뢰성 문제로 인해 비판을 받았다.

2) 물론 킨제이 이전에도 크라프트 에빙(Kraft Ebbing)이나 하블록 엘리스(Havelock Ellis)같은 초기 성과학자들 역시 성에 대한 '합리적 이해'를 마련하고자 했다. 그러나 이들은 당시까지 잔존하던 성에 대한 도덕적 신념은 거의 건드리지 않은 채, 기왕에 존재하던 성에 대한 분류(정상/비정상 혹은 일반적

뒤흔들어 놓는 충격적인 보고서를 제출, 우리가 보편적이라고 믿어왔던 이성애적인 성, 생식적인 성, 성인들(adults)에게만 독점되어 있다고 여긴 성이란 것이 취약하고 불안정할 뿐 아니라 정확히 무엇이라고 한정하기 어렵다는 것을 밝혀냈다.[3] 킨제이는 성이라는 영역에 숨겨져 있던 사실을 통해 성을 구성하는 사회적 사실들이 다름 아닌 사회적 산물이란 점을 주장한다. 이후 새롭게 부상하고 있는 개념이 성정치(sexual politics)이다. 정치는 공적인 영역이다. 따라서 사적인 영역에 속하는 성과 공적인 영역에 속하는 정치를 연결하는 성정치는 그 자체로 문제적이다. 성정치는 이런 점을 적극적으로 문제시하고 해결하고자 한다. 이 때문에 성정치는 성을 공적인 영역에 속하는 담론으로 전환시키고자 한다. 이를 위해서 성정치는 기왕에 통용되던 정치에 대한 통념을 변모시키는 동시에 사적인 영역으로 치부되던 성이 어떻게 정치적인 현실로서 담론화될 수 있는지를 밝히고자 한다.

본 연구에서 주제로 삼고 있는 '성(sexuality)'이라는 개념 역시 바로 이러한 '성정치'의 입장을 지지한다. 즉 사적인 영역으만 이해되어 온 성의 영역을 정치적 현실로 바라보고자 하는 인식론적 전환을 전제하면서 성이라는 사적이고 은밀했던 영역을 통해 현실을 분석하고 재구

인 성/주변적인 성 따위)나 성의 질서(친교, 결혼, 가족, 인종 등과 성의 관계)에 깃든 가치를 중립화시키고자 했던 실증주의자들이었다.

3) 킨제이 보고서의 구체적인 내용을 살펴보면 다음과 같다. 그의 조사에 의하면, 전체 미국인 가운데 성인 남자의 37% 정도가 적어도 한 번 이상의 동성과의 성관계를 통해 오르가즘에 도달한 적이 있으며, 전체 미국인 남성 가운데 약 10% 가까이가 순전히 동성애적 성적 지향을 가지고 있다. 이는 이성애의 절대성, 보편성이라는 그간의 성적 신념을 크게 뒤흔들었다. 하지만 이 뿐이 아니었다. 아직 성이라는 불편하고 악마적인 삶의 늪에 발을 디디지 않은 순진무구한(innocent) 삶의 시기로 추정되던 아동기 시절에, 이미 수많은 미국인이 성을 체험하고 있다는 주장 역시 사람들을 경악하게 했다. 나아가 자녀의 출산이라는 합리적 목적을 위해 실현되어야 한다고 믿겨지던 성이 전혀 다른 목적을 위해 더 많이 행해지고 있고, 이미 절대 다수의 미국인들이 그에 탐닉하고 있다는 보고는 뭇 세인들을 당황하게 만들었다.

하고자 한다. 구체적으로 본 장에서는 작품 속에 드러나는 성과 현실 간의 관계를 본격적으로 천착하고자 한다. 즉 '성'을 통해 작품에 나타나는 구조를 분석하고 이로써 작품의 현실과 세계와의 관계를 밝힘으로써 궁극적으로 당대 소설의 성담론적 특징을 규명하고자 한다. 따라서 본 장에서는 당시 소설 중 성매매 인물이나 성매매 공간이 중심인물이나 중심 배경으로 나오는 동시에 작품의 주제와 관련이 깊은 작품을 중심으로 작품에 나타나는 서사구조를 밝혀보고자 한다.

구조(構造)란 오늘날 구조주의자들에 의해 가장 많이 사용되는데, 그들의 정의에 의하면 "어떤 체계(System)의 요소들을 서로 결합시키고 있는 관계의 총화(總和)"[4]이다. 구조에 대한 견해는 형식적이고 외형적인 것만을 구조로 보는 견해와 내용적인 것까지를 모두 구조로 보는 견해가 대립되어 왔다. 흔히 문학에서는 내용과 형식을 이분법적으로 구분하여, 형식을 구조로 이해해 왔던 것이 일반적인 경향이었다. 그러나 이분법적 사고는 러시아 형식주의자들에 의해 비판받는다. 그들은 내용과 형식을 분리하지 않았고, 그 모두를 구조로 파악하고자 했다. 본고에서는 내용과 형식 모두가 구조로서 파악되어야 한다는 입장에 동의한다. 소설을 이루고 있는 모든 요소와 그 요소들의 관계를 구조라고 정의하는 것이 타당하다[5]고 보기 때문이다. 이 구조를 관찰하기 위한 시각(視覺)은 하나만 존재하지 않는다. 어떤 시각에서 보느냐에 따라 소설은 여러 개의 상이한 구조[6]를 나타낸다. 소설의 구조

---

4) Klaus Baumgurtner(편), *Sprache, Eine Einfuhrung in die modern Linguistik*, Frankfurt a.M. 1973, p.118.

5) 이러한 입장은 김천혜에 의해 이미 언급되었으며 본고 역시 그의 입장에 동의한다.
김천혜,『소설구조의 이론』, 문학과 지성사, 1990, p.13.

6) 구조를 분석하는 가장 일반적인 방법은 외형구조와 내부구조라는 이분법으로 접근하는 방식이다. 외형 구조는 소설의 바깥 모습으로 장르, 작가, 제목, 권, 부, 장, 절, 문장까지를 포함하며, 내부 구조는 시간·화자·시점에 대한 분석, 그리고 서사구조와 작중인물, 커뮤니케이션과 현실의 문제 등을 포함한다. 논

는 불변의 것이 아니며, 계속 바뀌어왔고 또 바뀌어가고 있다. 따라서 본 연구는 소설의 구조가 그것을 바라보는 시각에 따라 다르게 나타나고 다른 관계를 통해 새로운 의미를 도출할 수 있으리라는 전제 하에 '성'을 중심으로 소설의 구조를 분석하고자 한다.

다음 '서사'는 사건에 대한 서술을 말한다. 캐테 함부르거는 "서술은 사건이고, 사건은 서술이다"[7]라고 말한다. '서사 구조(narrative structure)'란 소설 내의 사건의 짜임새이다. 아리스토텔레스의 '미토스(Mythos)'라는 개념 이래로 스토리(story), 플롯(plot), 파불라(fabula), 쉬제(sujet) 등의 개념[8]으로 설명·분석된 서사구조에 대한 설명에서 토도로프는 이들과는 차원을 달리하는 담화(discours)[9]라는 개념을 소개한다. 그에 의하면 문학작품은 '이야기'인 동시에 '담화'이다. 문학 작품이 현실과 사건과 현실 생활의 인물들을 환기시킨다는 점에서 '이야기'라면 화자와 독자가 있다는 점에서는 '담화'다. 담화라는 차원에서는 진술된 사건이 중요한 게 아니라, 화자가 우리들에게 전달하는 방식이 중요하다. 그의 담화론에 의하면, 행동과 인물이 이야기의 요소라면 시간, 시점, 화법은 담화의 요소이며, 화자에게서 독자에게로 전달되는 과정이 문학 형식을 취하고 있을 때 그것이 담화이다. 1960년대 이후 구조주의의 발전과 긴밀한 관계 하에 진행된 서술이론 또는 서술학은 1980년대 이후 변화가 일어난다. 『포스트모던 서사이론』

자에 따라서 전자를 표층구조, 후자를 심층구조로 명명하는 이들도 있다.

7) Kate Hamburger, *Die Logik der Dichtung*, Stuttgart 1968, p.140.

8) 미토스는 아리스토텔레스의 시학에 나오는 개념으로 오늘날의 플롯에 가까운 용어이다. 스토리가 '시간의 순서'에 따라 정리된 사건의 서술이라면, 플롯은 '인과 관계가 강조된 사건의 서술'이다. 러시아 형식주의자 쉬클로프스키는 재료에 해당되는 것을 파블라라 불렀고, 그 재료를 예술적으로 구성한 것을 쉬제라고 불렀다. 코마세프스키는 아주 작은 사건들을 가리키는 모티프의 총체를 파블라, 이것을 예술적으로 배열한 것을 쉬제라 불렀다.

9) '담화'라는 용어는 '담론'이나 '언설', '언술'로 번역되기도 한다. 본고에서는 이미 1장에서 밝힌 담론이라는 용어와의 혼동을 피하기 위해 '담화'로 번역한다. 여기서 담화란 토도로프가 명명한 담화라는 개념으로 한정한다.

의 저자 마크 커리에 의하면, 서술학은 이제 서사의 구조가 독서에 의해 발견되는 어떤 실체적인 것이 아니라, 독자에 의해 발명되는 관점으로 수정을 강요당하고 있으며, 따라서 작품의 구조는 일관성이나 통일성을 갖는 것이 아니라, 다양한 의미의 산종을 일으키는 복합성을 지닌 것으로 인식되기에 이른다. 이러한 변화와 함께 언어생산 속에는 숨겨진 이데올로기와 가치판단의 형식이 내재되어 있다는 측면이 부각돼, 근래의 서사론은 종래의 서술학이 특권적 대상으로 삼아온 안정된 구조물로서의 서사의 개념을 해체하고, 거기에 역사성을 도입하는 외에 생산·매개·수용의 과정에서 일어나는 상호간섭 현상을 이론적으로 반영한다. 또 근래의 서사론은 사건과 서술의 양 측면을 동시에 고려해야 한다는 입장을 취한다. 서술이론이 서사의 공통 구성요소나 서술의 층위 등을 밝혀냄으로써 문학적 형성물의 기본 구조를 밝힌 것은 큰 의미가 있으나, 서술학 등이 마련한 유형학이나 범주가 너무 추상적이어서 개별 작품의 형성에 작용한 요인들을 분석하는 데는 한계가 있음을 지적하면서, 서사의 분석에 다시 '사건'이라는 소재적·내용적 요인을 도입함으로써 변증법적 모델로 귀환하여 문학이론에 역사성을 도입하는 것이 최근 등장한 서사론이다. 근래의 서사론은 서술이론이나 서술학이나 언어학적 모델과 대조적으로 생산·매개·수용의 의사소통 모델을 기본 패러다임으로 한다. 만들어진 문학작품의 유형이나 요소, 관계의 분석에 그치는 것이 아니라 근래의 서사론은 인간의 삶과 맺는 복합적인 관련을 총체적으로 파악하고자 하는 것이다. 서사는 의사소통이라는 형식을 취하는 사회적 행위이고, 거기에는 개인적·집단적인 일종의 '정치적 무의식'이 내장되어 있다. 이 심층의 의식을 밝히는 일은 서사 텍스트가 지닌 의미와 그 역사성에 접근하는 유력한 통로가 된다.[10]

10) 최유찬, 「멀티 미디어 시대와 서사론」, 연세대학원 신문, 1999.9.8(수), 중면특집.

이상과 같은 서사구조에 대한 개념을 전제하면서 1920년대 소설 중에서 성매매 인물을 주동 인물로 하는 작품의 서사구조를 분석할 때, 당시 소설의 서사 구조의 특징으로 나타나는 것이 '성의 상품화와 정조와 사랑의 서사', '지식의 도구화와 성욕과 연애의 서사'이다.

1. 성의 상품화와 정조와 사랑의 변주

당시 소설 속에 등장하는 성매매 인물은 누구보다도 기생을 비롯한 매춘부들이다. 그녀들이 주동인물로 등장하면서 서사의 핵심 구조로 나타나는 작품은 1922년부터 1923년에 《동아일보》에 발표된 **나도향**의 **『환희』**[11]다. 이 작품은 유치한 낭만과 기교의 미숙성이 나타나며 필연적인 인과관계가 분명하지 않다는 비판을 받기도 했지만,[12] 당시 독자들의 이목을 집중케 해서 나도향을 문단의 총아로 만든 작품이다. 이 작품이 주목받을 수 있었던 이유는 무엇보다도 작품의 주인공 '설화'가 기생이라는 사실 때문이다. 설화가 기생이라는 설정은 내용의 흥미를 더해 주었으며 독자들의 관심을 유도하는 데 용이했다.[13] 따

---

11) 이후 이 작품은 1923년 8월 조선도서주식회사에서 단행본으로 간행되었다. 나도향은 이 소설로 일약 천재작가로 불리게 된다.

12) 김우종, 『한국현대소설사』, 성문각, 1982, pp.189~194.

13) 설화라는 인물이 기생이었기 때문에 나도향은 料亭에 가서도 기생들의 호기심의 대상이 되었으며, 기생들은 설화의 운명을 자신들의 운명처럼 안타까워하였다고 한다(김우종, 앞의 책, pp.194~195).
그러나 당시 실제로 기생들이 얼마나 소설을 읽을 수 있었는지에 대해 확인할 수는 없다. 단지 작품의 주인공인 설화가 기생이었다는 사실은 무엇보다도 이 작품의 인기를 배가시킨 요인임에는 틀림없다.
『환희』는 나도향을 작가로 부상시킨 작품임에도 불구하고 도향의 다른 작품에 비해서 연구자들에 의해서는 오랫동안 대중성과 낭만성이라는 이유로 폄하되어 왔다.

라서 작품의 내용 이해를 위해서 뿐 아니라 독자 반응과 더불어 작품의 특징과 그 의의를 규명하기 위해 무엇보다도 전제되어야 할 것이 인물 '설화'에 대한 분석이다. 특히 작가 나도향은 자신의 단편 「지형근」과는 다르게 기생 설화의 삶을 형상화하고자 한다. 두 작품은 기생이 나온다는 점에서, 그리고 기생의 삶에 대한 관심과 그녀와 남주인공 사이의 갈등을 보여준다는 점에서 동일한 모티프를 갖지만, 서사구조나 작품의 주제와 성격은 현격히 다르다. 이는 무엇보다도 기생을 바라보는 인물과 서술자의 시선의 차이에서부터 비롯된다. 즉 「지형근」에서는 서술자와 등장인물인 형근이 기생 이화를 바라보던 태도가 서로 다르게 나타났던 반면, 『환희』에 와서는 이러한 불일치가 해소되면서 서술자와 남주인공인 영철의 시선이 거의 일치한다.[14] 「지형근」에 비해 『환희』의 남주인공 영철은 기생의 현실을 좀 더 긴밀하게 관찰하고 있으며, 기생에 대한 호의적인 태도로 그녀들의 삶에 적극적으로 개입한다. 이러한 과정에서 작가는 인물과 서술자의 시선의 불일치를 통해 자신의 성의식과 작품의 주제를 부각시키려 하기보다는 작품 전체적인 서사구조에 의해 당대 현실을 재현하고 작품의 주제를 드러내고자 한다. 이를 구체적으로 분석하면 다음과 같다.

그러나 이재선은 이 작품의 의미를 새롭게 규정한다. 그에 의하면 이 소설은 대중소설로서의 새로운 극화 현상을 보여 준 대중소설의 원초적 형태이며, 낭만적 사실주의가 나타나고, 에로스와 타나토스의 미학과 시학이 함께 함축되어 있는 작품이라는 문학사적 의의를 지닌다(이재선, 「사랑과 죽음의 미학」, 『환희』, 소담출판사,1996, p.324).

14) 본고에서는 자세히 분석하지는 않았지만 두 작품의 제목부터가 이러한 작가의 의도와 주제의 차이를 보여준다. 기생이 주요 인물인 동시에 그녀의 삶이 작품의 중요한 제재임에도 불구하고 「지형근」이라는 제목은 그녀를 바라보는 지형근의 시선과 태도, 그리고 그녀를 통한 지형근의 변화에 주목했음을 보여주는 제목이라면 『환희』는 인물의 이름이 아니라 이 인물들 사이에 맺어지는 관계를 통해 나타나는 세계의 성격을 드러내는 제목이다. 따라서 『환희』에 대한 작품론은 인물의 성격에 대한 고찰에서 그칠 것이 아니라, 인물 상호간의 관계와 갈등을 통해 드러나는 서사구조에 대한 분석이 무엇보다 중요하다.

이 작품은 전반부와 후반부로 나뉘는 2개의 삼각형 구조로 이루어져있다. 이러한 분류의 기준은 주인공의 교체다. 전반부에서는 혜숙이 여주인공이고, 후반부에서는 설화가 여주인공이다. 그러나 양적으로나 내용으로나 전반부보다는 후반부가 비중이 더 크다.15) 작품의 전반부에서는 기생 설화의 역할이 없다. 작품 전반부는 가족 소설적 특성을 보이기도 하는데, 영철의 가정사에 관한 내용이 이영철과 그의 아버지인 이상국과의 부자간 갈등을 중심으로 소개된다. 이 갈등의 제일 원인은 기독교이다. 젊었을 때 향락적인 생활을 하다 늙어서 죽음이 두려워 기독교인이 된 재산가 이상국은 기독교 교리를 따르고 천국에 가기 위해서 젊었을 때부터 첩으로 두었던 혜숙의 어머니와 그녀에게서 태어난 딸 혜숙을 버릴 뿐 아니라, 아들에게도 기독교인이 될 것을 강요한다. 이에 이영철은 '사랑하는 여자와 사랑하는 딸을 희생하여 죽어 천당으로 가려 하는 아버지의 말씀은 저는 못 듣겠'16)다고 반발하여 가출, 서모와 이복 여동생 혜숙의 집을 찾아 그들과 함께 생활한다. 혜숙은 미모와 지식을 겸비한 당대 이상적인 인물인 여학교 2년생이지만, 첩의 딸이라는 점에서 그 신분적 특성을 지닌다.17) 혜숙에게 영철은 자신의 친구인 가난한 문학청년 선용을 소개해주고, 이 두 사람은 연애 감정을 갖게 되지만 백우영의 출현으로 새로운 갈등 구조가 나타난다.

> 혜숙은 백우영을 오늘 만나기 전까지는 김선용에게 모든 촉망을

---

15) 우선 양적으로 보았을 때, 이 작품의 전체 쪽수는 278쪽이다. 이 중 혜숙이 여주인공으로 등장하는 전반부는 72쪽 정도다. 작품의 양적인 쪽수가 4분의 1이 지나면서 주인공은 설화로 바뀐다. 따라서 전·후반부의 구분은 양적 구분이 아니라 인물의 주인공과 내용에 따른 구분이며, 전반부는 후반부의 스토리 전개를 위해 전제되어야 했던 부분이다. 구체적인 것은 본문을 볼 것.

16) 나도향, 『환희』, 『나도향 전집 下』, 집문당, 1998, p.125.

17) 혜숙의 어머니, 즉 이상국의 첩이 기생 출신이었는지는 알 수 없으며 작품에 그녀의 어머니에 대한 자세한 소개는 나타나지 않는다.

> 두었으며 모든 공상에 현실을 기대하였으나 백우영을 만나 보고 나니까 거미줄 얽듯 공중에 얽어 놓은 공상이 한낱 꿈같이밖에 생각되지 않는다. 백우영에게 모든 환희(歡喜)와 열락(悅樂)을 얻을 수 있을 것 같을지라도 김선용의 보이지 않는 장래에서는 그것을 찾아볼 것 같지는 않았다. 백우영은 모든 미(美)의 소유자라 할 수 있을지라도 김선용은 그렇지 못하였다.[18]

인용에서와 같이 백우영을 만난 혜숙은 그에게 마음이 끌리면서 일본 유학생 출신으로 가난하고 외모도 별 볼 일 없는 문학 청년 선용과 중앙은행 아들로 방종한 생활을 하지만 재력이 있는 백우영 사이에서 갈등한다. 이로써 이 작품의 첫 번째 삼각구조인 선용과 혜숙 그리고 백우영으로 이루어지는 애정의 삼각형이 나타난다. 그러나 이 삼각형 구조는 작품의 전반부에서 나타날 뿐이고, 이후 이 작품은 설화를 중심으로 한 새로운 삼각형의 구조가 만들어지면서 첫 번째 삼각형의 갈등은 더 이상 전개되지 않는다. 작품의 전반부에서 이혜숙이 두 남자 사이에서 누구를 선택하느냐가 문제였다면, 중·후반부에서는 설화를 중심으로 새로운 삼각형 구도가 형성되면서 그녀의 사랑과 연애가 이 작품의 중심 스토리가 된다. 그리고 작품의 전반부와 후반부에 나타나는 두 삼각형을 연결해주는 역할을 하는 사람이 이혜숙의 남편이 된 백우영과 그녀의 오빠 영철이다. 이 두 남자는 모두 설화와 함께 새로운 삼각형 구조의 중심 인물이다. 두 삼각형을 중심으로 이 작품의 서사구조를 도형화한 것이 <표 2>이다.

삼각형 A(△abc)는 작품의 전반부의 서사 구조로, 서모의 딸이지만 여학생인 혜숙과 가난한 문학청년 선용, 부자 백우영으로 형성된 관계를 보여준다. 이 삼각형에서 주요갈등은 여학생 혜숙이 누구를 선택하

---

18) 나도향, 『환희』, 앞의 책, pp.206~207.

느냐의 문제였고, 그녀는 처음에는 일본 유학생 선용을 사랑했음에도 갑부 백우영을 선택한다. 이러한 선택은 본고의 4장에서 살펴보았듯이 당시 소설에 등장하는 여학생들의 일반적 경향이었다. 즉 여학생인 혜숙 역시 자신의 지적 능력을 배경으로 사랑보다는 돈을 선택하는 인물로 등장한다. 선용은 혜숙을 사랑하지만 혜숙은 백우영에게 시집을 간다. 선분 bc가 '사랑'을 지향하는 선이라면, 선분 ca는 '돈'을 지향하는 선이고, a에 백우영이 자리한다. 선분 ca는 또한 혜숙이 백우영을 선택하게 되는 과정이 백우영의 겁탈을 통해 이루어졌기 때문에, 겁탈·폭력의 선이기도 하다.[19] 표면적으로는 백우영이 가지고 있는 돈을 지향하는 선으로 '돈' 즉 '자본'의 흐름을 보여주지만, 심층적으로는 자본 뒤에 숨어있는 '폭력'을 드러내는 선이기도 하다.[20] 그러나 이미 이러한 구도는 독자들에게는 식상한 구도이기도 하다. 즉 여학생 주인공이 사랑과 돈 사이에서 갈등하다 돈을 선택하는 내용은 당시 소설 속에 빈번하게 등장하던 구조다. 따라서 이 작품의 흥미와 의미

19) 삼각형 A에서의 갈등은 이내 소멸된다. 물론 이미 혜숙의 마음이 백우영에게 향해 있었기는 하지만, 세 사람의 갈등이 절정에 이르기 전에 백우영이 혜숙을 겁탈하는 사건에 의해 이 갈등은 해소되고 애정의 삼각관계 역시 소멸되고 마는 것이다. 그런 면에서 선분ca의 방향은 ↘로 향해있으며, 이 하강하는 사선이 겁탈의 형식을 통해 진행되었다는 점에서 선분ca는 폭력의 선을 의미하기도 한다.

20) 겁탈·폭력의 양식이 이 작품의 구조에서 심층구조로 나타나고 표면화되지 않는 것은 겁탈·폭력의 양식이 은폐되었음을 의미한다. 동시에 이렇게 자본 뒤에 숨어 있는 폭력의 양상은 실제 작품의 스토리 전개에서도 그 구체성이 드러나지 않고 있어서 은폐성을 배가 시키고 있다. 즉 이 작품에서 백우영이 혜숙을 겁탈한 장면은 작품에 나오지 않고, 전후 사건 전개만을 서술해 주고 있다. 백우영은 혜숙을 자신의 집에 오게 하고 그녀를 겁탈했다는 것, 그리고 겁탈 사건 이후 혜숙과 백우영의 심리가 서술될 뿐 겁탈 장면은 나오지 않는다. 겁탈 사건이 있은 후 혜숙은 자신이 육체의 오점이 생겼다고 느끼면서 죄의식을 갖는 반면, 백우영은 자신이 혜숙을 더럽힌 사실을 스스로 의심하면서 결혼을 통해 죄의식에서 벗어나야겠다고 생각한다. 그러나 자신이 그녀와 결혼한다면, 혜숙을 제외한 모든 여성의 사랑을 단념해야한다는 사실 때문에 낙담한다.(나도향, 『환희』, 앞의 책, p.219. p.225 참조할 것.)

<표 2>

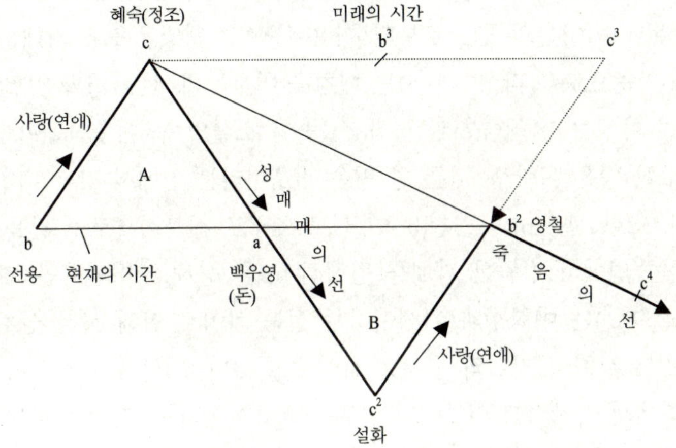

↘ cc^2 성매매와 폭력의 선 · 자본의 선
↗ bc ↗c^2b^2 ∴ab^3 ∴b^2c^3 사랑(연애)의 선
— bb^2 현재의 시간
··· cc^3 미래의 시간
△ cb^2c^3 사랑에의 욕망, 환희의 삼각형
△ cc^2c^3 『환희』의 삼각형

를 더 해 주는 것은 이후 a를 기점으로 다시 형성되는 삼각형 B(△ ac^2b^2)에 의해서이다. 삼각형 A가 여학생 혜숙을 중심으로 형성되었다면, 삼각형 B는 기생 설화를 중심으로 혜숙의 남편 백우영과 혜숙의 오빠인 영철의 관계를 통해 드러나는 삼각형이다.21) 이 두 삼각형은 점 a를 통해 대칭을 이룬다. 점 a는 인물로는 백우영이 위치하는 점이며, 의미로는 돈(자본)을 상징한다. 즉 이 작품의 구도는 무엇보다도

21) 이 삼각형에서 혜숙은 삼각형의 주요 인물로 등장하지는 않지만, 그녀의 남편과 그녀의 오빠가 설화와 관계를 맺기 때문에 그녀 역시 이미 이 관계 안에서 작동하고 있는 인물이며, 그녀는 이후 설화의 운명에 결정적인 전환점을 제공하는 역할을 한다.

돈을 매개로 두 개의 삼각형이 대칭을 이루면서 각 인물들의 갈등 구조를 보여줌으로써, 무엇보다도 이 시대의 핵심이 '돈'이며, 모든 인물들이 '돈' 즉 자본의 힘으로부터 자유로울 수 없었음을 드러내준다. 점 a를 기준으로 삼각형 A와 B는 대칭을 이루는데, 선용(b)과 영철(b^2)은 청년 학생이고, 혜숙(c)과 설화(c^2)는 이 소설의 두 여주인공이면서 동시에 한 명은 여학생, 다른 한 명은 기생이라는 점에서 각각 대칭을 이룬다. 또한 선용(b)과 영철(b^2)이 서로 친구로 신분적으로도 같은 학생이라는 면에서 평등한 관계를 평행선 bb^2를 통해 드러낸다면, 혜숙(c)과 설화(c^2)는 여학생과 기생이라는 신분 차이로 인해 각각 상위와 하위로 그 사회적 지위의 고저를 보여주고 있다. 여학생인 혜숙이 당시 사회에서 이상적인 인물이자 상위층을 표상한다면, 기생 설화는 사회의 기저에 있는 인물이자 하위층을 표상한다.

그러나 이 작품의 서사 구조에서 중요한 것은 두 삼각형의 결합 방식 뿐 아니라 각 선분이 지향하는 방향성이다. 그 방향성을 중심으로 사건이 진행되면서 주제가 드러나기 때문이다.22) 결혼 후에도 백우영은 기생 설화를 비롯하여 혜숙을 제외한 다른 성매매 인물들에게 접근함으로써 선분 ca는 선분ac^2로 이어진다. 돈으로 설화에게 접근하고 그녀를 유혹하지만, 설화는 기생임에도 불구하고 영철을 사랑함으로써 선분c^2b^2가 나타나며 이러한 관계를 통해 드러나는 것이 삼각형 B이다. 그리고 두 삼각형을 이어주고 있는 것이 선분 cc^2로 이 선분의 양 끝점에는 소설의 두 주인공이 위치하며, 이 두 주인공을 잇는 선분 cc^2는 돈을 매개로 여학생에서 기생으로 향하는 하락의 사선으로 나타난다. 선분 cc^2 가운데에는 이 작품의 핵이 되는 '돈'을 의미하는 점 a, 인물로 봤을 때 백우영이 존재한다. 혜숙은 백우영을 향하며, 백우영은 다시 설화를 향하고 있다. 혜숙이 백우영을 선택할 수밖에 없었던

22) 각 선분이 지향하는 방향성은 <표 2>에서 삼각형 옆에 화살표로 표시되어 있다.

결정적 요인이 겁탈을 통한 폭력에 의해서였으며,[23] 백우영이 설화를 선택하는 방식 역시 자신의 돈을 이용한 방식이라는 점에서 이 역시 폭력의 성격을 갖는다.

이처럼 각 선분들이 나타내고 있는 의미와 성격에 대해 좀 더 자세히 분석해 보자. 앞에서 지적한 바와 같이 이 작품에서 서사의 가장 핵심이 되는 선은 바로 cc^2(⇘)[24]로 인물로 봤을 때는 여학생 혜숙과 기생 설화를 잇는 선이며 이 작품의 가장 중요한 핵으로 본 '돈(자본)'의 점 a를 관통하는 선이다. 성담론의 입장에서 이 선은 이 작품에서 가장 중요한 선이다. 결국 선분 cc^2(⇘)는 작품 전체를 가로지르는 가장 큰 서사의 축인 동시에 성매매로 성립된 선이며, 당대 현실을 보여주는 현실의 선이다. 이 선은 하강 직선으로 나타나지만, 이 작품 구도에서 가장 긴 선분으로 이어진다는 점에서 그 만큼 강력한 선이며 자본과 함께 진행되는 폭력의 선이고, 또한 사회의 상층에서 하층으로 즉 이상적인 모습에서 모순된 사회 저변으로, 여학생에서 기생으로 하락하는 선을 의미하기도 한다. 선분 cc^2(⇘)을 통해 우리는 작가가 당대 현실을 성매매의 성격을 통해 형상화하고자 했으며, 은폐된 폭력과 권력의 힘을 성매매라는 생활의 이면과 애정의 삼각 구도를 통해 보여주고자 했음을 알 수 있다.

다음 선분 bc(↗)와 선분c^2b^2(↗)에 대해서 알아보자. 이 두 선분은 모두 상승하는 선이라는 점에서 공통되며, 그 성격 역시 사랑과 연애를 표현한다는 점에서 동일하다. 두 선분은 학생과 기생의 이상(理想)

---

23) 이는 다시 백우영이 자신의 돈과 힘으로 혜숙을 결혼 상대자로 취했다는 점에서 성매매의 또 다른 형식으로도 볼 수 있다. 물론 혜숙이 자발적으로 자신의 성을 팔아 결혼을 한 것은 아니지만 그녀 역시 이미 백우영의 재력에 마음을 빼앗겼으며, 백우영은 이를 이용하여 그녀를 겁탈함으로써 자신의 여자로 만들었기에 혜숙과 백우영의 결혼은 성매매적인 성격으로 성립되는 경우에 해당된다.

24) 여기서 '⇘'는 편의상 사선 ca의 '↘'과 사선 ac^2 '↘' 두 개의 선을 이은 선을 표시한다.

을 나타내기도 한다. 그러나 이 두 선분은 사랑과 연애를 지향함에도 불구하고, 인물의 위치에 의해 차이가 있다. 선분 bc(↗)가 선용이 혜숙에게로 향하는 선인 반면, 선분 c^2b^2(↗)는 기생 설화가 영철에게 향하는 선이다. 물론 혜숙이나 영철이 자신들의 상대자인 선용과 설화를 사랑하지 않는 것은 아니지만, 혜숙이 백우영에게 결혼을 하고, 영철 역시 자신의 여동생의 생각을 따르게 되는 결과에 의해 이 두 선분은 선용이 혜숙에게, 설화가 영철에게로 향하는 방향성을 보여주면서 상승하는 사선으로, 또한 각 삼각형의 한 변으로 기능한다. 사랑과 연애는 본고의 4장에 의하면, 누구보다도 여학생들이 지향한 그녀들의 이상이자 최고의 가치였다. 그러나 **이 작품에서는 그 가치가 여학생에게서가 아니라 오히려 기생 설화의 지향을 통해 드러나고 있다. 여학생들이 보여주었던 '사랑'의 서사와는 다른 변주(變奏)가 나타난 것이다.**

기생 설화는 돈과 폭력을 통해 만날 수 있는 당시 사회의 기저층인 성매매 인물이다. 그녀는 당시 사회에서 불평등한 계층을 대표하며, 그것은 거대한 근대화와 식민화의 권력 앞에 무력한 식민지였던 조선을 대표하는 인물이기도 하다. 그런데 그녀의 갈등은 자신이 위치하고 있는 상황인 돈과 상품화된 성을 매매하는 현실의 법칙(사선cc^2(↘))를 따르기보다는 새로운 가치 곧 사랑을 지향하게 되는 데서 비롯된다. 설화는 자신의 처지를 통해 당시 조선 여자들의 처지를 이해한다. 설화는 모든 여자들이 자기처럼 속아 지내는 줄 안다. 그래서 사회 안에서 여자는 사람으로 대우받지 못한다고 인식한다. '나이가 열여덟이 될 때까지 사람에게 가장 크고 가장 중한 사랑을 맛보다가 잃어버리고 속임을 당하고 버려졌'[25]던 설화, 그리고 불평등한 관계의 피지배층으로 사회의 밑바닥 인간을 대표하는 설화가 현실의 법칙을 벗어나 새로이 찾은 길이 바로 사선 c^2b^2(↗)가 보여주는 '사랑'의 선이었다.

---

25) 나도향, 『환희』, 앞의 책, p.189 참조.

『영철 씨, 이 세상에는 저를 참사랑으로 사랑하여 줄 다정한 이가 한 사람도 없을까요?』 하였다. 이 말을 들은 영철의 가슴에는 그 무슨 무거운 것으로 때리는 것 같이 다만 펑하게 울릴 뿐이요, 아무 예리한 감각은 없었다.

설화는 또다시 극도의 흥분된 어조로,

『얼굴에 분칠하고 입술에 연지바른 더러운 계집의 가슴 속에도 참사랑이 있는 것을 알어 줄 사람이 있을까요?』 하고 구슬구슬 떨어지는 눈물이 그의 옷깃을 적시었다.

영철의 가슴은 무엇을 날카롭게 내리흐르는 듯이 쓰리고 아픈 중에도 설화가 불쌍하였다. 영철의 마음에는 설화를 사랑할 만한 사람이라 함보다도 세상에 가장 불쌍한 사람이라 하였다. 그리고는 구하여 주고 싶었다.[26)]

인용에서 영철에게 설화는 두 가지를 고백한다. 하나는 자신의 외모에 대한 것이고, 다른 하나는 내심에 대한 것으로 두 가지는 대조적이다. 그녀는 외모로는 '얼굴에 분칠하고 입술에 연지 바른 더러운 계집'이지만 내적으로는 '참사랑'이 있는 사람이라고 말한다. 사랑은 기생 설화를 통해 새로운 방향성을 찾고 이 작품의 구조에서 사선 c^2b^2 (↗)로 구현된다. 여학생 혜숙이 결혼을 통해 성매매의 인물로 전락하고 있는 반면 표면적으로 매춘부인 설화는 사랑을 통해 상승하는 인물로 나타난다. 그러나 이 사선 역시 방향이 상호적이기보다는 설화가 영철에게로 향하는 사랑의 정도가 더 강함으로 인해 그 방향이 ↗로 나타나고 있다.

『영철 씨는 이렇게 더러운 여자라도 참으로 사랑하십니까? 저

26) 나도향, 『환희』, 앞의 책, pp.190~191.

같은 사람이 영철 씨의 사랑을 바랄 수가 있을까요? 저는 영철 씨! 다만 한 가지 원할 것이 있에요. 그것은 언제든지 영철 씨가 저를 잊어 주지 않으신다면 그 외에 더 행복이 없어요.』

영철의 전신의 맥이 풀리었다. 그리고 떨리는 목소리로,

『설화! 설화는 다시 살았다. 설화는 다시 처녀가 되었다! 아아, 나는 영원히 잊지 않을 터이야.』

『고맙습니다. 잊지 말아 주세요. 영원히 잊지 말아 주세요. 네?』[27]

설화는 영철을 사랑하고, 영철 역시 그녀를 기생으로보다는 인간으로 바라보고자 하지만,[28] 설화는 두 사람의 사랑의 영속성에 대해 계

27) 나도향, 『환희』, 앞의 책, p.232.

28) 영철이 기생 설화를 기생으로보다는 '인간'으로 바라보는 태도는 그가 설화를 두 번째 만났을 때부터 나타난다. 이 작품에서 기생 설화를 바라보는 영철의 태도는 인간으로도 보지 않고 음부 독부라는 시선에 고착되어 있었던 「지형근」에서 지형근이나 돈으로 설화를 자기 수중에 넣을 수 있다고 보는 백우영의 태도와는 대조적이다. 그는 설화를 같은 인간이라는 입장에서 바라보고자 한다. 기생을 팔자소관이나 운명, 혹은 그 개인의 탓으로 보지 않고 인간으로 여기고, 인습과 환경에 따라 인간이 변화될 수 있다고 생각하는 영철은 따라서 기생도 그 환경과 인습이 만들어 낸 인간이라고 생각한다. 때문에 개인적이고 운명적인 이유로 그들을 단죄하지 않는다. 그러나 이러한 생각이 아직까지도 관념적이고 이상적인 한계에서 벗어날 수 없었다는 것 역시 간과할 수 없다. 설화에 대한 연민은 설화를 사랑으로 이끌지만 아이러니하게도 영철이 설화를 사랑하게 되면서 기생을 인습과 환경의 지배를 받는 사회적인 존재로 인식하던 그의 태도는 흔들리기 시작한다. 이에 대해서는 본고의 다음 내용에서 다루어질 것이고, 일단 영철이 기생 설화를 바라보는 시선은 다음 인용문을 참고하라.
'설화는 불쌍한 여자다. 기생인 설화, 세상 사람에게 천대를 당하고 유린을 당하는 설화는 피 흘리고 제단 위에 누운 어린 양과 같이 불쌍하다. 기생도 감정이 잇고 사랑이 있는 사람이다.'(나도향, 『환희』, 앞의 책, p.183.)
'사람도 총리 대신이 되고 거지가 되고 학자가 되고 도둑놈이 되고 열녀가 되고 매춘부가 되고 이루 셀 수 없는 무엇무엇이 되지마는 생각을 갖고 감정을 가진 사람은 누구든지 마찬가지일 것이다. 물이 그릇과 흐르는 곳을 따라 다름과 같이 사람도 다만 그 인습과 환경에 따라서 달라질 뿐이다. 설화는 기생이다. 비록 기생이라 하지마는 그의 가슴에도 사랑이 있으며 끓는 피가 있으

속 고민한다. 그것은 무엇보다도 설화 스스로 자신을 정조 없는 더러운 여자로 인식하고 있으며, <표 2>에 나타나듯이, 그녀의 현실을 지배하는 사선cc^2 (↘)의 강력한 힘을 인식하고 있기 때문이기도 하다. 설화는 '사랑'을 지향하지만 '기생'이라는 현실 사이에서 불안감을 느낀다. 위의 인용은 이러한 설화의 불안감과 영철을 통해 회복되는 그녀의 새 삶으로의 가능성을 보여준다. 설화의 고백을 들은 후, 영철은 그녀가 다시 살았으며 다시 처녀가 되었다고 대답한다. 이로 인해 설화는 c^2에서 b^2로 이동하는 인물로 그 위치가 움직인다. 이제 설화는 백우영을 손님으로 맞이해야 하는 성매매 인물로 존재할 때는 c^2에 자리하지만, 영철을 사랑할 때는 c^2b^2(↗)의 선 위에서 움직이는 인물로 나타남으로써 **변주된 사랑의 서사의 주인공**[29]이 된다. 설화는 영철을 손님으로서가 아니라 연인으로 사랑하게 되고, 이후 현실과 이상 사이에서 갈등하는데, 이러한 갈등과 대립의 양상이 삼각형 B를 통해 구현되고 있다. 설화가 지향하는 사랑은 이미 강력하게 자신을 향해 내려오는 선분 cc^2의 힘을 이길 수 없었지만, 그럼에도 불구하고 설화가 사랑을 지향하는 것을 나타내는 사선c^2b^2(↗)가 존재함으로써 삼각형

며 애타는 눈물이 있으리라 하였다. 어여쁜 처녀의 붉고 달콤한 사랑은 아닐지라도 가슴 쓰리고 마음 아픈 푸른 사랑일 것이라 하였다. 설화는 참으로 맵고 쓴 세상을 알 터이며 때 없는 눈물과 한없는 한숨으로 비운에 부르짖고 불행에 울기도 여러번 하였으렸다 하였다. 그리고 설화 같은 여자가 참말 눈물을 알고 참 한숨을 알아 줄 여자일 것이라 하였다. 이러한 생각을 하는 영철의 가슴속에서는 갑자기 불 같은 애련의 정이 타오른다. 인력거를 돌리어 설화의 집으로 쫓아가고 싶었다. 그리고 설화의 따뜻한 가슴에 엎디어 끝없이 울고 싶었다.'(나도향, 『환희』, 앞의 책, pp.184~185.)

29) 여기서 '변주된'이라는 단어를 쓴 것은 이전까지의 사랑은 여학생들에 의해서 주도적으로 지향되었던 반면 이 작품에서는 매춘부들을 통해 사랑이 지향되고 있는 변화를 의미한다. 즉 설화가 영철을 사랑하는 것은 앞 장에서 다룬 여학생들의 사랑과는 다르다는 것을 구분하기 위해 사용된 표현이다. 본 논문에서 '변주된 사랑'은 여학생들이 추구했던 사랑과는 다른 모습의 사랑을 말한다. 그것은 주로 기생을 비롯한 매춘부들에 의해 추구된 사랑이다. 또한 '변주된'이라는 말에 가치폄하적인 의미가 없다는 것도 밝혀두는 바이다.

B는 완성될 수 있었으며, 이 삼각형은 설화가 손님 백우영(a)와 연인 영철(b^2) 사이에서 갈등하는 구도이기도 하다.

그러나 더욱 중요한 것은 이 작품이 삼각형 A와 삼각형 B, 두 개의 삼각형의 대립으로만 이루어지지 않았다는 사실이다. 만약 두 삼각형만이 존재한다면, 단순히 여학생의 사랑과 기생의 사랑을 병렬한 단순 구조에서 벗어날 수 없었으며, 주제 역시 두 사랑의 비교에 그쳤을 것이다. 그러나 <표 2>에서 드러나듯이 이 작품은 인물과 사건을 통해 드러나는 삼각형 뿐 아니라, 여러 개의 다른 삼각형 구도가 그려질 수 있는 가능태로서의 삼각형들이 내재되어 있다. 그 중에서도 삼각형 cc^2c^3은 삼각형 B를 포함하는 미완의 삼각형이지만, 이 작품의 주제를 드러내는 삼각형이다. 이 삼각형은 폭력적으로 자본과 성매매가 결합됨으로써 하강하는 현실의 선인 변cc^2와 선용과 혜숙, 정월과 선용이 지향했던 사랑의 방향과 평행하면서 설화와 영철의 사랑을 통해 당시 사회의 이상을 나타내는 사랑의 선인 변c^2c^3, 그리고 이 두 선을 이어주면서 사랑과 학문으로 현재(bb^2)의 시간과는 다른 미래의 시간(c^3c) 선으로, 당시 사회의 이상이 실현된 미래 사회를 드러내는 변c^3c로 만들어지는 삼각형이다. 다시 이 삼각형은 선b^2c를 축으로 이등분된다. 이렇게 이등분 된 두 개의 삼각형 $\triangle cc^2b^2$와 $\triangle cb^2c^3$에서 가장 확실하게 나타나는 선은 변cc^2이며, 나머지 변들은 미완성이거나 가상의 선·가능성의 선으로 존재한다. 변c^2c^3은 설화가 영철을 사랑함으로써 형성된 선이다. 그러나 이 두 사람 사이에 끼어 든 혜숙 (cb^2) 때문에 설화의 사랑은 b^2c^3으로 계속 나아가지 못하고, b^2에서 멈춰 버린다. 오빠와 설화의 사이를 안 혜숙은 자신을 오빠의 애인이라고 속이고 설화를 찾아간다. 그래서 만들어지는 삼각형이 $\triangle cc^2b^2$이다. 이 삼각형은 가짜 삼각형이지만, 이 삼각형 안에서 설화의 사랑은 cb^2의 강력한 힘을 이기고 b^2c^3으로 전진하지 못하고, cb^2의 연장선인 사선 b^2c^4으로 꺾이고 만다. 결국 설화는 자살한다. 뒤 늦게 설화의 죽음을 알게 된 역시 '좋은 처녀'인 기생이 되고자 했던 것이다. 영채의 '기생되기'는 구한말 조국의 비운을 극복하기 위해 개화를 부르짖던 '박진사'로 대표되는 아버지를 살리기 위한 영채의 나라 구하기의 또 하나의 방식이었다고 할 수도 있다. 자신의 몸을 팔아 아버지를 구하겠다는 개인적인 목적 뒤에는 자신의 현실을 극복하고자 하는 어린 소녀의 삶의 의지와 시대적 사명까지 포함되어 있었다. 그러나 그 방식이 이미 일제에 의해서 왜곡되었던 '기생되기'였다는 점에서 영채의 선택은 비극적일 수밖에 없었다. 영채는 자신이 구원하고자 하는 '아버지'를 구하기는커녕, 오히려 아버지의 자결이라는 결과를 초래했고, 자신의 몸값도 착복 당한다. 그녀에게 남은 것은 자신이 '기생'이라는 사실 뿐이다. 단 작품에서는 10세에 기생이 된 영채, 소녀 기생 영채가 어떻게 19살이 되었는지는 나타나 있지 않은 채 형식과의 만남으로 이어진다.

『무정』에서 계월향은 자신을 '기생'이었다고 하기도 하며, '창기'라고도 부른다.[21] 계월향 스스로가 자기 자신을 '기생' 또는 '창기'로 부르는 것으로 보아, 이미 당시에는 주석에 앉아서 술을 따르고 기예를 하는 '기생'이 불특정 다수에게 몸을 파는 '창기'와 희석되어 있었던 것을 알 수 있다. 그러나 기생이 된 후 형식을 만날 때까지 영채는 오직 '기생'으로서 살아가고자 했다. 창기로서 몸을 파는 것이 아니라, 몸을 파는 것을 제외한 일만을 고집했던 것이다. 그러나 이미 기생과 창기의 역할 구분이 사라지기 시작한 당대 사회에서 영채는 자신의 삶을 이해받을 수 없었고, 여기서 새로운 갈등이 발생한다. 영채는 두 남자인 아버지와 은인으로부터 배반당한다. '이년아! 이 우리 빛난 가

---

21) 이광수, 앞의 책, pp.44~45.
'네가 행실이 부정하여 창기의 몸이 되었거늘, 이제 와서 점점 낫살이 많아 가고 창기 생활에 염증이 나므로 네가 나를 속임이로다, 하고 도리어 나를 비웃지 아니할까'
'내가 기생이 된 지 이삼 삭 후에 감옥에 아버지를 찾았더니, 아버지께서 내가 기생이 되었다는 말을 듣고 와락 성을 내어'

문을 더럽히는 년아! 어린 계집이 뉘 꼬임에 들어 벌써 몸을 더럽혔느냐!'[22]하고 아버지는 영채가 행실이 부정하여 기생이 된 것으로 알고 자살하고, 영채를 알선해 준 은인은 집도 부인도 다 버리고 200원을 갖고 도망을 간다. 이것은 전세대의 몰락 즉 박진사가 대표하는 양반 지식인 개화파의 몰락을 의미하며, **성과 자본이 유착되는 새로운 시대의 진입을 상징한다.** 어린 소녀였던 영채는 아버지가 지향했던 국권 강화를 위한 시대의지의 좌절과 김운룡이라는 새로운 시대 악의 상승을 통해 계월향이 되었으며, 영채가 계월향이 되는 과정은 아버지의 죽음이라는 하강직선과 기생조직을 통해 드러나는 당대 사회 현실의 상승직선이 만나는 교차점 위에 있다.

정리하면, 이 소설의 주인공 '계월향'은 전대와는 다른 '기생'이라는 점에서, 또 당시의 기생이나 창기와는 신분과 학식 면에서 달랐다는 점에서 시대적인 인물이다. 이는 과도기 조선의 현실 속에서 새롭게 등장한 인물 유형이기도 하다. 또한 영채가 기생이 되는 과정은 성과 자본이 유착되는 새로운 시대의 진입을 나타낸다.

다음으로 기생 계월향의 성격과 인물 형상화 양상에 대해 알아보겠다. 이를 위해 두 가지를 중심으로 논의를 전개하고자 한다. 하나는 계월향인 영채 스스로가 자신이 기생이라는 사실을 어떻게 인식하고 있느냐 하는 점이고, 다른 하나는 다른 인물들에게 계월향인 영채가 어떻게 인식되고 있느냐 하는 점이다. 영채가 기생 계월향이 되기 전에는 그녀는 전근대 사회의 인간관을 그대로 지니고 있었다. 그러나 그녀는 아버지 박진사의 몰락과 죽음을 겪고, 자신 또한 기생이 됨으로써 세상의 악을 발견한다.

---

22) 이광수, 앞의 책, p.45.

> 영채는 착하던 사람이 변하여 좋지 못하게 되는 줄을 모른다. 좋은 사람은 천생 좋은 사람이요, 평생 좋은 사람이거니 한다. 그와 같이 악한 사람은 천생 악한 사람이요, 평생 악한 사람이거니 한다. 영채는 어려서는 악한 사람을 보지 못하였다. …… 그리고 그가 소학과 열녀전 같은 것을 배울 때에 그 속에 나오는 사람들도 다 착한 사람이었다. …… 그러나 착하던 자기 아버지며 주위의 사람들이 도리어 죄를 짓고, 세상 사람의 비웃음과 조롱을 받게 됨을 보고 어린 마음에도 한번 놀래었다. 또 외가에 가서 외종형댁의 학대와 조카네의 학대를 당하고, 거기서 도망할 때에 어느 촌중 아이들의 핍박을 당하고, 그날 저녁 숙천 땅 어느 주막에서 그 변을 당하고, 마침내 평양에서 자기의 몸이 기생으로 팔리게 되매, 어린 영채는 세상이 자기의 가정과 다르고 세상 사람들이 자기와 및 자기의 주위에 있던 사람들과 다름을 깨달았다. 다시 말하면, 세상에 악이란 것이 있고 세상에 악인이란 것이 있는 줄을 깨달았다.[23]

아버지의 몰락을 통해 '기생'의 세계로 하강하면서(⇘fac) 영채는 세상의 악을 발견하고, 추상적이고 관념적인 현실이 아니라 구체적인 현실을 인식한다. 영채가 기생이 되는 것은 한 개인의 신분 변화만을 의미하지 않는다. 영채는 계월향이 됨으로써 새로운 현실 인식의 계기를 맞으며, 성격의 변화를 가져온다. 뿐만 아니라 영채를 비롯하여 영채를 둘러싸고 있는 기생 사회를 통해 이 작품은 당대 사회의 기저로 자리잡은 새로운 악의 세계, 변화된 현실을 형상화하고 있으며 이것이 『무정』의 주제이기도 하다.

기생이 된 후 영채 즉 계월향은 전과는 달리 자신이 바라던 '기생'이라는 이름에 대해 환멸을 느낀다. 예쁘고 착하고 공부도 잘 하는 여

---

23) 이광수, 앞의 책, pp.87~88.

인이라고 생각했던 기생이 그녀에게 다른 존재로 비쳐지기 시작했고 기생인 자기를 부정하고 싶은 상실감을 느끼는데, 이렇게 되는 전환점에 등장하는 인물이 형식이다. 형식은 아버지가 정해준 그녀의 배필이었다는 점에서 그녀에게는 아버지와 다를 바 없는 인물이다. 비록 기생으로 살았지만, 자신이 생각하는 신념을 지키면서 살 수 있었던 이유는 형식이라는 존재 때문이었다. 그러나 형식과의 재회로 계월향은 개인적인 차원에서 벗어나 기생 집단에 대한 성찰의 계기를 맞는다. 자기 자신이 아무리 결백하다고 하더라도 자신이 속해 있는 기생 집단에 대한 당시 사회 통념이 그녀의 결백함을 보증해 주지 못했다. 영채는 정조를 지키고 있었음에도 불구하고 형식 앞에서 떳떳하지 못한 자신을 발견하고 번민한다. 형식과의 만남은 계월향에게 9년여 동안의 기생 생활에 대한 근본적인 회의를 가져오며, 이를 통해 계월향은 좀 더 구체적으로 자신이 속해 있는 기생 집단에 대한 사회적인 인식과 기생으로서의 자아 발견에 이를 수 있게 된다.

형식과 계월향의 만남은 두 사람에게 새로운 갈등을 일으킨다. 비록 이형식은 이미 영채와 약혼을 한 사이였지만 그것을 지켜야한다는 생각을 굳혔던 것은 아니다. 영채, 즉 계월향과의 만남이 없었다면 그 약속은 이미 망각되었을 것이다. 그러나 계월향과의 재회를 통해 과거의 약속과 의리를 지킬 것인가 아니면 계월향을 배신하고 선형을 선택할 것인가라는 기로에 선다. 이 갈등 상황에서 형식을 구해주는 것은 바로 영채가 기생이 되었다는 사실이다. 즉 옛 스승의 딸이면서 자신과 결혼을 약속했던 '영채'와의 재회는 '영채'가 기생이 되었다는 사실 때문에 형식이 선형을 선택하는 것을 합리화시켜주는 명분이 될 수 있었던 것이다. 사실 형식에게는 계월향이냐 선형이냐 하는 선택이 심각한 갈등을 유발하지는 않는다. <표 1>에서 나타나듯이 이미 영채가 기생이 되었으며 이형식이 지향하는 세계는 김선형을 향해 있었기 때문에 형식이 선형을 선택하는 것은 이형식이 위치하는 선(사선↗ab)

에서 당연한 귀결이었다. 이 소설에 드러나는 시대의지의 강력한 계몽성과 성담론의 구도를 통해 드러나는 서사구조는 형식이 영채가 아닌 김선형을 선택하게 의도화되어 있다. 그런 면에서 작품 내적으로 이 세 남녀는 갈등관계라기 보다는 상승하는 사선↗adb 위에 위치하는 관계라고 보는 것이 타당하다. 이 직선의 상승 방향은 당연히 이형식으로 하여금 김선형에게 가는 것을 정당화시켜 준다.

세 인물 사이에서 갈등하는 인물은 선형과 영채 사이에서 있었던 이형식이라기 보다는 오히려 계월향이다. 그녀는 자신이 기생이라는 것 때문에 번민하고 갈등하며, 자신을 부정하고자 한다. 이 과정에서 그녀는 자기 자신 뿐 아니라 자신이 속해있는 기생 조직과 기생 사회를 비판적으로 바라보게 된다. 다음 인용은 이러한 계월향의 현실인식과 성격의 변화를 보여주는 예들이다.

> ① 이 팔은 어찌하여 생각하던 사람을 안아 보지 못하고, 이 젖은 어찌하여 사랑스러운 아들과 딸을 빨려 보지 못하는고. 가슴속에 가득 찬 정과 사랑을 생각하던 이에게 주어 보지 못하고 마는고. 내 몸은 일생에 「기생」이란 이름만 듣고, 어찌하여 「아내」라든가 「부인」이라든가 「어머니」라든가 「아주머니」라든가 하는 정답고 거룩한 이름을 못 듣고 마는고. 「기생!」 「기생!」 듣기 싫은 이름이다. 「기생」이라는 말만 하여도 치가 떨린다 하였다.[24]

> ② 지금 황금을 가지고 자기의 몸을 사려는 사람이 사오 인이 된다고 한다. 지나간 7년 동안에 노래와 춤으로 수만 원 돈을 벌어주어, 논밭도 사고 큰 집도 사고 비단 옷도 입게 되었으니 그만하면 자유로 놓아주어도 마땅하건마는 아직도 욕심을 다 채우지 못하여 천원이니 이천 원이니 하고 이몸을 팔아먹으려 한다.

24) 이광수, 앞의 책, p.102.

파는 놈도 파는 놈이어니와 사는 놈도 사는 놈이다.[25)]

인용 ①은 '기생'이라는 것에 대해 환멸을 느끼는 계월향의 성격 변화를 보여주는 예다. 이제 그녀는 '기생'인 자신의 처지를 한탄하면서 어머니나 아내가 될 수 없는 즉 형식과 결혼할 수 없는 것이 자신이 '기생'이기 때문임을 자각한다. 형식에 의해서가 아니라 이미 자기 스스로 형식의 아내가 될 수 없음을 깨닫게 되며 이때부터 자결을 하기 위해 대동강 행을 생각한다. 기생으로서의 자아 발견은 동시에 기생 집단에 대한 인식으로 확대된다. 인용 ②는 계월향이 '기생' 집단을 인식하게 되는 과정과, 그 과정을 통해 드러나는 당대 기생 집단의 실상이다. 7년 동안의 기생 생활을 통해 자신의 주인은 돈을 수만 원 벌었고, 논밭과 집과 비단 옷을 사는 등 재산을 축적할 수 있었다. 그리고 이제는 자신을 천 원이나 이천 원에 팔려 한다. 여기서 주목해야 하는 점이 기생 뿐 아니라 '사는 놈'과 '파는 놈'들에 대한 비난이다. 기생을 파는 놈 즉 중개업자들에 대한 비난은 이미 매춘이 성 산업으로 부상하고 있었던 식민지 시대를 고백하는 것이기도 하다. 계월향이 고백하는 바와 같이 기생을 둘러싸고 파는 사람과 사는 사람이 있다는 것은 성매매의 새로운 사회 현상의 도래를 소설 속에서 형상화하고 있음을 나타낸다. 200원에 팔렸던 영채의 몸값이 7년 후에는 천 원, 이천 원으로 올랐으며, 자신의 기생 노릇을 통해 노파가 부유해 질 수 있었고, 자신이 매매의 대상이 되었음을 인식하는 계월향을 통해 『무정』은 당시 사회의 변화, 즉 식민지 조선의 성매매 공간으로의 진입을 보여준다. 따라서 계월향의 성격의 변화, 현실 인식의 변화가 갖는 의미는 개인적 차원 뿐 아니라, 새로운 기생 사회의 변화와 그에 따른 식민지 현실의 고발이라는 사회적 의미까지 포함한다.

---

25) 이광수, 앞의 책, p.102.

다음 계월향과 형식과 선형의 관계를 좀 더 자세히 분석해보자.(↗abd) 앞에서 이미 언급했듯이 이 셋은 갈등상황이기보다는 선택상황이다. 형식은 계월향을 만나는 순간부터 그녀가 기생이기 때문에 이미 자신의 아내감으로는 부적절하다고 생각한다. 물론 계월향을 통해 일어나는 형식의 내적 갈등이 있기는 하지만 그것은 피상적일 뿐, 이미 형식이 김선형을 선택하는 것은 앞에서 제시한 <표 1>에서 보듯이 계몽과 사랑이라는 시대의지에 의해서 예정되어 있었던 당연한 귀결이었다. 형식은 계월향 때문에 선형과의 결혼을 주저하지 않는다. 형식에게 계월향과의 만남은 결혼의 여부보다는 그녀를 통해 발견하게 되는 기생사회와의 만남이라는 데 그 의미가 있다.

> ③ 아까 석점쯤 해서 어떤 어여쁜 아가씨가 선생을 찾아오셨는데 머리는 여학생 모양으로 하였으나 아무리 보아도 기생 같습니다. 선생님도 그런 친구를 사귀는지.[26]

> ④ 그러면 벌써 여러 사람에게 몸을 더럽혔으려니, 만일 그렇다 하면 자기 아내 못 되는 것이 한이 아니라, 세상을 위하여 애쓰던 은인의 혈육이 이처럼 윤락하게 됨이 원통하여 아까도 슬피 소리를 내어 운 것이요, 또 그동안 지나온 이야기를 들으려 함도 행여나 기생이나 아니 되었으면 하는 희망과 설혹 되었다 하더라도 옛사람의 본을 받아 송죽 같은 정절을 지켰으면 하는 희망이 있음이다.[27]

> ⑤ 영채는 그만 버린 계집이 되었구나. 더럽고 썩어진 창기가 되고 말았구나. 부모를 잊고 형제를 잊고 유혹에 빠져 그만 개똥같이

---

26) 이광수, 앞의 책, p.14.
27) 이광수, 앞의 책, p.26.

더러운 몸이 되고 말았구나. 박 선생의 집은 그만 멸망하고 말았구나 하였다.28)

⑥ 옳다, 그렇다. 나는 영채를 구원할 의무가 있다. ……나는 그를 구원하리라. 구원하여서 사랑하리라. 처음에 생각하던 대로, 만일 될 수만 있으면 나의 아내로 삼으리라. 설혹 그가 기생이 되었다 하더라도 원래 양반의 집 혈속이요, 또 어려서 가정의 교훈을 많이 받았으니 반드시 여자의 아름다운 점을 구비하였으리라. 또 만일 기생이라 하면 인심과 세상도 많이 알았을지요, 시와 노래도 잘할지니, 글로 일생을 보내려는 나에게는 가장 적합하다 하고 형식은 가만히 눈을 떴다.29)

⑦ 내가 만일 영채를 구원하려 하면-그 짐승같은 사람들에게서 영채를 구원하여 사람다운 살림을 하게 하려면 「천원」이 있어야 하리로다.30)

인용 ③은 형식이 기거하는 하숙집 노파가 말하는 계월향의 외양이다. 어떤 어여쁜 아가씨로 여학생 모양을 하였지만 기생 같다는 것이 바로 계월향이 이 작품에서 다른 인물에 의한 첫 번째 묘사다. 이 묘사에 의해 노파는 선생인 형식이 '그런 친구'를 사귀는지를 의아해 한다. 형식은 영채의 지난 과거의 내력을 들으면서 그녀를 선형과 비교한다. 그가 영채가 기생이 되었다는 말을 듣고서 떠오르는 생각이 인용 ④이다. 기생이 되었다는 것은 곧 '몸을 더럽혔'음을 말하며, 당연히 자신과 결혼을 하지 못하리라는 것을 스스로 밝히면서, 그는 자신

28) 이광수, 앞의 책, p.47.
29) 이광수, 앞의 책, p.49.
30) 이광수, 앞의 책, p.70.

과 결혼을 못하는 사실보다는 그녀의 '윤락'함 때문에 눈물까지 흘린다. 그리고 '영채에 대하여 갑자기 싫은 마음이 생긴다. 저 계집이 이때까지 누군지 알 수 없는 남자에게 몸을 허하지 아니하였는가'[31]에서처럼 호칭은 '계집'으로 바뀌고 그녀가 기생이라고 하니 남자들에게 이미 몸을 허락했으리라고 예상하면서, '싫은 마음'이 든다. 인용 ⑤에서처럼 영채가 기생이 되었다는 사실은 형식에게 그녀가 버린 계집, 더럽고 썩은 창기가 되고 말았음을 의미하며, 그는 영채가 부모와 형제를 잊고 유혹에 빠져 개똥같이 더러운 몸이 되었다고 생각한다. 인용 ⑥은 비록 그녀가 기생이 되었다하더라도 자신을 믿고 찾아온 영채를 구원해야겠다는 형식의 독백이다. 여기서 형식은 영채가 기생이지만, 양반의 집 혈속이라는 점, 시와 노래, 글을 잘할 것이라는 점을 들어 영채를 자신의 배우자감으로 적합하다고 생각한다. 그리고 이렇게 자신의 배우자가 되는 것이 곧 영채를 구원하는 것이라고 믿는 형식이 영채를 구원하기 위한 방법을 말하는 것이 인용 ⑦이다. 형식은 영채를 구하기 위해서 '돈'이 필요하다는 사실을 알고 있다. 형식은 비록 계월향이 된 영채가 자신의 아내로 부적절하다고 생각하면서도 그녀를 구원해야한다는 소명감에 불타게 되는데, 이 과정에서 그는 '돈'과 '성'이 교환되는 당대 사회 현실을 발견한다. 그리고 그것은 '화류촌'을 통해 간결하면서도 상징적으로 드러난다.

> ⑧ 형식과 희경은 종각 모퉁이를 돌아 광충교로 향한다. 신용산행 전차가 커다란 눈을 부릅뜨고 두 사람의 앞으로 달아난다. 두 사람은 컴컴한 **다방골** 천변에 들어섰다. …(중략)…
>
> 어떤 집 문 밖에는 호로 씌운 인력거가 놓이고 인력거꾼이 그 인력거의 발등상에 걸터앉아 가늘게 무슨 소리를 한다. **「계옥」**

31) 이광수, 앞의 책, p.31.

이니 「설매」니 하는 고운 이름을 쓴 장명등이 보이고, 혹 어디선지 모르나 「반나마--」하는 시조의 첫 귀절이 떨려 나오며 그 뒤를 따라 이삼인 남자가 함께 웃는 듯한 웃음소리가 들린다.

형식은 「화류촌이구나」하였다. 처음 이러한 곳에 오는 형식은 이상하게 가슴이 서늘함을 깨달았다. 그래서 그는 누가 보지나 않는가 하고 얼른 고개를 돌려 뒤를 돌아보기도 하였다. 남치마 입은 기생 두엇이 길 모퉁이에서 양인을 보고 소곤소곤하며 웃고 지나갈 때에 형식은 남모르게 가슴이 뛰고 얼굴이 후끈하였다. 양인은 아무 말도 없이 간다.[32)]

형식은 인용에서와 같이 학생 김희경과 함께 다방골에 있는 화류촌에 처음 간다. 다방골 골목은 화류계 기생들의 삶터였다. 현재의 다동(茶洞)이다. 조선시대에 이곳은 남부 광통방(廣通坊)으로 대다방(大多坊)과 소다방(小多坊)이 있었다. 다도(茶道)를 주관하던 사옹원(司饔院)에 속한 다방(茶房)이 자리 잡고 있어서 이곳을 '다방골'이라고 했다.[33)] 형식이 희경과 함께 다방골에서 처음 발견한 것은 장명등이다.

---

32) 이광수, 앞의 책, pp.85~86.

33) 김정동, 『문학 속 우리 도시 기행』, 옛오늘, 2001, p.25.
일제는 이곳을 다옥정(茶屋町)이라고 하다가 1946년 10월 1일 다시 다동으로 개칭했다. 중구 관할 구역으로서 동쪽은 남대문로 1가, 서쪽은 무교동과 접해 있으며, 남쪽은 을지로 1가, 북쪽은 종로구 서린동과 이웃하고 있다. 당시 서울의 상업 지대였다.
역사상 다방골은 차와 연관이 있었던 지역이다. '다방'에 대한 역사를 살펴보면 다음과 같다. 한국에는 8세기경 선덕왕때 처음 당(唐)으로부터 가져온 차나무 씨앗을 심게 하였는데, 차는 단순한 기호품이 아니라 제물의 하나로 사용되었다. 고려 때 차는 팔관제(八關齊)·공덕제(功德齊) 등 불교의식에 필수적인 것이었다. 고려시대에는 궁중에 '다방'이라는 관청을 두고 연회 때 진다(進茶)를 맡아보았고, 사원에서는 다촌(茶村)을 두고 다수(茶樹) 재배를 맡아보았다. 한국에서 차에 대한 관심도가 제일 컸던 것은 고려시대였고, 조선시대에는 점차 쇠퇴하였다. 조선시대에 들어와서는 중국·일본 사람들이 차를 내어 손님을 접대하듯 한국에서는 차보다 술을 더 일반적으로 사용하였기 때문에 다

장명등은 기생집 대문 밖이나 처마 끝에 달아두고 밤이 되면 켜는 유리등이다. 기생집 장명등에는 기생 이름을 써 놓았다. 즉 다방골 기생집에도 '계월향'이라는 등이 달려있었을 것이다.[34] 희경은 배학감이 갔던 곳을 알려주기 위해 형식과 함께 이곳을 찾은 것이지만, 형식은 사실 배학감이 반했다는 그 기생 계월향이가 영채가 아닌가 확인하기 위해서 온 것이다. 영채 역시 형식을 만나고 온 날, 형식이 자기가 기생이 되었다는 것을 알면 반드시 자기를 외면할 것이며, 혹 돌아볼 마음이 있다 하더라도 돈이 있어야 구원할 몸이거늘 형식의 살림살이를 보니 자기를 구원할 능력이 없다는 것을 깨닫고, 형식에게 하려던 말을 다 하지 못하고 집에 돌아와 곧 평양으로 가서 월화 형님을 따라 대동강에 빠져 죽을 생각을 하던 차였다. 영채는 형식을 만남으로써 착한 세계, 착한 사람이 사는 고향으로 돌아가 칠 년 전 가정에서의 즐거움을 누릴 수 있을 거라 믿었던 것이 모두 허사가 되었음을 깨닫는다.

계월향의 집에 도착한 형식은 이 집에 사는 노파를 만난다. 노파는 초라하게 차린 형식을 보고 멸시를 하면서 계월향이 손님과 함께 청

방 대신 주점이 발달하였다.

1895년에 발간된 《서유견문》에 의하면 1890년경 커피 · 홍차가 중국을 통하여 소개되었고, 서양 사람들은 주스 · 커피 마시기를 한국 사람이 숭늉 · 냉수를 마시듯이 한다고 했다. 우리 나라에서 현대식 다방은 조선 후기 고종 때이다. 조선 후기 고종 때 러시아 공관에 손택(孫澤)이라는 독일계 여인이 있어 고종을 받들었다. 그 뒤 고종은 손택을 위하여 호텔을 열도록 해주었는데, 그곳에서 처음으로 커피를 팔았다. 이것이 한국 커피 다방의 시초가 되었다. 그 후 3 · 1운동이 지나고 일본인들이 명동에 '멕시코'라는 다방을 열었는데, 이것이 단독으로 다방을 개점하여 문화인들이 차를 마시며 환담하는 장소로 발전하게 된 시초이다(『두산동아대백과사전』 참조).

그러나 당시 소설에 등장하는 '다방골'은 커피 다방들이 밀접한 곳으로보다는 기생집 등 성매매업이 성행하던 장소로 등장한다. 김정동의 저서에 의하면 다방골은 상업 지대였다고 하는데, 여기서 성매매업도 성행하고 있었음을 알 수 있다.

34) 김정동, 앞의 책, p.24.

량리에 나갔다고 알려준다. 과연 계월향이 영채일까를 의아해하면서도 형식은 신문기자 신우선과 함께 청량리[35]를 찾아가게 되고, 청량사에서 영채가 김현수와 배명식 일당에게 겁탈당하는 장면을 목격한다.

> ⑨ 그러나 그네는 결코 후회하는 것은 아니었다. 그네의 생각에 기생 같은 계집은 시키는 말을 아니 들으면 강간을 하여도 관계치 않다 한다. 그네는 여염집 부인이 남의 남자와 밀통함이 죄인 줄 알건마는 기생 같은 것은 의례히 아무나 희롱하는 것이 마땅하다 한다. 여염집 부녀에게는 정절이 있으되, 기생에게는 정절이 없는 것이라 한다.
>
> 과연 그네의 생각하는 바가 옳다. 법률상 기생은 소리와 춤으로 객을 대하는 것이라 하건마는, 기실은 어느 기생치고 밤마다 소위 손을 보지 아니하는 자가 없다. 그러므로 김현수나 배명식의 생각에, 기생이라는 계집 사람은 모든 도덕과 모든 인륜을 벗어난 일종 특별한 동물이라 하였다. 그러므로 그가 오늘 저녁에 한 일에 결코 도덕이나 양심에 거슬리는 행위인 줄로는 생각지 아니한다.
>
> 다만 귀찮은 법률이라는 것이 있어 「부녀의 의사를 거슬리고

35) '동대문에서 청량리까지는 전찻길이 놓여 있었다. 청량리는 기방 출입을 하는 젊은이들의 데이트 장소로 각광받는다. 남의 눈에 띄지 않을 만한 데이트 장소가 별로 없던 당시 젊은이들은 기생을 데리고 절에서 노는 풍토가 있었다. 경찰이 이를 풍기문란으로 단속한 기록도 있다.
청량리라는 지명은 이곳 일대가 거의 숲으로 이뤄져 있어 여름이면 시원한 동네라는 뜻에서 붙여진 이름이다. 또한 이곳에 청량사가 있어서 청량리로 불렸다고도 하는데 어느 것이 먼저인지는 알 수 없다.
청량사에는 암자들과 맑은 우물이 있었다. 그 중 우물 북쪽에 있는 조그만 암자가 제일 깨끗하고 조용했다. 1910년대 이광수 자신도 청량사를 자주 찾았던 것으로 보인다. …(중략)… 지금 청량리에는 청량사가 없다.'(김정동, 앞의 책, pp.26~27.)

> 육교를 한 것」을 강간이라 한 것이 두려울 뿐이었다. 그러므로 그네가 만일 이 자리를 벗어나기만 하면 내일 아침부터는 자기네는 아무 죄도 없는 사람인 줄로 알 것이다.[36]

인용 ⑨는 계월향을 겁탈하다가 신우선과 이형식에게 발각되어 경찰에 의해 포박당한 김현수와 배명식이 자신들의 행위에 대하여 생각하는 바이다. 김현수와 배명식은 기생에게는 정절이 없다고 생각하며, 강간을 하는 것도 도덕적으로나 양심적으로 문제가 되지 않는다. 귀족으로 사오 년을 동경에서 유학을 하고 교육사업에 헌신하기로 한 김현수와 이미 교육가인 배명식은 오히려 이형식이 '세상을 모르는 도련님'으로 보일 뿐이다. 형식은 그들에게 '사람이 되시오!'라는 한마디만 하고, 계월향을 다시 청량사에서 다방골 그녀의 숙소로 데려다 준다.

형식이 계월향이 된 영채를 만남으로써 그에게 일어나는 변화는 무엇인가. 계월향과의 만남은 단지 옛 은인의 딸로서나 자신의 약혼녀와의 재회를 의미하지는 않는다. 그보다는 형식이 기생 계월향을 만남으로써 다방골과 화류촌, 청량리의 청량사 등 기생, 창기들의 세계를 접하게 된다는 사실에서 그 의미를 찾아야 한다. 형식은 인용 ⑧에서 나타나듯이 화류촌에 처음 오고, 누가 볼까봐 두려워하면서도, 남모르게 가슴이 뛰고 얼굴이 후끈거리는 순진한 청년이다. 교육가로서 신념을 갖고 있는 인물로 나타나는 그가 영채가 아니었다면 굳이 이런 화류촌에 올 이유가 없었다. 그는 영채를 만남으로써 화류촌이라는 세상을 접할 뿐 아니라, 청량리에 있는 청량사에 찾아감으로써 계월향이라는 한 여성이 교육가와 귀족이라고 하는 상류층에 의해 강간당하는 현장까지 목격한다. 그것은 앞의 <표 1>에 의하면 삼각형 $\triangle bda^3$을 떠받

---

36) 이광수, 앞의 책, pp.115~116.

치고 있는 $daca^3$이라는 당대 사회의 지반을 발견하는 것이다. '자기가 오늘까지 「이것이 인생의 전체로구나」하던 외에 인생에는 다른 한 부분이 있고 그리고 그 한 부분이 도리어 지금까지 인생으로 알아 오던 모든 것보다 훨씬 중요하고 의미 있는 것일 수 있다. 명예와 재산과 법률과 도덕과 학문과 성공 등 지금껏 인생의 가장 중요한 내용으로 알아 오던 것 외에 무슨 새로운 내용 하나이 더 생기는 듯 하다'[37]라는 형식의 독백처럼 형식은 또 다른 세계를 볼 수 있게 된다. 영채가 기생 계월향이 되지 않았다면 형식은 다시 만난 영채와 김선형을 꼭지점으로 하는 삼각형 a^3bd라는 삼각형의 구조 안에서 존재하는 것으로 그쳤다. 그것은 김장로와 김병욱 등 당시의 시대 사명이라고 할 수 있었던 교육을 근간으로 하는 근대의 낙관적인 이상만이 존재할 수 있었던 세계다. 그러나 형식은 계월향을 만남으로써, 이 낙관적 전망 아래 존재하는 사회의 다른 이면을 만나게 되며, **이 이면이야말로 식민화와 근대화가 동시에 진행되어 가던 당대 조선 사회를 보여줄 수 있었던 서사구조이다.**

<표 1>에서 계월향이 된 영채를 기점으로 좌측의 삼각형은 박진사와 은인을 꼭지점으로 이루어진다. 박진사와 은인 사이에서 존재했던 소녀 영채는 아버지 박진사와 몰락과 은인이라고 했던 악인이 당시 사회에서 상승하는 선이 만나는 지점에서 기생 계월향이 되었다. 이형식을 만나 자신이 처해 있는 상황에서 구출될 수 있으리라는 희망은 다시 아버지와 마찬가지로 하강의 선을 타지만, 영채는 김병욱의 도움으로 새 삶을 찾는다. 그리고 새 삶을 찾는 영채와 김선형과 이형식이 이루는 삼각형의 구조가 바로 당대 사회의 희망과 전망을 보여주는 것이기도 하다. 그러나 단순히 그런 희망만을 보여준 것이 아니라 계월향을 중심으로 계월화와 계향 등 당시 기생들의 삶을 기반으로 이

---

37) 이광수, 앞의 책, p.81.

소설의 서사구조가 형성되었다는 점에 『무정』이 갖는 소설사적 의의를 찾을 수 있다. 그것은 근대화라는 미명 하에 **은폐된 성매매 공간의 확장을 보여주는 것**이기도 하다. 특히 이 장에서 주목하는 것은 계월향과 계향과 김선형이 만들어내는 삼각형abc이다. 이 소설은 성담론의 입장에서 접근했을 때, 세 여성층을 중심으로 형성된 당대 사회를 서사화한 것이다. 전대의 양반 출신이면서도 기생이 되었던 계월향, 그녀는 양반출신의 기생이라는 사실과 비록 기생이 되었지만 전대의 이념인 '정조'를 지키며 살아왔다는 점에서 다른 기생들과 구별된다. 이에 비해 계향은 당대의 전형적인 기생을 대표한다. 그녀는 당시 사회의 가장 밑을 형성하고 있었으며, 배명식과 김현수 일당들에 의해 파멸해가는 인물이다. 계월향이 후에 이미 결혼을 한 김병국과 결합했다면, 그녀 역시 계향과 같은 기생으로 하락했을 것이다.

『무정』은 크게는 김선형과 계월향과 계향이라는 **세 여인이 만들어낸 삼각형의 구조 안에 다시 세분화된 삼각형들을 통해 현실 세계의 다층적인 면들을 형상화**할 수 있었다. 또한 근대화의 이념으로 치달았던 식민지 조선의 현실을 성의 타락을 중심으로 기생 인물들과의 관계 하에서 형상화함으로써, 돈과 성이 교환되기 시작했던 **성의 자본화 시대의 도래를 알렸다는 점**에서 새로운 성담론의 출현이라는 의미로 『무정』의 문학사적 가치가 재평가되어야 한다.

2. 『無情』의 현실 인식과 성담론적 의의

이 장에서는 『무정』에 나타나는 여학생 인물들을 중심으로 기생과 여학생 인물들의 갈등과 화해의 구조를 통해 논의를 전개하고자 한다. 『무정』의 여성 인물들은 크게 기생과 여학생으로 대별된다. 여학생에 대한 논의는 이 작품의 전체적인 구조와 주제를 파악하기 위해 필요할 뿐 아니라 앞장에서 논의한 기생이라는 인물의 성격을 파악하기 위해서도 필요하다. 왜냐하면, 『무정』에서는 기생들이 등장하기는 하지만, 그들 인물의 성격이 독자적으로 형성되기보다는 여학생들과의 대조를 통해 드러나기 때문이다. 다음 인용에서와 같이 계월향이 처음으로 형식의 하숙집을 찾았을 때 계월향을 본 하숙집 주인 노파의 서술이나 계월향을 만난 후의 형식의 독백을 통해서 기생과 여학생이 대조되고 있음을 확인할 수 있다. 그렇다면 여학생들은 당시 소설에서 어떻게 형상화되고 있으며 무엇이 그들을 기생과는 다른 계층으로 만들 수 있었는지를 확인해 보자.

> ① 「아까 석 점쯤 해서 어떤 어여쁜 아가씨가 선생을 찾아오셨는데 머리는 여학생 모양으로 하였으나 아무리 보아도 기생 같습니다. 선생님도 그런 친구를 사귀는지.」
> 「어떤 아가씨? 기생?」38)

인용 ①은 형식이 선형과 처음으로 공부를 하고 하숙집으로 돌아오자 주인 노파가 방금 전에 다녀간 계월향의 인상을 전하는 부분이다. 구체적으로 어떤 모습 때문에 기생 같다고 느꼈는지는 모르지만, 노파가 계월향을 여학생 모양을 하였으나 기생 같다는 표현은 이 소설에서 기생 계월향이 앞으로 여학생 선형과 계속 대조적인 인물로 설정되어 있음을 암시한다. 여학생과 기생을 비교하는 것은 형식도 마찬가지다. 하필이면 선형과의 첫 공부를 하던 바로 그 날 영채가 다녀갔다는 설정에서부터 형식은 처음부터 여학생인 선형과 기생인 계월향 두 인물을 비교하는 인물이기도 하다. 다음 인용을 보자.

---

38) 이광수, 앞의 책, p.14.

② 형식은 영채에게 대하여 갑자기 싫은 마음이 생긴다. 저 계집이 이때까지 누군지 알 수 없는 남자에게 몸을 허하지 아니하였는가. 지금 자기 신세 타령을 하는 저 입으로 별별 더러운 놈의 입술을 빨고, 별별 더러운 놈의 마음을 호리는 말을 하지 않았는가. 지금 여기 와서 이러한 소리를 하고 가장 얌전한 체하고 눈물을 흘리는 것은 육칠 년 전의 애정을 이용하여 나를 휘어넘기려는 흉계가 아닌가. 이렇게 생각하고 다시 선형을 생각하였다. 저 선형은 참 아름다운 처녀다. 얼굴도 아름답거니와 마음조차 아름다운 처녀다. 저 선형과 영채를 비교하면 실로 선녀와 매음녀의 차이가 아닐까.[39)]

③ 선형은 가만히 앉아있는 부처와 같다하면, 영채는 구름 위에서 춤을 추고 있는 선녀와 같다 하였다. 선형의 얼굴과 태도는 그린 듯하고, 영채의 얼굴과 태도는 움직이는 듯하다. 영채의 얼굴은 잠시도 한 모양이 아니요, 마치 엷은 안개가 그 앞으로 휙휙 지나가는 모양으로 얼굴의 빛과 눈찌가 늘 변하였다. 그러면서 그 변하는 모양이 말할 수 없이 아름답고 얌전하다.[40)]

인용 ②는 영채로부터 그동안 살아온 내력을 들은 후에 드는 형식의 생각이다. 형식은 영채의 곱게 다스린 눈썹과 이마와 몸에서 나는 향수 냄새 때문에 아무리 보아도 순결한 처녀 같지 않다는 생각을 하면서 그녀를 선형과 비교한다. 한마디로 형식은 선형과 영채를 선녀와 매음녀로 비유한다. 선형은 김장로의 딸로서 여학생이라는 이유로 긍정적 인물로 설정되어 있다. 인용 ③은 영채가 기생이 되었다 하더라도 그를 구원할 의무가 있다고 자신을 스스로 설득한 후 영채를 다시

39) 이광수, 앞의 책, p.41.
40) 이광수, 앞의 책, pp.49~50.

떠올리면서 선형과 비교하는 부분이다. 이번에는 선형에 비해 영채가 살아있는 인물로 떠오르지만, 이후 다시 형식은 영채에 대한 감정의 좋고 나쁨이 교차되면서 불쾌한 마음이 사라지지 않는다. 단, 인용 ③에서 형식은 영채를 긍정적으로 바라보고 있는데, 그 이유는 영채가 움직이는 인물, 변화하는 인물이기 때문이다. 이와 같이 이 작품에서 영채는 선형에 비해 역동적인 인물이요 변화하는 인물로 설정되어 있다. 『무정』에서 유일하게 변화의 물결 속에서 입체적으로 형상화되고 있는 인물은 영채이며, 그런 점에서 영채는 당대를 가장 역동적으로 살아간 인물이고, 『무정』의 시대를 대표하는 시대적 인물로 등장한다. 영채 즉 기생 계월향이 어떻게 계속 변모해 가는 지는 이 소설의 주제와도 맞닿아 있다. 이에 비해 선형은 고정적인 정형화된 인물이라는 점에서 여학생이지만, 전대 소설이 갖는 평면적 인물이라는 양면성을 지닌다.

> ④ 그는(선형-논자 주) 성경을 외웠다. 그러나 다만 외웠을 뿐이었다. …(중략)… 그는 아직 난 대로 있다. 화학적으로 화합되고 생리학적으로 조직된 대로 있는, 말하자면 아직도 실지에 한 번도 써 보지 아니하고 곳간에 넣어 둔 기계와 같다. 그는 아직 사람이 아니로다.
>
> 그는 예수교의 가정에 자라남으로 벌써 천국의 세례는 받았다. 그러나 아직도 인생이라는 불세례를 받지 못하였다. 소위 문명한 나라에 만일 선형이가 났다 하면 그는 어려서부터-칠팔 세부터, 혹은 사오 세부터 시와 소설과 음악과 미술의 이야기로 벌써 인생의 세례를 받아 십 칠팔 세가 된 금일에는 벌써 참말 인생인 한 여자가 되었을 것이다.
>
> 그러나 선형은 아직 사람이 되지 못하였다. 선형의 속에 있는 「사람」은 아직 깨지 못하였다. 이 「사람」이 깨어 볼까 말까는 하

> 느님밖에 아는 이가 없다.
>
> 이러한 것이 「순결하다」하면 「순결하다」고도 할지요, 「청정하다」하면 「청정하다」고도 할지나, 그러나 이는 결코 「사람」은 아니요, 다만 장차 「사람」이 되려 하는 재료니, 마치 장차 조각물이 되려 하는 대리석과 같다.[41)]

인용 ④에서와 같이 선형은 사람이 되지 못한 재료에 지나지 않는다. 그가 사람이 되기 위해서 필요한 것이 **시와 소설과 음악과 미술**이다. 즉 인생의 세례를 받기 위해서는 문학과 예술에 대한 배움이 필요하다. 이러한 '배움'은 형식에게 무엇보다 중요하다. 그는 영채를 구원하기 위해 잠시 자신의 배우자감으로 생각을 할 때도 그녀가 무식하면 어쩌나, 배운 것이 없으면 어쩌나 하고 걱정한다.[42)] 이에 비해 선형은 비록 아직 사람이 되지는 못했지만, 배우고 있는 여학생이라는 측면에서 영채보다는 우위를 점할 수 있었다. 영채가 당시대를 대표하는 현실적인 인물이라면, 이에 비해 선형은 배움과 지식, 학식을 지향한다는 점에서 시대지향적인 인물이고 이상적인 인물이다.

선형 외에도 『무정』에는 병욱이라는 또 한명의 여학생이 등장한다. 김병욱은 영채가 죽으러 평양으로 가던 기차에서 만난 여학생이다. 그녀는 낡은 것을 모두 싫어하며 음악을 전공하는 학생이다. 그녀의 오빠는 김병국으로 형식과 친구사이이자 후에 이미 기혼자임에도 불구하고 영채에게 호감을 갖게 되어 갈등을 느끼는 인물이기도 하다. 형식에 의해서 여학생인 선형과 기생인 영채, 계월향이 대립적 인물이었

---

41) 이광수, 앞의 책, pp.79~80.

42) 이광수, 앞의 책, p.35참조, 형식의 독백을 그대로 옮기면 다음과 같다.
'그러나 영채가 만일 지금껏 아무것도 배운 것이 없으면 어쩌나. 내 마음과 내 사랑을 알아줄 만한 공부가 없으면 어쩌나. ……아아, 만일 영채가 무식하면 어쩌는가. 그렇게 무식한 영채와 행복한 가정을 이룰 수가 있을까. 아아, 영채가 무식하면 어쩌나.'

다고 한다면, 김병욱의 등장으로 영채는 김선형이 지향하는 여학생의 동렬에 들어갈 수가 있었다. 영채를 구원해 주는 인물은 형식이 아니라 김병욱이라는 여학생인 것이다. 김병욱은 영채가 그동안 부친의 말을 무조건 따르면서 사랑하지도 않는 사람을 위해 칠팔 년을 헛된 정절을 지키면서 속아 살아왔음을 깨우쳐준다. 그리고 자기를 위하여 사는 사람, 자유로운 사람으로서 참생활에 이르는 길로 영채를 이끈다.

⑤ 영채는 자연히 그 여학생의 손에 자기의 운명을 맡기게 된 것 같다. 여학생의 입으로서 나오는 말대로 자기의 일생이 결정될 것 같다. 그래서 영채는 여학생의 눈과 입을 바라본다. 여학생은,

「여자도 사람이지요. 사람일진댄 사람의 직분이 많겠지요. 딸이 되고, 아내가 되고, 어머니가 되는 것도 여자의 직분이지요. 또 혹은 종교로, 혹은 과학으로, 혹은 예술로, 혹은 사회나 국가에 대한 일로 인생의 직분을 다할 길이 많겠지요. 그런데 고래로 우리 나라에서는 남의 아내 되는 것만으로 여자의 직분을 삼았고, 남의 아내가 되는 것도 남의 뜻대로 남의 말대로 되어 왔어요. 지금까지 여자는 남자의 한 부속품, 한 소유물에 지나지 못하였어요. 영채 씨는 부친의 소유물이다가 이씨의 소유물로 되려 하였어요. 마치 어떤 물품이 이 사람의 손에서 저 사람의 손으로 옮겨가는 모양으로……. 우리도 사람이 되어야 합니다. 여자도 되려니와 우선 사람이 되어야 합니다. 영채 씨께서 할 일이 많지요. 영채 씨는 결코 부친과 이씨만을 위하여 난 사람이 아니외다. 과거 천만대 조선과, 현대 십 육억 동포와, 미래 천만대 자손을 위하여 나신 것이야요. 그러니깐 부친께 대한 의무 외에, 이씨께 대한 의무 외에도 조상께, 동포에게, 자손에게 대한 의무가 있어요. 그런데 영채 씨가 그 의무를 다하지 아니하고 죽으려

하는 것은 죄외다.」

「그러면 어떻게 해요?」

「오늘부터 새로운 생활을 시작하시지요.」

「이제부터는 제……뜻……대……로 살아간단 말이야요.」[43)]

⑥ 영채는 예술이라는 말을 일전에 배웠더니 그 뜻을 지금에야 깨달았다. 기생도 일종 예술가다. 다만 그 예술을 천하게 쓰는 것이다 하였다. ……예술가 되는 것이 내 천직인가 하였다. 자기도 병욱과 같이 음악을 배울까 하였다. 자기가 지금껏 원수로 알아오던 춤추기와 노래 부르기도 이제 와서는 뜻이 있구나 하였다. 이럭저럭 영채는 죽을 생각을 그치고 병욱과 같이 즐겁게 살아가도록 힘쓰리라 하게 되었다. 영채의 마음에는 기쁨이 생겼다.[44)]

인용 ⑤와 ⑥에서와 같이 자결하기 위해서 대동강으로 향하던 계월향 영채는 여학생 김병욱을 만남으로써 새로운 인생의 전기를 마련한다. 그것은 '사람'이 되어야 한다는 깨달음이며, 그 길을 위해 음악이라는 예술을 발견하게 이른다. 영채 스스로가 기차 속에서 병욱을 만나 자기가 지금껏 유일한 세상으로 알아 오던 세상이 보잘 것 없는 허깨비에 지나지 못하다는 것과, 인생에는 자유롭고 즐거운 넓은 세상이 있는 것을 깨닫고, 자유로운 사람이 되고, 젊고 어여쁜 여자가 됨을 느낀다. 영채의 가슴에는 이제야 비로소 사람의 피가 끓기 시작하고 사람의 정이 타기를 시작하며, 자기가 마음이 전혀 변하여진 것을 발견한다.[45)] 이렇게 계월향이 변할 수 있었던 것은 바로 여학생 병욱 때문

---

43) 이광수, 앞의 책, 하권, pp.75~76.
44) 이광수, 앞의 책, 하권, p.80.
45) 이광수, 앞의 책, 하권, p.87.

이었으며, 인용 ⑤에서 보듯이 병욱은 선형보다도 더 주체적인 인물로 등장한다. 그는 음악을 전공하는 여학생일 뿐 아니라 자기가 돈을 벌어 경제적으로 독립한 인물이다. 선형이 아버지의 재산과 명예를 그대로 세습받고 있는 인물인데 비해서 병욱은 그녀보다 능동적인 인물이었기에 계월향을 여학생의 세계로 이끄는 역할까지 감당할 수 있었다. 이에 비해 선형은 기생에 대한 선입견을 갖고 있는 인물이었다. 물론 기차 안에서 계월향을 만남으로써 아주 요염하고 음탕한 계집으로 알고 있었던 자신의 생각에서 벗어나 영채가 자기와 다름없는 얌전한 처녀라고 깨닫기[46]는 하지만, 형식이 영채를 찾아 간 후에는 여학생인 자기가 기생과 비교 당했을 생각을 하면서 괴로워한다.

> 형식이가 자기의 얼굴과 더러운 기생의 얼굴을 비교할 것을 생각하매 더할 수 없이 괘씸하다. 영채의 얼굴이 비록 곱다 하더라도 그것은 기생의 얼굴이다. 내 얼굴이 비록 영채의 것만 못하다 하더라도 그것은 양반집 처녀의 얼굴이다. 어찌 감히 비기랴 한다. …… 영채가 무엇이냐, 다방골 기생이 아니냐, 하여 본다.[47]

선형은 기생을 경멸하는 어조로 영채를 비난하면서 우월감에 빠진다. 영채의 얼굴이 아무리 고와도 그것은 기생의 얼굴에 지나지 않으며, 자신은 양반집 처녀의 얼굴이라고 자부하는 그녀의 태도는 결코 계월향을 구원할 수 없는 인물이다. 하지만 병욱은 다르다. 영채는 병욱을 만남으로써 여학생의 세계로 진입할 수 있었고, 선형과 동렬에 설 수 있었다. 선형과 영채와 병욱은 모두 여학생으로 유학길에 오르는데, 바로 여기서 『무정』의 전제하고 있는 세계관이 낙관적 현실 인식임을 알 수 있다.

---

46) 이광수, 앞의 책, 하권, p.118.
47) 이광수, 앞의 책, 하권, p.145.

⑦ 세 처녀(선형, 영채, 병욱) 사이에는 이러한 말이 있었다. 서로 잘 공부를 하여 가지고 돌아와서 장차 힘을 합하여 조선 여자계를 계발할 것과, 공부를 잘 하려면 미국을 가거나 일본에 유학을 하여야 한다는 것과 또 영어와 독일어를 잘 배워야 할 것과, 그다음에는 병욱과 영채는 음악을 배울 터인데 선형은 아직 확실한 작정은 없으나 사범학교에 입학하려 한다는 뜻을 말하고 서로 각각 크게 성공하기를 빌었다.[48]

⑧ 형식과 선형은 지금 미국 시카고대학 사년 생인데 내내 몸이 건강하였으며 금년 구월에 졸업하고는 전후의 구라파를 한번 돌아, 본국에 돌아올 예정이며, 김 장로 부부는 날마다 사랑하는 딸이 돌아오기를 기다려 벌써부터 돌아온 후에 할 일과 하여 먹일 것을 궁리하는 중.

병욱은 음악하교를 졸업하고 자기의 힘으로 돈을 벌어서 독일 백림(베를린)에 이태 동안 유학을 하고, 금년 겨울에 형식의 일행을 기다려 시베리아 철도로 같이 돌아올 예정이며, 영채도 금년 봄에 동경 상야 음악하교 피아노과와 성악과를 우등으로 졸업하고, 아직 동경에 있는 중인데 그 역시 구월경에 서울로 돌아오겠다.[49]

인용 ⑦과 ⑧은 이 소설의 결말부분이다. 인용 ⑦은 세 여학생이 배움의 길을 통해 단합하는 장면이고, 인용 ⑧은 후일담으로, 형식과 선형, 병욱과 영채가 모두 해외 유학에 성공하여 귀국을 기다리는 중이라는 서술이다. 결국 영채는 계월향이라는 기생이 되는 비극을 겪기는 했지만, 김병욱에 의해 구원됨으로써 당대의 시대 의지였던 배움의 길

48) 이광수, 앞의 책, 하권, p.116.
49) 이광수, 앞의 책, 하권, p.171.

을 좇아 이상적인 인물이라 할 수 있는 여학생 계층에 합류할 수 있었다. 이렇게 배움의 길을 통해 계월향이가 여학생이 될 수 있었음에 반해, 형식이가 계월향을 찾아 평양에 갔을 때 만났던 기생 계향이만은 어떤 부자집 방탕한 자식의 첩이 되었다가 매독에 걸리고, 남편한테 쫓겨나기까지 하여 아주 적막한 신세가 되었으며, 예쁘던 얼굴도 초췌해지고 누구 하나 돌아보아 주는 이도 없게 되었다[50]고 나와 『무정』에서 유일하게 비극적 인물로 결말이 난다. 계향이의 비극적 결말은 기생들이 배움의 길로 구원받지 못했을 때 피할 수 없는 운명을 상징하는 것이기도 하며, 당시 기생들의 상황이 더 악화되고 피폐화되고 있었음을 보여주기도 한다. 그러나 『무정』은 소설 전반에 교육과 사랑이라는 당대의 시대 의지와 지향을 형상화하였으며, 동시에 기생이 된 영채가 여학생의 도움과 배움의 길을 통해 선형과 같은 이상적 인물로 구원될 수 있다는 낙관적인 현실 인식과 전망을 보여 준 작품이다. 사실 1920년대 후반 이후 한국 소설에서 기생이 여학생이 되는 모티프는 등장하지 않는다.

이상과 같이 『무정』에 등장하는 여학생들은 긍정적이고 시대지향적인 인물들이며 당시 사회의 이상을 담지하고 있는 인물들이다. 이러한 여학생과 기생의 대립 관계와 화해 구조를 통해 『무정』은 당대 무정한 현실 세계를 형상화하는 동시에 피폐화된 식민지 현실에도 불구하고 시대악이 교육과 사랑으로 극복될 수 있으리라는 낙관적 현실 인식을 보여 준 작품이다. 이는 『무정』이 갖는 현실 인식의 한계이자 작가 이광수가 당대 사회를 낙관적으로 바라본 작가의 현실 인식의 결과이기도 하다. 『무정』의 서사 구조가 보여주는 사랑과 교육을 통한 시대 의지는 1920년대를 접어들면서 이미 현실과는 유리되는 이상에 불과했으며 그러한 이상과 현실의 간극의 골은 더욱 더 깊어지게

---

50) 이광수, 앞의 책, 하권, p.172.

된다. 그러나 이광수를 비롯하여 지식인들을 중심으로 당대 사회에 내재했던 낙관적 시대 의지를 성담론적 서사 구조를 통해 형상화할 수 있었다는 점에서 『무정』의 성담론적 의의는 그 자체로 인정되어야 한다.

Ⅳ. 성매매 인물 묘사와 성담론 공간

이 장에서는 1920년대 성담론에 등장하는 인물들의 성격과 공간적 배경에 대해서 논의하고자 한다. 인물은 서사적 구조의 기본 요체이며 특히 현대 소설은 인물을 통하여 구체적인 성격을 제시하는데 그 의의가 있다.[1] 인물의 성격은 작가의 직접적인 해설에 의해서 제시되기도 하지만 현대에 와서는 사건을 통한 형상화를 지향한다. 따라서 인물과 사건은 분리될 수 없다. 인물은 사건을 일으키는 주체인 동시에 사건에 의해서 그 성격이 형성되는 객체이기도 하다. 인물이 사건을 일으키고 사건을 통해 인물이 다시 형성되곤 한다.[2] 때문에 소설 연구에서 성격고찰은 작중 인물 상호간의 유기적 관계를 고려하여 사건의 추이를 통해 다층적으로 이루어져야 한다.

인물의 성격과 사건의 유기적 관계를 인정할 때 간과될 수 없는 것이 사건이 일어나는 공간이다. 에드윈 무어(Edwin Muir)는 소설의 유형을 행동 소설, 성격 소설, 극적 소설, 연대기 소설, 시대 소설로 나눈다.[3] 성격 소설은 인물에 행동 소설은 플롯에 초점을 맞춘 것이고, 극

---

1) E. Muir, *The structure of the Novel*, Harcourt Brace & world. Inc. New York. 송하춘, 『1920년대 한국 소설 연구』, 고려대학교 민족문화 연구소, p.188 재인용.
2) 송하춘, 『발견으로서의 소설 기법』, 현대문학, p.113.
3) 이 다섯 가지 유형 중에서 무어가 본질적인 유형으로 꼽은 것은 극적소설, 성격소설, 연대기소설이다. 이 세 가지가 다른 두 유형보다 삶의 실체를 파헤치

적 소설은 행동소설과 성격소설이 종합된 경우로 인물(성격)과 사건(행동) 사이의 긴장 관계를 펼쳐 보이는 것이다. 무어는 성격 소설과 극적 소설을 여러 각도에서 비교하였는데, 그에 의하면 극적 소설의 상상적 세계는 대체로 '시간' 속에서 성립되고 성격소설의 상상적 세계는 주로 '공간' 속에서 이루어진다. 즉 극적 소설은 '시간' 가운데서 일련의 사건을 구축하고 성격 소설은 '공간' 가운데서 일련의 사건을 만들어 간다.[4)]

무어의 소설 유형분류를 통해서도 알 수 있듯이 공간은 인물들이 살아가는 일상 생활의 배경이자 사건들이 일어나는 구체적인 무대로서 인물의 성격이 드러나는 장(場)이다. 또한 공간은 현실 세계와 작품 세계의 상호 관련성을 통해 소설을 사회적인 장르로 만든다. 한국의 현대 소설은 현실 세계의 빠른 변화를 새로운 공간의 출현과 변화를 통해 서사화하였으며 성담론의 입장에서도 이러한 경향은 예외가 아니다. 따라서 이 장에서는 성격과 공간이 관련성을 고려하면서, 1920년대 성담론에 등장하는 성매매 인물들의 성격과 성매매 공간에 대해 알아보도록 하겠다.

1. 기생 인물의 성격과 성매매 공간

1920년대 소설에 나타나는 인물들 중에서 성매매 인물로 꼽을 수

는데 비교적 적합한 것이라고 보여지기 때문이다.
E. Muir, 위의 책, pp.26~27.

4) E. Muir, 위의 책, p.62.
램메르트는 이상과 같은 무어의 분류를 검토한 끝에 성격소설을 '공간소설', 극적소설을 '시간소설'이라고 명명한다. E. Lammert, *Bauformen des Erzahlens*, p.40.

있는 인물은 직업적으로 성매매에 종사하는 인물들이다. 1920년대 소설에는 기생을 비롯하여 성매매 종사자들과 성매매 공간이 자주 등장한다. 당시 소설 중에서 기생, 창기 등 성매매 종사자들이 인물로 등장하는 작품은 나도향의 「지형근」(1926) 『환희』(1922~23), 이광수의 「사랑에 주렸던 이들」(1925), 염상섭의 「전화」(1925), 「남충서」(1927), 「만세전」(1924), 『너희는 무엇을 어덧느냐』(1923~1924), 『사랑과 죄』(1927~28) 등이다. 이 장에서는 이들 작품 중에서 이광수, 나도향, 염상섭의 중 · 단편을 중심으로 성매매 인물과 공간의 형상화 양상에 대해 분석하겠다.

이광수는 자신의 초기 소설에서 '조선 남녀는 아직 사랑으로 만나본 일이 없'[5]으며, '사랑이라는 것을 모르는 국민'[6]이라고 했다. 그는 조선의 남녀를 부모의 '완구(玩具)'와 '생식하는 기계'라고 비판하고, 육욕의 만족이나 자녀의 생식만을 위한 남녀관계를 '교접과 생식'이라고 단언한다. 정신적 애착, 곧 사랑이 없는 조선의 부부 관계는 부모들을 통해 이루어진 계약에 지나지 않는다. 당시 그의 소설은 육체적인 관계를 뛰어넘는 정신적 애착 곧 사랑에 의한 관계들을 형상화하고자 한다. 그에 의하면, 사랑에 갇혀 있었던 조선의 문명은 사랑과 함께 열리며, 문명인이 되기 위해서는 사랑을 통한 인성의 완전한 발현으로 자아 정체성을 이루어야 한다. 또한 사랑은 결혼이 목적이 아니라 사랑 그 자체가 목적이다.[7] 사랑을 통한 인성의 발현은 이광수 소설의

5) 이광수, 「어린 벗에게」(『青春』 제9~10호, 1917.11.), 『무명』, 우신사, p.280.
6) 이광수, 「어린 벗에게」, 앞의 책, p.287.
7) 이상 이광수의 사랑에 대한 서술은 그의 작품 「어린 벗에게」(1917)의 내용을 근거로 한다. '교접과 생식', '정신적 애착', '육교', '문명', '사랑을 통한 인성의 완전한 발현', '습관과 법률에 따른 혼인' 등 이 부분에 사용된 용어들은 이광수 소설에 나타나는 용어를 그대로 사용했다. 이 작품 외에도 이광수는 「소년의 비애」(1917)에서 부모에 의한 결혼 때문에 학업을 잇지 못하는 누이의 비극을 슬퍼하는 주인공 '문호'를 통해 당대 결혼 제도를 비판하며, 「윤광호」

인물들이 지향하는 성격이며, 문명인 · 현대인이 갖추어야 할 조건이기도 하다.

『무정』 이후 1920년대에 발표된 이광수의 소설 중에서 성매매 인물이 등장하는 작품은 「사랑에 주렸던 이들」이다. 이 작품은 1925년 1월 『朝鮮文壇』(제4호)에 발표된 단편으로 주인공 '나'가 형에게 보내는 서간체 소설이다. 제목에 나타나 있는 '사랑에 주렸던 이들'은 주인공 '나'를 비롯하여 '형'과 '형의 매' 그리고 '창기'이다. 이 작품 역시 앞서 살펴 보았던 작가의 사랑관에 근거해서 1인칭 주인공 서술자가 '사랑'을 찾게 되는 여정을 보여준다. 주인공 '나'는 동경에서 신학을 공부하다가 8년 전 형의 누이를 육체적으로 사랑했다는 누명을 쓰고 홀로 조선으로 돌아온다. 이후 노동자가 되어 갖은 고생과 부랑자 생활을 하면서도 성경 말씀대로 살아온 철저한 금욕적 기독교주의자였다. 그러나 완전한 신의 사랑이 주지 못하는 '사람의 살'에 대한 그리움 때문에 주인공은 '창기의 집'을 찾게 되고 거기서 돈 이 원을 주고 창기를 산다. 주인공이 창기를 만나게 되는 과정은 성매매의 전형적인 형식을 따른다. 성을 파는 자로서의 창기, 성을 사는 자로서의 주인공 '나' 그리고 그 둘의 매매가 이루지는 장소가 등장한다.

> ① 내가 따뜻한 사람의 품을 찾노라는 것이 창기의 집이었소. '창기의 집', 내가 어떻게나 미워하던 곳이오? 어떻게나 저주하던 곳이오? 그러나 형아! 나 같은 사람이 따뜻한 사람의 품을 찾을

(1918)에서는 일본에 가서 민족애나 인류애보다는 이성간의 사랑을 희구하게 되는 유학생들의 사랑을 다룬다. 주인공 '윤광호'는 사랑을 희구하지만 돈과 외모 때문에 실연을 당하자 자살에 이르게 되고, 그의 친구 '준원'은 일본에 유학을 왔던 13, 4세 때 23, 4세 되는 일본의 명사 청년으로부터 동성애적인 애정을 받는다. 이광수의 소설에 등장하는 유학생들은 일본에 가서 신학문 뿐 아니라 새로운 사랑을 배우며, 『무정』을 전후한 시기 이광수의 소설의 주제는 한마디로 '사랑'이었다고 할 수 있다.

때가 거기밖에 갈 곳이 어디요?

일원짜리 지전 두 장이 젊은 여자 하나를 나에게 주었소. 그 여자도 사람이오. 다른 모든 여자와 같이 피도 있고 눈물도 있고 영혼도 있고, 따뜻한 사랑도 있는 꼭같은 사람이오. 나는 그들도 나와 꼭같은 사람인 것을 발견하였소. 내가 그날 밤에 만난 그 여자가 내게 이러한 진리를 가르쳐준 것이오. 사람은 다 꼭같은 사람이라는.

그 여자는 나를 위하여 자리를 깔아 주었고 때묻은 내 의복을 차곡차곡 개켜주었고 내 몸에 신열이 있다하여 수건에 냉수를 묻혀 머리도 식혀주었소. 이것이 내가 세상에 나온 뒤로 처음 당하는 남의 사랑이오.

이리하여 나는 마치 첫사랑에 취한 사람 모양으로 그 여자를 사랑하였소. 이 모양으로 두 달은 꿀 같은 꿈같이 지나버렸소.

그러나 사랑에는 돈이 드오. 좋은 집 처녀를 사랑하기에나 창기를 사랑하기에나 돈이 들기는 마찬가지요. 나 같은 노동자는 이 사랑하는 창기를 자주 만날 힘도 없었소.[8)]

인용 ①은 주인공이 창기를 만난 공간과 주인공과 창기의 인물, 그리고 그 두 사람의 사랑을 요약한 부분이다. 주인공과 창기의 첫 만남은 '창기의 집'에서다. 그러나 작품 안에서 '창기의 집'에 대한 객관적인 묘사는 없다.[9)] 단지 주인공이 과거에 저주했던 곳이었지만 따뜻한 사람의 품을 찾을 때 생각난 공간이고, 2원으로 젊은 여자 한 명을 살

---

8) 이광수, 「사랑에 주렸던 이들」, 앞의 책, p.77.
9) 이곳이 '인천'지역에 있는 창기집이라는 사실은 알 수 있다. 주인공 '나'가 창기에게 자신의 내력을 소개한 내용 중에서 '마침내 이곳 인천으로 돌아다니며 부랑하는 노동자의 생활을 하던 것과'(이광수, 앞의 책, p.80)라는 서술이 나오는데 '이곳'이라는 지시어가 창기와 자신이 함께 있는 장소를 말한다면 이 작품의 배경은 인천 지역의 유곽일 가능성이 높다.

수 있는 장소다. 주인공에게 이곳은 사랑하는 여자를 만난 사랑의 장소이기도 하다. 순진했던 주인공이 창기의 집을 찾기 위해서는 당시 알려져 있던 공창 지역 즉 유곽이나 사창으로 갔을 것이다. 그러나 유곽이나 다방골에 대한 서술은 나타나지 않는다. '창기의 집'이라는 용어로 성매매 공간을 지시할 뿐이다. '창기의 집'이라는 용어는 그 집이 창기가 사는 살림집인지 창기가 있는 유흥장으로 성매매의 장소로서의 집인지 구분이 불명확하다. 또한 그곳이 공창 지대에 있는 곳인지 사창인지조차 알 수 없다.10) 중국에서는 유곽이나 창기(娼妓)의 집을 화가(花街)・화류원(花柳苑) 등으로 불렀고 화류를 둘로 갈라서 화가・유항(柳巷)이라고 하였다. 근세 말에는 공창의 유곽을 화류, 사창가(私娼街)를 유항이라 불러 구별하였다. 그러나 이 작품에서는 '창기의 집'으로 성매매 장소를 명명함으로써 창기의 집이 다른 공간과 맺는 유기적인 관계나 사회적 맥락이 드러나지 않는다. 오직 주인공이 따뜻한 사람의 품을 찾아 간 곳이자 2원을 주고 여자를 만날 수 있었던 개별적이고 독자적인 공간으로 존재할 뿐만 아니라 창기의 집이라는 공간에 대한 부정적인 서술이나 묘사도 찾을 수 없다.

따뜻한 인간의 품이 그리워 찾아 온 창기의 집에서 주인공은 따뜻

---

10) 일반적으로 집은 사람이 그 안에서 먹고 자고 생활하기 위해 일정한 공간과 구조를 갖추어 지은 것이나 일정한 곳에서 한데 모여 사는 가족과 그 생활 공간을 지칭한다. 이 외에 집이라는 단어는 파는 물건이나 관계되는 사물을 나타내는 명사 다음에 쓰여 술집이나 찻집 꽃집과 같이 그 명사와 관계되는 장사를 하는 곳임을 나타내기도 한다. 그러나 이 경우 '술의 집', '차의 집', '꽃의 집'이라고 할 수 없기 때문에 이 작품에 나타나는 '창기의 집'에서 '집'은 '양반집'이나 '기생집'에서의 '집'처럼 창기가 살고 있는 집, 창기의 가족과 창기의 생활 공간으로서의 '집'이라는 의미로 쓰였다고 볼 수 있다. 여기서 한 가지 더 언급할 것은 당시의 '창기의 집' 혹은 '창기집'이 '기생의 집'이나 '기생집'과는 달랐다는 사실이다. 창기의 집은 기생집과는 다른 사회적 배경 하에서 존재했다는 사실을 염두에 두어야 한다. 하지만 '창기의 집'은 '기생집'과는 다른 창기집의 사회 역사적 배경과 구조를 드러내기 보다는 기생집과의 연속성과 유사성을 연상시키는 명명이기도 하다.

한 인간의 품을 만난다. 창기의 따스한 배려로 주인공은 처음으로 타인으로부터의 사랑을 경험하며 창기도 다른 사람과 다를 바 없는 평등한 인간이라는 사실을 깨닫기에 이른다. 창기와의 만남은 주인공의 성격을 변하게 하였지만, 그것을 가능하게 한 것은 창기의 성적 행동 때문이 아니었다. 또한 두 사람의 관계에 매개가 되고 있는 '돈'이 사랑의 방해물로 작용하지 않는다. 돈으로 가능했던 창기와의 만남이었지만 성을 사고 판다는 의식이 주인공의 의식을 지배하지 않는다. 오히려 주인공은 창기와의 만남을 '사랑'이라고 인식한다. 주인공이 '돈'을 매개로 한 자신과 창기의 관계에 대해 회의하게 되는 계기는 더 이상 창기를 만날 수 없게 된 자신의 경제적 빈곤함 때문이었다. 돈이 없어서 창기를 만날 수 없게 되자 가난한 노동자인 주인공은 모든 희망을 잃고 죽을 결심까지 하지만 자신의 성을 통해 돈을 버는 창기에 대한 원망이나 부정의식은 나타나지 않는다. 주인공은 오히려 성매매라는 입장에서 돈이 창기와의 만남을 유지한다고 생각하기 보다는 '사랑'의 관계 안에서 돈의 필요성을 인식한다. 즉 주인공은 좋은 집 처녀이든 창기이든 사랑을 위해서는 돈이 필요하다고 확신할 뿐이다. 이러한 확신 때문에 자신과 창기의 사랑에 장애가 되고 있는 돈 문제가 두 사람의 관계 자체를 부정하게 만들지는 않는 것이다.

② "왜 그런 숭한 말씀을 하세요? 세상을 버리고 어디를 가요? 어디 갈 데가 있나요? 이 세상 말고 다른 데 있었으면 나 같은 사람은 벌써 가버리고 말았게요. 나 같은 사람도 할 수가 없어서 이 세상에 살고 있는데 당신 같으신 사내 양반이야 왜 그런 생각을 하셔요? 세상이 괴롭기도 하지마는 또 그럭저럭 살아가노라면 그래도 산 보람이 있는 것 같아요."

그는 이렇게 말하고 모든 것을 다 깨달았다 하는 눈으로 나를 물끄러미 바라보오. 내가 여태껏 이 여자와 만난 것이 수십 차가

> 되지마는 오늘 모양으로 이렇게 길게 이야기를 한 것은 서너 번 밖에 못 되오. 그것은 사원을 내어야 하룻밤을 그와 나와 단둘이만 같이 지낼수가 있으되, 이원만으로는 한 시간밖에 같이 잇을 수 없었던 까닭이오. 그는 하룻밤에도 나와 같은 이원짜리 남자를 둘이나 셋, 많으면 4, 5인까지도 맡지 아니하면 안되기 때문이오.11)

인용 ②는 이 작품에서 창기가 말한 것 중 가장 긴 대화 내용과 창기의 생활이 가장 구체적으로 서술된 부분이다. 창기가 주인공에게 한 이야기가 직접 인용된 부분이기도 하다. 창기는 주인공 '나'보다도 못한 처지이지만 삶의 보람을 포기하지 않은 인물이다. 그녀는 한 시간에 이 원, 하룻밤에는 사 원을 받고 남자에게 자신의 성을 팔며, 하룻밤에 이 원짜리 남자 둘이나 셋 많으면 4, 5인까지 맡아야 하는 처지이다. 그런 그녀가 동경 유학생에서 전락하여 조선의 노동자로 7년 동안 대판 구주 탄광, 부산, 목포, 군산, 인천까지 돌아다니며 부랑하는 노동자 생활을 하게 된 '나'의 내력을 듣고서 눈물을 흘리면서 공감한다. 창기는 주인공 '나'를 죽음으로부터 구원해 주고, 그를 행복으로 이끌어 준 인물이자 후에 그의 아내가 된다. 이 과정이 구체적으로 나타나 있지는 않으며, 주인공의 내력을 듣고 공감한 창기가 자신의 내력도 이야기하기 시작한다는 것으로 작품은 끝난다. 창기가 된 배경과 내력은 노동자로 전락한 주인공의 처지와 같다는 한마디 말로 일축될 뿐이고 구체적으로 서술되지는 않는다. 창기와 유학생 출신 노동자가 성매매 공간에서 만나 사랑을 이루고 다시 그곳에서 행복을 찾게 된다는 이 작품은 1920년대 창기를 소재로 한 소설 중에서 유일하게 해피엔딩이다. 이 작품의 행복한 결말은 『무정』에서와 마찬가지로 당대

---

11) 이광수, 「사랑에 주렸던 이들」, 앞의 책, p.79.

사회를 낙관적으로 바라본 이광수의 현실 인식의 한계이기도 하다.

이상 「사랑에 주렸던 이들」에 대해서 분석한 내용을 정리하면 다음과 같다. 「사랑에 주렸던 이들」에는 성매매의 인물로 창기와 그녀를 돈을 주고 산 주인공이 등장한다. 그 외의 다른 성매매 인물들이 나타나지 않는다. 두 사람의 만남은 '돈'으로 가능했지만 '돈'을 매개로 시작된 만남이 '사랑'의 관계로 발전하며 이 과정에서 창기와의 성적인 행동의 묘사나 사건은 찾을 수 없다. 오히려 주인공은 창기와의 육체적인 만남보다는 그녀의 친밀한 배려와 눈물을 통해 '따뜻한 사람의 품'을 느낀다. 이 작품에서 창기나 '나'의 이름은 없다. 오직 창기와 학생 출신 노동자라는 신분으로만 존재하지만 둘의 만남은 사랑을 통해 인간 대 인간의 만남을 지향하는 것으로 나타난다. 창기는 좌절과 실의에 빠져 죽을 결심을 한 주인공을 구해주는 은인일 뿐 아니라 그에게 창기에 대한 편견에서 벗어나 창기도 같은 사람이라는 사실을 깨닫게 해 주는 인물이다. 창기에 대한 부정적인 묘사나 서술은 전무하며 그보다는 창기의 구체적인 현실 조건이 소략하게 소개되고 있다. 이 작품은 서간체 소설로 1인칭 주인공 시점이나, 적극적으로 행동하는 인물은 주인공보다는 창기이다. 주인공에게 은인이자 연인인 창기이기에 그 만남을 가능하게 해 준 '창기의 집' 역시 부정적 공간이기 아니다. 주인공은 그곳에서 동경이나 다른 어느 곳에서는 느낄 수 없었던 행복을 느낀다. '창기의 집'은 주인공에게는 성매매가 이루어지는 부정적 공간이기보다는 사랑하는 연인이 살고 있는 집일 뿐이며 그 집은 주인공이 연인과 결혼하여 가족을 이루는 새로운 '집'으로 거듭 난다.

나도향은 1920년대 성매매 문제를 자신의 소설을 통해 적극적으로 다룬 작가다. 「뽕」에서는 성매매 문제가 가정생활에 일으킨 변화를 형상화했으며, 「물레방아」에서는 성과 계급의 문제를 다룬다. 장편 『환희』(1922~23)에서는 기생 설화를 주인공으로 본격적으로 성매매 인물의 삶을 서사화하고자 했으며, 「지형근」(1926)에서는 예전의 기생과는 다른 1920년대 창기에 주목하여 창기와 노동자의 갈등과 타락한 현실을 보여준다. 나도향의 작품에서 등장하던 성매매 문제는 「지형근」을 기점으로 새로운 지평을 발견한다. 이 작품에서 작가는 1920년대 식민지 조선에서 본격적으로 진행된 성 산업·성매매의 현실을 고발하고, 이 같은 현실에서 전락하는 '지형근'이라는 노동자를 전형화하는 동시에 '창기'를 본격적으로 작품의 주동인물로 형상화한다. 또한 이 작품의 공간적 배경은 창기들의 집단촌에 있는 술집(창기의 집)이다. 작가는 창기들의 집단촌에서 노동자인 지형근과 기생인 이화의 대립을 보여줌으로써 성매매의 현실이 개인의 성격과 삶에 미치는 영향을 서사화한다. 이화가 성을 사고 팔 수 있는 성매매 사회로의 진입을 통해 창기로 전락한 인물이라면, 지형근은 이화를 통해 성격이 변하여 사회적으로 전락하게 되는 인물이다. 즉 식민지 현실에서 노동자로 전락한 지형근은 창기 이화와의 만남을 통해 다시 한번 변한다. 창기로 인한 지형근의 갈등과 성격의 변화를 통해 식민화와 근대화라는 이중적 담론이 지배했던 당대 피폐화된 현실을 형상화했다는 점에서 이 작품의 성담론적 의미는 간과될 수 없다. 이제 각 인물의 성격과 공간을 섹슈얼리티를 중심으로 분석하면 다음과 같다.

우선 기생 이화에 대해 알아보자. 이화는 작품의 주인공 지형근과는 동향인 처자로 몇 년 동안 서로 소식을 모르고 지내다가 지형근이 돈을 벌기 위해 찾아 간 철원에서 만난다. 이화가 창기가 되기까지의 과정이 나오지는 않지만, '행세깨나 하는 양반집 규수'[12]였던 그녀가 창기가 된 배경에는 아버지와 어머니의 죽음이 설정되어 있다. 어릴 적에는 유복한 가정형편으로 남부럽지 않게 배울 수 있었지만, 13살

12) 나도향, 「지형근」, 『나도향전집 上』, 집문당, p.316.

때 아버지의 죽음은 그녀의 인생에 전환점이 된다. 홀어머니 밑에서 지내던 그녀가 이후 14살에 외가댁에 가서 살게 되고, 다시 어머니가 죽자 16살을 전후해서 기생이 되어 지금은 21에서 22살 가량의 철원 지역 창기로 살아가는 것이다.[13] 이화가 기생이 되기까지의 내력이 구체적으로 소개되고 있지 않지만 무엇보다도 부모의 죽음이 그녀가 기생이 되는 요인이었음을 암시해 준다. 아버지의 몰락 때문이라는 점에서 이화는 『무정』에서 영채가 기생이 되는 배경과 유사하다. 그러나 영채가 아버지가 죽기 전에 아버지를 구하려는 동기의 촉발로 기생의 길에 들어선 것과는 달리 이화는 이미 아버지와 어머니가 죽고 나서 기생이 되었으며, 생계를 해결하기 위해 기생이 되었으리라 추측할 수 있다. 또한 영채 계월향은 평양에서 온 서울 기생이었고 김현수나 배명수 일당과 같이 어느 정도 고급관료들을 상대했다면, 이 작품의 이화는 스물 한 두 살의 철원 지역 기생으로 주로 노동자들을 접대한다. 이화의 외양을 묘사하고 있는 다음 인용을 보자.

> ③ 형근의 눈에는 머리를 치거슬러 빗어 왜밀 칠을 하여 지르르 흐르게 하고 횟박 쓰듯 분을 바르고 값 낮은 연지를 입에다 칠하고 금니 한 이 사이에서 껌을 딱딱 씹으며 나온 이화라는 여자가 몹시 아름다웁게 보일 뿐 아니라 지투신은 버선까지 유탕한 마음을 일으키게까지 하였다.[14]

인용 ③은 친구에게 끌려서 창기의 집을 찾은 형근이 이화를 처음

---

13) 이화의 내력에 대한 내용은 이 작품에 나타난 서술자의 서술과 인물의 대화에 의거해 정리되었음을 밝힌다. 특히 그녀의 현재 나이는 이화가 형근에게 자신이 외가로 간 지가 칠 팔 년 되었다고 말하는 대화로 추정한 것이다. 14살에 외가로 갔다면 형근이 그녀를 만났을 때의 그녀 나이는 21살에서 22살 정도이다.
나도향, 「지형근」, 『나도향전집 上』, 집문당, p.316과 p.320 참고.

14) 나도향, 「지형근」, 『나도향 전집 上』, 집문당, p.315.

보았을 때의 장면으로, 그녀의 외양과 인상을 묘사한 부분이다. 이화에 대한 외양묘사로는 이 작품에서 유일한 부분이기도 하다. 머리를 위로 빗어 향료를 섞어서 만든 밀기름[15]을 발라 기름이 지르르 흐르게 하고 하얀 분칠과 값싼 연지를 바르고 껌을 딱딱 씹는 그녀의 외양[16]을 '몹시' 아름답게 보는 형근의 심리는 서술자나 독자와는 일치하지 않는다. 이화의 모습은 아름다운 여성을 볼 때 '곱다'는 인상보다는 '천박하다'는 인상을 강하게 전달한다. 더구나 껌을 딱딱 씹는

15) 밀기름은 밀과 참기름을 섞어 끓여서 만든 머릿기름이고, 여기에 향료를 섞으면 왜밀기름이 된다. 기생, 매춘부들이 머리에 윤과 향을 내기 위해 쓰던 머릿기름이 왜밀기름이다. 접두사 '왜-'는 기생과 관련된 단어에 많이 쓰였다는 점도 흥미롭다. 예를들어, '왜갈보'는 일본 여자 갈보를 지칭했고, '왜대머리'는 정식혼례를 하지 않고 머리를 쪽진 여자 즉 기생이나 매춘부들을 이르던 말이다. 또한 접두사 '왜-'의 일반적 의미는 일본의 것임을 나타낸다. (예, 왜나막신, 왜돗자리, 왜간장, 왜인, 왜관, 왜구, 왜국, 왜군, 왜녀, 왜란, 왜말, 왜병 등) 왜밀기름이나 왜대머리가 단어 조어법상 일본의 것임을 나타내는 접두사 '왜-'와 결합된 것인지는 확실하지 않다.
이기문 감수, 『새국어사전』, 동아출판사, 1990, pp.1750~1751.
김윤식・최동호 공저, 『소설어사전』, 고려대출판부, 1998, pp.1068~1069 참조.

16) 기생의 외모로 밀기름이나 분가루가 나오는 예는 나도향의 『환희』에서도 찾을 수 있다. 여주인공인 정월(혜숙)이 기생 설화를 찾아가면서 떠 올리는 기생의 외모를 인용하면 다음과 같다. 『환희』에 대해서는 본 논문의 5장에서 다루기 때문에 여기서는 구체적인 분석은 생략한다.
'그의 가슴 속에는 <기생>이라는 그림자가 때없이 나타나 보인다. 행길에서 조바위 쓰고 남치맛자락에 활개를 치며 지나가는 <기생>을 보기는 보았으나 가까이서 보지도 못하고 말도 해보지 못한 정월은, 남치맛자락이 흘흘 날리며 보라회색 단속곳이 보일 때마다 『아이, 더러워!』 하고 코를 옆으로 돌일 만큼 음탕하고 더러운 인상을 받았을지는 모르나 저것도 (사람)이겠지! 하는 의심까지도 품어 보지를 못하였었다.
그리고 기생이라하면 무슨 아주 특별한 분위기에서 생활하는 자기와 같이 정조 깊다는 사람들과는 아주 다른 동물인 것같이밖에 생각되지 않았다. 그리고 기생이라면 음탕하고 간사한 일종의 피의 계통을 받아온 줄만 알았다. 그리고 빤지르하게 가꾼 머리에서 나는 **고약한 밀기름 냄새와 얼굴에 허옇게 바른 분가루**와 불그레한 뺨과 가늘게 감은 간사한 눈초리를 볼 때 때묻은 여자의 속옷을 보는 것 같이 음란한 감정이 치받쳐오르는 듯하였다.'
나도향, 『환희』, 『나도향전집 下』, 집문당, pp.306~307.

모습은 천박성을 배가시킨다. 인용에서와 같이 서술자의 시선과 지형근의 시선은 이후에도 끝까지 분리되어 있다. 따라서 창기 이화의 인물이 이 작품에서 어떻게 형상화되고 있는지는 두 시선의 분리와 교차에 주목하면서 분석하여야 하며, 분리의 효과가 무엇인지도 함께 검토되어야 한다.

④ - ⓐ 형근은 세상을 몰랐다. 그가 고향에서 옛날에 알던 규수(지금은 창녀)를 만나 반가웁기가 한량이 없었지마는 다시 생각하니 아니꼽고 고개를 내두를만치 더러웠다.

- ⓑ 그는 옛날 일로부터 오늘 이 자리까지 이 이화라는 창녀의 신변을 두르고 싼 환경의 물질이 어떻게 어떠한 자극과 영향을 주고 또는 질질 끌어다가 여기까지 왔는지를 해부하고 관찰하고 판단할 능력이 없었다. 그는 다만 단순한 직관과 박약한 추측으로 경솔한 독단을 내리어 인간을 평정하여 버릴 뿐이다.

- ⓒ 이화가 오늘 이 자리에 앉았는 것도 그것이 다른 사회적으로 더 큰 원인이 있는 것은 생각할 여지도 없이 이화 자신이 말할 수 없는 잘못 죄악을 범행한 까닭으로 오늘 이렇게 된 것이라고밖에 생각지 못하였던 것이다.

- ⓓ 그러한 관념으로 이화를 볼 때 형근의 눈에는 이화라는 창기가 옛날 이야기에 나오는 음부 독부로밖에 보이지 않았던 것이다.

- ⓔ 그것을 생각하면 반가웁던 생각도 어디로 가고 다만 추악한 생각뿐이 나서 그 자리에서 피해 가고 싶을 뿐만 아니라 여태까지 주저하던 맘, 차리려는 생각, 쭈뼛쭈뼛하던 생각은 어디로 가고 마치 죄인을 꿇어앉힌 것 같이 우월감과 호기가 두 어깨와 가슴속에 가득할 뿐이었다. 그리고 창기인 이화를 꾸짖어 마음을 고쳐 주고 싶은 부질없는 친절한 마음까지 났다.[17)]

인용 ④는 이화를 바라보는 형근의 시각과 서술자의 해설로 두 시선이 상충하면서 창기 이화가 소개되고 있다. 이화를 바라보는 형근의 태도를 통해 이화보다는 오히려 형근의 성격이 확연하게 드러나는 부분이기도 하다. 이화를 바라보는 형근의 태도는 서술자에 의해서 비판받는다. ⓐ에서는 형근이 이화를 만난 인상으로 그는 이화에 대해 반가움과 아니꼽고 더러움을 동시에 느낀다. 왜냐하면 그녀가 창기이기 때문이다. ⓑ에서는 서술자가 ⓐ에 나타난 형근의 태도를 비판한다. 서술자는 형근의 성격을 단순하고 박약한 직관과 경솔한 독단을 지닌 자로 규정하면서, 이화를 더럽게 바라보는 형근의 태도에 주목한다. 서술자에 의하면 창기는 창기라는 단순한 사실로서가 아니라, 그녀를 둘러 싼 환경을 통해 해부 · 관찰 · 판단되어야 한다. ⓒ에서는 이화에 대한 형근의 태도를 서술한 것으로 형근은 이화가 창기가 된 것이 자신이 잘못을 저질렀기 때문이라고 보는 반면 서술자는 형근의 태도를 비판적인 시선에서 바라보면서 사회적으로 더 큰 원인이 있다는 것에 주목한다. ⓓ에서는 이화를 음부 독부로 보는 형근의 태도가 직설적으로 서술된다. ⓔ에서는 창기를 대하는 형근의 태도를 서술한 것으로, 형근은 이화를 추악한 존재요 죄인처럼 여기며, 그녀에 대해 우월감과 호기를 느낀다. 형근은 자신을 이화보다 우월한 존재로 생각하는 동시에 그녀를 꾸짖고 고쳐 주고자 하는 교사적 입장에 선다.

> ⑤ 형근의 머리속에서는 이화라는 창녀가 마치 하늘에서 죄짓고 땅에서 먹구렁이 노릇을 하는, 옛날의 삼신선 중의 하나이나 마찬가지로 자기의 지은 허물로 말미암아 이렇게 하게 되었다고 해석할수밖에 없었다.
>
> 옛날에 귀한 것, 깨끗한 것, 아름다운 것은 이화 자신의 잘못

---

17) 나도향, 앞의 책, p.318.

> 으로 다 썩어지고 오늘에 남은 것은 간악한 것, 음탕한 것밖에는 없으리라는 생각밖에 없었다. 즉 이화는 옛날의 ○○의 딸의 죄악의 탈을 쓴 화신(化身)이다.[18]

인용 ⑤ 역시 이화를 바라보는 형근의 심리를 서술하고 있다. 고향에서 알던 이화를 외지에서 만난 지형근이 그녀에 대한 감정이 바뀌게 된 것은 이화가 창기라는 사실 때문이다. 형근에게 이화는 그녀가 창기가 되었다는 사실 때문에 옛날 이야기에 나오는 음부 독부로 보일 뿐이고 간악하고 음탕한 것만이 있는 죄악의 화신으로 간주된다. 그는 그녀를 죄인처럼 여기고 추악하다고 생각한다. 그러나 이화를 바라보는 서술자의 시선은 지형근과는 다르다. 서술자는 지형근의 심리와 태도가 현실인식이 박약한 순진한 태도라고 비판한다. 특히 서술자는 이화가 왜 창녀가 되었는지에 대한 원인을 사회적・환경적인 문제를 고려해서 판단해야 한다고 지적한다. 서술자는 지형근이 이화가 창기라는 사실에만 고착되어 그녀를 옛날 이야기에 나오는 음부 독부로 일반화시키는 단순함에서 벗어나 이화가 창기가 될 수밖에 없었던 사회적 원인에 주목하면서 환경의 문제를 해부하고 관찰해서 판단할 수 있어야함을 서술한다. 서술자에 의하면 이화가 창기가 된 것은 환경 때문이며, 이것을 알기 위해서는 환경을 해부하고 관찰하고 판단할 능력이 필요한 것이다.

이러한 서술자의 태도는 앞서 살펴보았던 『무정』의 서술자와도 다르다. 『무정』에서 영채가 계월향이 된 이유에 사회적인 이유가 제기되지는 않았다. 영채가 기생이 된 것은 아버지의 죽음과 아버지를 구하기 위해서라는 가족사적이고 개인적인 동기라는 측면에서만 서술되었다. 그러나 이 작품에서 서술자는 이화가 기생이 된 이유를 개인적인

---

18) 나도향, 앞의 책, p.322.

측면에서만 바라보는 작중 인물을 비판하면서 '사회적인 원인'을 파악해야 할 것을 분명히 밝힌다.[19] 서술자는 한 개인이 더구나 여성이 기생이나 창기와 같은 매춘 여성이 되는 것은 더 이상 개인적인 운명 탓이기보다는 사회적으로 더 큰 원인이 있음을 분석해야 한다고 말한다. 이처럼 이 작품에서 서술자와 주인공 형근의 현실 인식은 계속 대립된다.

착한 자는 언제든지 착하고 악한 자는 언제든지 악하다는 숙명론적인 인생관을 가진 형근에게 이화는 팔자를 창기로 타고났으므로 창기일 수밖에 없는 인물인 동시에 자신의 잘못 때문에 '다 썩은 존재'이기도 하다. 또한 형근에게 이화는 오직 음탕하고 간악한 창기로 인간성이 박탈당한 존재이다. 자신도 노동자로 전락한 인물이면서도 그는 이화가 창기가 된 것을 자신과 같은 전락으로 보기보다는 도덕적 타락으로 파악한다. 따라서 형근에게 있어서는, 이화를 타락으로부터 벗어나게 하기 위해 필요한 것은 '돈'이기보다는 '교훈'이요 '가르침'이다.

> ⑥ 『왜 당신이 이런 것을 하고 앉았던 말이요?』
>
> 형근은 젓가락짝으로 상머리를 두들기며 엄연하고 간절한 말로 말을 하였다.
>
> 『당신도 당신 아버지와 당신 집을 생각해야죠.』
>
> 형근의 말은 틀은 잡히지 않았으나 꾸밈이 없고 진실하고 힘이 있었다.
>
> 『나는 이런 데서 당신을 보는 것이 우리 누이를 보는 것보다 부끄러워요.』 이화의 가슴 속에는 대답할 말이 많았을 것이다. 그러나 그는 말이 없었다. …(중략)…

---

19) 물론 이 과정에서 서술자의 직접적인 서술이 작가 개입과 같은 역할을 하여 작품의 전체적인 통일성에는 부정적 효과를 미쳤음을 인정해야 한다.

이화는 그 「마음을 고칠 수 없겠소?」하는 소리를 듣고 형근을 기가 막히다는 듯이 쳐다보았다. 그러더니 안타까움에서 나오는 눈물이 그의 두 눈에 진주같이 고였다.[20]

⑦ 형근은 이화가 우는 것을 볼 때 놀랐다는 것보다는 기적을 보는 것 같았다. 그에게 눈물이 있었을 리가 있으랴.[21]

⑧ 『대관절 이화가 왜 그렇게 울우?』

하고 물으니까 조주사라는 자는 손가락질을 하며 혀끝을 채고,

『허는 수 없어. 으례 그런 계집들이란 그런 것이 아뇨? 아마 노형이 전에 잘 살았다니까 지금도 전 같은 줄 알고 그러는 게지.』

『돈 먹으랴고?』

『암, 어떻게 그런 데서 구해나 줄까 하구 그러는 게 아뇨.』

『구허다니요.』

『지금은 팔려와 있지 않소.』[22]

인용 ⑥에서 형근의 철부지 아이 같은 말, 즉 현실인식이 결여된 말을 들은 이화의 태도는 묵묵부답이다. 이화는 자신을 바라보는 형근의 태도에서 더 이상 할 말을 잃어버린다. 그런데 이화에 대한 단순하고 평면적인 형근의 이해가 변하게 되는 계기가 인용 ⑦과 ⑧에 나타나 있다. 그것은 아무 말도 하지 못하던 이화가 어머니 이야기가 나오자 대성통곡을 하고, 이것을 지켜 본 형근이 이화의 눈물을 목격하게 되

20) 나도향, 앞의 책, p.323.
21) 나도향, 앞의 책, p.323.
22) 나도향, 앞의 책, pp.325~326.

면서부터다. 형근의 성격 변화는 이화와의 만남, 구체적으로는 이화의 울음을 통해서 시작된다. 형근은 이화의 눈물이 기적같았고, 그녀의 눈물이 신기하기만 하다. 그는 창기는 인간이 아닌 다른 부류의 존재라고 생각했기 때문이다. 그런 형근은 이제 창기도 울 수 있는 인간이라는 것 때문에 의식의 혼란을 겪는다. 지형근은 이화를 창기로 볼 것인가, 사람으로 볼 것인가 사이에서 갈등한다. 형근이 이화가 우는 이유를 조주사에게 묻자 조주사는 이화가 형근에게 자신을 구해줄 것을 기대하기 때문이라고 설명한다. 조주사 역시 이화의 울음을 창기의 울음으로 받아들였던 것이다. 그녀에게 눈물은 창기가 돈을 위해 몸을 파는 것과 같이 돈을 구하기 위한 수단일 뿐이다. 그녀의 눈물은 돈을 구하기 위해 고향 사람인 지형근에게 자신의 몸값을 구하고자 하는 것과 다를 바 없다. 조주사는 창기를 둘러 싼 성매매의 상황을 전혀 모르는 형근에게 성매매의 현실을 알려준다. 이제 그들은 이화를 '돈'과 관련하여 인식하기 시작한다.

⑨ 「조 주사 말이 참말이라 하면 이화에게도 어딘지 사람다운 데가 남아 있었던 것이지. 그러나 만리 타향에서 옛사람을 만났지만 시운이 글렀으니 낸들 어찌하나?」하며 개탄하는 맘으로 얼마를 걸어가다가, 「그러나 누가 창기 여자의 울음을 곧이 생각한담. 모두 못 믿을 것이지.」[23)]

⑩ 이화는 일개 창부다. 자기는 그래도 그렇지 않은 집 자손으로 힘들여 돈을 벌려는 사람이다. 그 차이가 너무 과한데 그는 의혹이 없지 않았다.[24)]

23) 나도향, 앞의 책, p.326.
24) 나도향, 앞의 책, p.327.

지형근은 창기에서 벗어나고자하는 이화의 마음을 헤아리면서 그녀에게 남아 있는 사람다움과 다른 한편으로는 그녀가 어디까지나 창기라는 현실 사이에서 갈등한다. 지형근은 드디어 이화를 구원해 줄 수 있는 게 '교훈'이 아니라 '돈'이라는 현실을 깨닫게 된다. 그러나 아직도 지형근의 의식 속에서 이화는 힘도 들이지 않고 정조를 파는 창부이며, 노동자인 자신보다도 성적으로 뿐 아니라 경제적으로도 타락한 인물이다.

이후 지형근은 이화를 만나기 위해 친구의 돈을 훔쳐 창기집에 가게 되는데 거기서 면서기 이주사와 싸우고 자신의 도둑질마저 들통이 나서 순사에 의해 구치소로 끌려간다. 돈을 벌려고 철원에 온 형근이 행세 있는 집안에서 노동자로 전락했고, 다시 이화라는 창기 때문에 도둑으로 전락하게 되는 것이다. 그는 도둑이 됨으로써 창기인 이화에게 가졌던 도덕적 우월성도 잃어버리고 만다. 22살의 순진했던 청년 지형근이 노동자에서 다시 죄수로 전락하는 과정을 보여주는 이 작품에서 지형근의 전락과 성격 변화를 이끈 인물이 창기 이화이다. 이화는 지형근에 의해서 사람이 아닌 다른 부류의 간특한 존재로 취급당하지만 오히려 이화와의 만남을 통해 파멸하는 인간은 지형근이다. 지형근은 이화를 구원해 주기는커녕 오히려 도덕적으로 타락, 결국 죄수로 전락한다.

이상과 같이 이 작품은 두 주인공의 타락을 통해 경제적 · 도덕적 · 신분적으로 타락해갔던 당대의 식민지 현실을 고발한다. 경제적 빈곤함은 양반집 출신의 두 남녀를 노동자와 창기로 전락시킨다. 그리고 노동자와 창기로 재회함으로써 노동자 지형근은 다시 한번 죄수로 전락한다. 그것은 경제적 파탄 뿐 아니라 도덕적 타락을 의미한다. 이러한 전락과 타락을 보여주기 위해 작가가 선택한 배경이 1920년대 본격적으로 진행되었던 성매매의 현장이다. 이 작품은 술집을 중심으로 창기들의 집단촌이 제시되고 있으며, 성매매의 현장에서 타락하는 노동자 지형근의 성격 변화를 형상화하는 동시에 창기가 주동인물로 설정되어 있다. 주인공인 지형근의 의식을 지배했던 노동자와 창기의 대립구조는 실제로는 당대 현실의 핍진함을 보여주는 동류항에 지나지 않았다. 노동자와 창기의 만남을 통해 식민화와 근대화로 진행되었던 조선의 현실을 서사화하는 동시에 창기의 삶을 본격적으로 다루었다는 점에서 이 작품의 성담론적 의의가 있다. 또한 이미 분석한 바와 같이 이 작품에서 창기가 주인공과 서술자의 서술 태도의 차이에 의해 사회적 존재로 인식되기 시작했다는 점 역시 간과할 수 없다. 즉 「지형근」에서 창기는 '운명'이나 '자신의 죄' 때문이 아니라 사회적 원인에 의해 매춘부가 된 인물로 등장한다.

「지형근」에서와 같이 과거에 이미 알고 지냈던 두 남녀가 세월이 지난 후 노동자와 매춘 여성으로 만나는 모티프는 **현진건의 「고향」**(1926)에서도 그대로 나타난다. 10여 년 전 청년과 여자는 대구에서 가까운 K군 H라는 외딴 동네에서 함께 자랐을 뿐 아니라 청년이 15세, 여자가 17세 때 정혼한 사이였다. 그러나 처녀의 아버지가 자신의 딸을 20원에 대구 유곽에 팔아 넘겼기 때문에 이후 소식이 두절된다. 청년은 서간도와 신의주와 일본 등지에서 노동자가 되어 생활하다가 다시 찾은 고향에서 예전에 자신과 정혼했던 여자와 재회한다.

> 처녀는 어떤 일본 사람 집에서 아이를 보고 있었다. 궐녀는 10원 몸값을 10년을 두고 갚았건만 그래도 주인에게 빚이 60원이나 남았었는데, 몸에 몹쓸 병이 들어 나이 늙어져서 산송장이 되니까, 주인 되는 자가 특별히 빚을 탕감해주고, 작년 가을에야 놓아 준 것이었다. 궐녀도 자기와 같이 10년 동안이나 그리던 고향에 찾아오니까 거기에는 집도 없고, 부모도 없고 쓸쓸한 돌무더기만 눈물을 자아낼 뿐이었다. 하루해를 울어 보내고 읍내로 들어와서 돌아다니

다가 10년 동안 한 마디, 두 마디 배워두었던 일본 말 덕택으로 그 일본 집에 있게 되었던 것이었다.

"암만 사람이 변하기로 어째 그렇게도 변하는기오? 그 숱많던 머리가 훌렁 다 벗어졌더마. 눈도 푹 들어가고 그 이들이들하던 얼굴빛도 마치 유산을 끼얹은 듯하더마."25)

10년 만에 고향을 다시 찾은 청년은 유곽에서 10년을 보내고 폐인이 되어 돌아온 여자를 만난다. 그는 「지형근」에서의 남자 주인공 지형근과는 달리 그녀를 반갑게 맞으면서 그녀의 처지를 자신의 처지와 같다고 생각한다. 인용에서와 같이 이 작품에서는 유곽에서의 10년을 통해 돈과 건강을 잃은 매춘 여성을 등장시켜, 그녀의 피폐한 현실을 통해 고향의 패망을 보여준다. 이 작품에 등장하는 여인은 당시 작품 중에서는 유일하게 유곽에서 지내던 시절의 모습을 적나라하게 보여준다. 그녀에게는 더 이상 '머릿기름'이나 '분내'가 아니라 벗겨진 머리와 유산을 끼얹은 듯 한 얼굴과 몹쓸 병이 생긴 몸이 있을 뿐이다. 일본인 성매매 지역이었던 유곽에서 일본인들에 의해 10년을 성매매로 고통당한 그녀는 그곳을 벗어난 후에도 거기에서 배운 일본어로 일본집의 아이 보는 여자가 되어 생계를 이어간다. 이러한 그녀의 비참한 모습을 보고 주인공은 '가슴을 짜는 듯한 괴로운 한숨과 슬픔'을 느낀다. 「지형근」에서는 이화라는 인물을 통해 조선인을 상대로 한 창기의 삶을 보여주었다면, 「고향」에서는 일본인을 상대하는 대구 유곽에서 10년을 창녀로 지내다 서른 살이 되기도 전에 폐인이 된 한 여자를 통해 비참해진 조선의 현실을 고발한다.

식민지 기간 동안 가장 근대적인 소설에 접근한 한국의 소설가로

25) 현진건, 「고향」, 『고향(한국남북한문학100선)』, 일신서적, pp.242~243.

평가받는 **염상섭**은 제도적 장치로서의 일본의 근대와 근대소설이 일정한 단계의 한국의 역사적 현실 및 문학과 충돌하고 있는 풍경을 내면의 형식으로 표현해낸 작가[26]이다. 당시 가장 근대적인 소설이라고 평가받는 그의 작품에서 기생을 비롯한 성매매 문제는 자주 등장한다. 우선 그의 처녀작인 **「표본실의 청개구리」**에 나타나는 성매매 공간과 인물들의 성격을 밝혀 보면 다음과 같다.

「표본실의 청개구리」는 1921년에 『開闢』지에 발표된 염상섭의 처녀작이다.[27] 성담론의 입장에서 염상섭의 소설은 유곽의 발견과 유곽으로의 여정이라고 해도 과언이 아니다. 유곽은 일본인 전용 창녀촌을 말한다. 조선인이 가는 곳은 창녀촌(娼女村)이라 했다.[28] 「표본실의 청개구리」는 유곽으로 가는 여정을 통해 진행된다. 1인칭 주인공 서술자인 '나'는 H와 함께 개구리처럼 철저하게 감시당하고 있는 식민지 조선의 서울을 떠나 평양에 도착한다. 그리고 다시 대동강 하구의 남포항에 도착한다. 이곳에서 주인공이 만나는 인물이 '김창억'이다. 김창억은 3원 50전을 들여 삼층집을 짓고 그곳에서 사는 광인이다. 광인은 근대적인 담론 안에서 존재한다.[29] 즉 김창억은 근대라는 사회 구

---

26) 이동재, 「20세기의 한국소설에 나타난 근대적 집의 형성사 연구」, 고려대 박사학위논문, 1999.6, p.39.
염상섭 소설의 내면의 형식이라는 특징은 김윤식의 연구에서 그의 초기소설의 특징을 '고백체로서의 내면풍경'으로 명명한 것과 일맥상통한다. 김윤식에 의하면 염상섭의 초기 소설의 특징은 내면풍경의 드러냄이고 고백 형식의 발견이다.
김윤식, 『염상섭 연구』, 서울대학교출판부, p.188.

27) 염상섭의 처녀작에 대해서는 이견이 있다. 김종균은 작품 말미에 '1919년 10월 26일'이라고 쓴 작가의 기록을 중시하여 「闇夜」가 처녀작이라고 주장하고 있으며, 김윤식은 「闇夜」의 내용 중에 1920년에 창간된 『廢墟』 이야기가 나오는 것을 중시한다.
김종균, 『염상섭 연구』, 고려대학교출판부, 1974, p.86.
염상섭, 『염상섭 연구』, 서울대학교출판부, 1987, pp.163~167.

28) 김정동, 『문학속 우리 도시 기행』, 옛오늘, p.66.

29) 푸코에 의하면 광기는 근대적인 담론이다. 그에 의하면 근대인들은 이성/비이

조 안에서 태어난 인물이다. 광인 김창억은 식민지 시대 조선인을 가리키며, 서구의 근대와 충돌하여 갈등을 겪고 있는 조선인의 모습을 상징한다. 그런데 그가 기거하고 있는 곳이 바다가 볼 수 있게 만들어진 유곽 뒤의 3층집이다.[30] 그의 집이 바다를 볼 수 있는 3층집으로 지어졌다는 것이 식민지 근대 공간의 답답함을 넘어서려는 의도였다면, 그의 집이 유곽 뒤라는 것은 그가 살아가고 있는 현실적 공간을 상징한다. 광인 김창억이 3층집을 유곽 뒤에 지은 동기는 우선 자신의 집 나간 부인이 그곳에 있으리라는 기대와 그의 아내가 밤이 되면 그곳에서 돌아오리라는 광기의 발산 때문이다. 광인 김창억을 찾아가면서 주인공 '나'와 H는 유곽을 발견한다.

⑪ 나는「이것이, 遊廓이야?」하며, 左便을 가르쳣다. 方今電氣가 들어온 軒燈이, 日字로 총총들이박인 사이로, 沐浴湯에서돌아오는 얼굴만 하-얀 怪物들이, 化粧品을 담은 大也를들고, 쓸쓸한골작이를 이리저리들어단이는것이, 浮華하다 함보다는 돌이어 凄凉히보엿다.[31]

성의 관계를 정신병리학적 언설로 개념화할 수 있는 계기를 마련하였으며, 광기를 전적으로 정신병 의사의 치료권한에 속하게 하는 권위주의적 제도의 탄생을 가능하게 하였다. 그는 근대인들은 더 이상 광인과 교통할 수 없으며, 이성의 인간과 광기의 인간 사이에는 공통의 언어란 존재하지 않는다. 우리 시대의 경우 광기에 대한 경험은 광기에 대해 너무 많이 알고 있으면서도 그것을 망각하고 있는 지식체 속에서 침묵당하고 있다. 따라서 푸코는 이성과 비이성의 거리를 확립시킨 단절의 지점을 극복하기 위해서도 광기라고 하는 타자성의 역사를 기술하고 이 타자성의 궤도에서 출발하여 타자성의 형태를 기술해야 한다고 주장한다.

미셸 푸코, 김부용 역, 『광기의 역사』, 인간사랑, pp.3~11, pp.73~90.

30) 이동재는 김창억의 3층집이 바다를 향해 있다는 점에 주목하여, 그 집이 서구 제국주의의 근대를 넘어서려는 야심의 표현이었으며, 결국 만인의 웃음거리가 되는 원두막 같은 집이 되어버렸다고 지적한다(이동재, 앞의 논문, p.43).

31) 염상섭,「표본실의 청개구리」,『염상섭전집 9』, 민음사, 1987, pp.21~22.

⑫ 時時刻刻으로솔솔나려안는 쌍검이에싸인荒野에, 遊廓에서, 가늘고 길게 흘러나오는 三味線소리, 濁하고 넓게퍼지는長鼓소리는, 惑은急하게 퍼지어서 惑은 느리게, 停車場으로 거름을재촉하는 우리의발뒤굼치들,어느 째까지 쏘차왔다.

컴컴하고 쓸쓸한北邙밋 찬바람에, 불리우며, 四肢를 오그리고 들어누운 三層집主人翁은, 저 長鼓소리를, 天堂의 왈쓰로듯는지, 地獄의阿鼻叫喚으로 깨닷는지, 나는 停車場門에 들어설째까지, 흘금흘금돌아다보아야 오즉 幽谷의妖火가튼 遊廓의電燈불이 暗黑가운대에 반짝어릴섇이엇다.32)

인용 ⑪은 '나'의 일행이 김창억의 집을 찾아가는 길에 처음 발견하게 되는 유곽의 정경이고, 인용 ⑫는 그곳을 떠나오면서 다시 보는 유곽의 모습이다. 인용 ⑪에서는 유곽의 길거리가 묘사되어 있는데 지붕의 추녀 끝에 매다는 헌등을 일자로 총총히 박은 동네를 연상할 수 있다. 지금도 집창촌에는 빨갛거나 분홍색 불빛이 켜지는 경우가 많은데 이미 그 당시부터 불빛을 이용하고 있었음을 알 수 있다. 단지 이 부분에 의하면 색보다는 '전기' 불33)이라는 것이 부각됨으로써 당시 유곽 지대가 근대화의 문물과 함께 번성하고 있었음을 암시해준다.34)

---

32) 염상섭, 「표본실의 청개구리」, 앞의 책, pp.29~30.

33) 1920년대는 서울에나 겨우 전기가 들어올 무렵이다. 지방은 아직 전기와 거리가 멀었다. 당시 전등 하나의 설치 가격은 약 5원, 본격적인 전기 시대라고 불리는 1930년대가 오기까지는 아직 이른 시기였다.
서울에서 전깃불, 전등의 역사는 1900년 4월 10일 종로 네거리에 가로등 3개가 세워지면서 시작되었다. 그래도 본격적인 가로등이 들어선 것은 1935년이 되어서였다(김정동, 앞의 책, pp.36~37).

34) 헌등이란 처마에 다는 등을 말한다. 유곽에 헌등이 켜지는 것과 같이 기생집에도 '장명등(長明燈)'을 달아놓았다. 장명등은 대문 밖이나 처마 끝에 달아두고 밤이 되면 켜는 유리등인데, 기생집 장명등에는 기생 이름을 써놓았다고 한다. 유곽에 켜져 있었던 헌등은 기생집의 장명등과 유사한 등이라고 할 수 있다. 창녀집이건 유곽이건 '밝은 전등불'은 그 지역의 중요한 특징이었다. 당시 성

일본식 유곽촌은 부산에 제일 먼저 들어왔다. 부산이 개항된 후 일본인이 몰려들면서 남자들을 위한 여자들이 필요해졌던 것이다. 1879년 말 나가사키현의 매춘업자가 부산에 유곽을 개설하기 위해 오사카에 예창기(藝娼妓)를 모집하러 갔다는 기사가 보도되었다. 1881년에는 부산에만도 100명이 넘는 일본 창녀가 활동했는데 이는 일본인 성인 남자 10명 당 1명꼴이 되는 숫자였다.[35] 이처럼 유곽은 항구와 대도시를 중심으로 번성하였으며, 이 작품의 배경인 남포 역시 마찬가지였다. 인용 ⑪은 유곽에서 살아가는 창기들에 대한 묘사이다. 유곽에서 사는 인물들 곧 창기들은 화장품을 담은 대야를 들고 다니는 '얼굴만 하얀 괴물들'로 묘사되고 있으며 그들을 보는 주인공은 '처량하다'는 한마디로 그녀들의 모습을 요약한다. 그것은 겉만 화려하고 실속이 없다는 비판적 거리까지도 뛰어넘은 시선이며 연민의 시선이기도 하다. 또한 그것은 전기불이라는 근대의 물결 속에서 하얀 괴물들로 변신한 식민지 조선에 대해 갖는 처량함이기도 하다.

인용 ⑫는 청각적 이미지를 통해 유곽을 묘사하고 있다. 가늘고 길게 흘러나오는 샤미센(三味線) 소리와 장고 소리를 통해 일제의 근대와 조선의 전통이 혼융되는 장소로서 유곽을 묘사한다. 장고 소리는 주인공 '나'를 끝까지 따라오면서 심기를 불편하게 한다. 그 소리가 천당의 소리일까 악마의 소리일까라는 질문은 김창억에게 던지는 질문이라기보다는 주인공 '나'가 스스로에게 던지는 질문이기도 하다. 전등불과 장고 소리로 표상되는 유곽은 서울의 답답함을 벗어나기 위해 떠난 주인공 일행이 맞닥뜨리게 되는 또 하나의 현실이며, 김창억이 늘 관찰하고 있는 삶의 공간이다. 후에 김창억은 자신의 3층집을 불사르고 평양으로 돌아간다. 결국 근대를 넘어서고자 했던 3층집은

매매 공간을 묘사하는 경우, 집 앞이나 큰 건물 층마다 내건 밝은 전등불이 등장한다(김정동, 앞의 책, p.24. p.78 참조).

35) 김정동, 앞의 책, pp.77~78.

소멸되고 남는 것은 3층집 앞에 있었던 유곽뿐이다.

이상과 같이 이 작품에서 유곽은 성매매가 이루어지는 장소라는 일상적 의미 뿐 아니라 전기불이라는 근대적인 산물과 함께 등장한 식민지 조선의 피폐한 현실의 축소판이라는 상징적 공간으로 등장한다. 또한 '유곽'은 인물들의 적극적인 행동과 사건이 펼쳐지는 배경이라기보다는 발견하고 관찰되어지는 장소로 존재한다. 그곳에서 기거하는 인물들도 아직까지는 관찰의 대상으로서 존재할 뿐이다.

이제 유곽에서 성매매를 하는 기생 인물들이 그의 소설에서 어떻게 형상화되고 있는지를 확인해 보자. 염상섭의 작품에서 기생이 등장하는 작품은 **「전화」**(1925)이다. 이 작품의 공간적 배경은 이주사의 집이다. 그러나 그 집은 '전화'가 새로 설치되었다는 점에서 예전의 '집'과는 다르다. '전화'는 유곽이나 다른 성매매 공간에 가지 않아도 집에서 '기생'을 만날 수 있게 만들어주는 역할을 한다. 따라서 본고에서는 '전화가 설치된 집'이라는 점에 주목하여 전화와 인물들의 관계를 중심으로 이 작품의 성담론적 성격과 의의를 살펴보겠다.

이 작품에 등장하는 성매매 인물은 기생 '채홍'이다. 그녀가 이주사 부부 사이로 끼어들 수 있었던 것은 전화 때문이다. 전화는 이 작품에서 성적인 도구다. 기생 채홍에 대한 직접적인 인물묘사는 찾을 수 없다. 그녀의 성격은 전화를 매개로 해서 드러난다. 전화는 이 주사 집을 성매매의 공간으로 확대시켜주는 역할을 할 뿐 아니라 인물의 성격까지 보여주는 기능을 한다. 즉 이 작품에서 전화는 공간적으로는 성매매 공간을 집으로 확대시켜주며, 기생 채홍을 다른 인물들과 연결시켜주는 매개가 될 뿐 아니라, 기생 채홍의 성격을 드러내주는 역할을 한다. 또한 전화와 채홍과의 관계를 통해 근대의 새로운 기계 문명과 자본주의 사회로의 진입으로 본격화되는 성매매 문제가 충돌하는 단서를 보여준다.

서사의 진행은 '전화'를 중심으로 전개된다. 사건의 발단은 이 주사 부부가 자신의 집에 전화를 설치하면서 비롯된다.[36] 이 주사 부부는 전당포에 '옷'까지 잡혀서 전화를 마련한다. 물론 당시에는 돈이 필요한 경우 옷이나 기타 물건들을 전당포에 맡기고 돈을 빌리는 경우가 흔했다. 따라서 옷을 잡히고 전화를 설치했다는 상황은 개연성이 있다. 그러나 옷이 갖는 상징적 의미 역시 간과할 수 없다. 옷의 착용은 인간이 다른 동물과 구별되는 특징 중 하나이며, 인간인데도 옷을 착용하지 않으면 미개인 취급을 받게 되는 기준이 되기도 한다. 옷은 인간의 신체를 보호하는 기능 뿐 아니라 사회생활에 필요한 체면과 예의를 갖추기 위한 의례·표지(標識)·유별(類別) 등의 목적을 가진다. 또한 옷은 문명의 상징이기도 하다. 따라서 이 작품에서 옷과 전화가 교환되었다는 것은 사회 변화 즉 사회가 바뀌었음을 상징한다. 이전 사회가 '옷'으로 신체보호와 사회적 기능을 수행했다면 새로운 사회는 옷 뿐 아니라 '전화'를 통해 그 역할을 행할 수 있다. 옷으로 표상되는 사회에서 전화로 표상되는 사회로 바뀌었으며, 이러한 새로운 사회로

---

36) 한국에서 전화가 사용되기 시작된 것은 1898년 당시 궁내부(宮內部) 주관으로 궁중에서 각 아문(衙門)과 연락을 위해 덕수궁에 전화시설을 마련하여 각 아문은 물론 인천에 있는 감리소(監理所)에까지 전화를 개통하면서부터다. 당시의 전화는 덕률풍(德律風) 또는 득률풍(得律風)·전어기(傳語機) 등으로 불렸다. 1902년 3월 서울~인천 사이의 전화가 가설되었고, 같은 해 6월 시내교환전화가 가설되었다. 1903년 부산에도 전화가 가설되었다. 당시의 전화기는 에릭슨사(社)에서 제작한 자석식 단식교환기와 벽괘형(壁掛型) 전화기였다. 1905년 한국 통신권이 일본에 의해 강탈당함에 따라 한국의 전화사업도 일본의 손에 넘어가, 8·15광복 때까지 40년간 일본인에 의하여 운영되었다. 당시의 시설은 각종 단식 교환기 40석, 벽괘형 교환기 8석, 시외교환기 6석이었다.
일제가 지배하던 40년간 한국의 전화는 그들의 식민정책과 대륙침략 정책으로 많은 발전을 보았으나 그 대부분은 관용이었으며 민간이 사용한 전화도 대부분 일본인이 점유하였다. 교환방식은 자석식에서 공전식으로, 다음에 자동식으로 바뀌었다. 1935년 자동식으로 ST식이 채택되었다. 8·15광복과 더불어 한국 통신권이 부활하여 강한 의욕을 가지고 전화의 운용에 힘썼으나 6·25전쟁으로 전화시설은 막심한 피해를 보았다(『두산세계대백과사전』 '전화' 참조).

의 변화가 '옷'과 '전화'의 교환을 통해 상징화되고 있다. 또한 신체를 보호해주고 사회적 위상을 정립시켜 주는 옷까지 잡혀서 전화를 설치한 것은 전화가 옷이 해 주었던 기능 이상을 하리라는 이 주사 부부의 기대 때문이다. 이 기대는 전화로 표상되는 근대 사회에서 근대인으로서의 정체성을 획득하고자하는 욕망의 표출이다. 따라서 이 작품에서 '전화'는 새로운 근대사회의 산물로서 사회의 변화와 개인들의 사회적 욕망을 드러내는 상징이다.

그러나 옷과 전화의 교환에서 다시 전화가 기생 채홍이와 연결되면서, 전화의 성격은 근대의 표면적인 상징에서 이면적 상징으로 옮아간다. 전화를 놓은 후, 남편과 전화로 통화하는 것이 유쾌하고 신기하기만 하던 아내는 기생 채홍의 전화 때문에 새로운 갈등에 직면한다.

> 「그 비러 먹을 전화, 내 있다가 떼어 버려야지! 기생년 하구 새벽부터 시시덕거리구 이야기 하자구 옷을 잡혀가며 맸드람? 참 기가 막혀서! ……그럴테면 마루에 매지 말구 아주 저 방속에다가 맬 일이지……」37)

이 주사 부부의 새로운 즐거움이었던 전화가 이제는 불화를 일으키는 요소가 된다. 그것은 기생 채홍이가 전화를 걸어서 남편 이 주사와 이야기를 하게 되었기 때문이다. 전화는 남편이 기생집에 가지 않아도 집과 기생을 연결해주는 도구로 변신했다. 기생 채홍이에게 온 전화는 기생 채홍이와 동격이 되고 만다. 이는 이 주사 부인이 예상하지 못했던 현상이다. 남편 역시 흥분하는 아내의 분을 풀고 더 이상 가정의 평화를 깨지 않기 위해서 채홍이에게 전화를 하지 않겠다고 하지만38)

---

37) 염상섭, 「전화」, 『염상섭전집 9』, 민음사, 1987, p.162.
38) 「전활랑은 아예 걸지 말게. 그러다가는 우리집 마나님께 이혼 당할까 무서우이」(염상섭, 「전화」, 앞의 책, p.165).

채홍이로부터 온 전화를 거부하지는 못한다. 그러면 그럴수록 아내는 모든 것을 전화 탓으로 돌린다. 전화는 기생 채홍이를 집 안으로 끌어오는 도구이며, 이 주사 부부에게 기생 채홍이는 전화의 순기능을 악기능으로 변질시키는 인물로 드러난다.

> 「……어쨌든 난 몰라요, 오늘루 죄다 찾어 줘요. 자식두 없는 년이, 밤낮 할 것 없이, 혼자 웅크리구 들어 앉어서 갈보년의 전화 시중이나 들구.……이 집에 전화 교환수루 들어왔읍디까? 난 갈테애요!……」[39)]

이 주사 부인에게 기생 채홍이는 신식 기계 전화를 통해 등장하는 인물이며 '기생년'이요 '갈보년'으로 불린다. 그녀는 채홍이를 '갈보년'이라고 부르면서 채홍이에게서 오는 전화 때문에 결국 전화 자체를 떼어버린다. 채홍이가 부정적인 인물로 나타나기는 남편 이 주사에게도 마찬가지다. 채홍의 집에 간 이 주사는 전화를 받으러 간다는 핑계를 대고 채홍이가 나가버리자, 그녀를 김장과 장작 값 때문에 이 사람 저 사람의 등을 처먹는 파렴치라고 생각한다. 또한 이 주사는 채홍의 손님으로 온 김 주사 역시 불쾌하게 생각한다.

> 김장값, 장작 바리에 몸이 달아서 그랬다 하드라도 같이 다니는 김가, 이가를 놓고 이등 처먹고, 저등 처먹고 하는 채홍이란 년은, 치지도외요, 김가란 놈이 더 괘씸하였다.[40)]

이 작품에서 기생 채홍은 근대의 새로운 기계 문물의 상징인 전화와 매개되면서 새로운 기계의 부정적인 효과를 드러내 주는 인물이다.

---

39) 염상섭, 「전화」, 앞의 책, p.172.
40) 염상섭, 「전화」, 앞의 책, p.178.

'기생년'이자 '갈보년'이라는 이 주사 부인의 말에서 드러나듯이, 그녀는 전통적인 기생과는 다른 1920년대 창기였음을 알 수 있다. 채홍은 김장값과 장작값을 위해 한 가정의 평화를 흔드는 인물이요, '이등 처먹고 저등 처먹는' 파렴치한이다. 그런데 그녀의 이러한 행각을 가능하게 해 주는 것이 바로 전화이다. 이 작품은 전화와 기생의 관계를 통해서 근대의 기계 문명을 통해 파급되는 성매매의 새로운 변화를 보여준다. 또한 전화와 기생의 결합을 통해 근대 기계 문명이 성매매에 미치는 부정적인 영향을 제시하고 있다는 점은 다른 작품에서 볼 수 없는 성담론으로서의 특징이다. 즉 전화와 성매매의 결탁은 '집'을 성매매 공간으로 확대시켰던 것이며, 새로운 문물을 상징하는 전화는 가족의 안식처인 가정의 공간적 성격의 변화를 주도한다.

「전화」보다 2년 후에 발표된 **「남충서」**(1927)는 일본 기생이 등장한다는 점에서 주목을 요한다.[41] 이 작품의 주인공 남충서의 생모는 일본 기생 '미좌서'이다. 남충서는 어려서부터 본실 부인한테 길러졌다.

---

41) 염상섭의 작품에서 일본 기생이 나타나는 작품은 이 작품 외에도 「너희들은 무엇을 어덧느냐」(1924)가 있다.
「남충서」에서는 일본 기생 출신의 유부녀 미좌서가 등장하면서 일본 기생에 대한 묘사와 작가의 의식이 드러나는데 「너희들은 무엇을 어덧느냐」에서는 실제로 일본 기생 인물이 등장하지는 않는다. 다만 조선의 기생인 '홍련이'가 바둑판을 휘저어 놓는 것을 보고 '일본 기생 가트면 이리는 일은 업지'라는 대화를 통해 일본 기생을 조선 기생보다 좋게 생각하는 당시 남성들의 의식이 나타날 뿐이다(염상섭, 「너희들은 무엇을 어덧느냐」, 『염상섭 전집 1』, p.248). 특히 이 부분에 대한 류양선의 분석은 주목을 요한다. 그에 의하면 이 대목은 염상섭을 비롯한 일본 유학생 출신 지식인들의 일본 지향이 얼마나 강렬한 것인지를 말해 주는 부분이다. 이어 그는 기생의 예의에서부터 출발하여 조선 기생과 일본 기생의 차이를 말하고, 또 그것을 확대하여 조선 여성들의 문제점을 이야기한다는 것은 사실상 조선 사람 혹은 조선 사회 전체의 낙후성을 암시하는 것이라고 밝힌다(류양선, 「근대지향성의 문제와 현실 뒤집기의 수법」, 권영민 편, 『염상섭 문학연구, 염상섭 문학전집 별권』, 민음사, pp.139~140).

본실 부인이 죽자 남충서의 생모는 남충서의 아버지인 남상철에게 자신을 민적에 올려달라고 요구하지만 남상철은 이를 피한다. 일인과 한인 사이에서 태어난 남충서가 자신의 정체성을 찾지 못하고 갈등하는 내용인 이 작품에서 갈등의 주원인은 생모 미좌서 때문이다.

미좌서는 기생이었는데, 남충서의 아버지를 만나 그의 첩이 된 여인이다. 일본 기생이었지만, 좋은 가문 출신의 처자였다. 그녀는 '막우된 상사람의 씨'가 아니다.[42] 남충서 아버지의 첩이 되어 남충서와 딸을 낳아 기르면서 조용히 지내던 그녀에게 본실 부인의 죽음은 새로운 갈등과 욕망을 불러온다. 그녀는 남편에게 자신이 본실 부인의 자리에 앉아 큰집을 차지하도록 해 줄 것을 요구한다. 그녀가 큰집을 차지하려고 하는 이유는 미좌서 자신뿐 아니라 자식들의 지위와 장래를 위해서이다.[43] 이 작품에서 일본 기생 출신인 미좌서의 모습은 너무도 당당하다. 그녀가 갖는 당당함이 남충서의 생모로서의 당당함일 수 있지만 이 시기 다른 어떤 작품에서도 볼 수 없는 기생 출신 부인의 당당한 모습이 특이하다. 그녀는 자신의 처지에 대해 당당할 뿐 아니라 자신의 욕망과 요구를 주장하는 데 있어서도 당당하다.[44]

---

42) 그녀의 집안에 대해 작품에서 서술하고 있는 부분은 다음과 같다.
'미좌서의 전신이 **기생일망정 가문이 그리 막우된 상사람의 씨가 아니니만큼** 팔중자도 상당한 교육은 바든 모양이다.'
염상섭, 「남충서」, 『염상섭 전집 9』, 민음사, p.165.

43) 염상섭, 「남충서」, 앞의 책, p.166.

44) 염상섭의 당시 소설 중에는 특히 모성을 주제로 한 작품들이 있다. 「난 어머니」(1925), 「사랑과 죄」(1926~1927) 그리고 「남충서」(1927)이다. 이 작품에서는 기생 출신의 미좌서에 대한 이야기가 나타나기는 하지만 남충서가 생모 미좌서와 기른 어머니 사이에서 갈등하는 내용을 중심으로 전개된다. 미좌서가 기생이라는 점을 제외한다면 이 작품의 모티프는 「난 어머니」와 유사하다. 생모와 양모 사이에서의 갈등이 그렇고, 생모보다는 양모에 대한 애정과 신뢰의 회복이라는 전개가 또한 같다. 그리고 보다 근본적으로 생모가 첩이어서 자신들을 기를 수 없었던 현실적 어려움이 있었음에도 불구하고 그러한 생모의 입장보다는 생모들이 본부인이 되고자 하는 욕망이 부정적으로 형상화되고 있다는 점 역시 동일하다.

마지막으로 이 작품에서는 기생과 여학생의 갈등이 나타난다. 일본 기생 출신이었던 미좌서가 민적에 오를 수 있는 본부인이 되고자하는 데 있어 새로운 경쟁자로 등장하는 인물이 여학생 출신 신여성인 충희 남매의 이모다. 염상섭의 작품에서는 신여성과 기생이 대립하는 모티프가 자주 등장하는데, 이 작품에서도 일본 기생 출신의 미좌서는 신여성과 대립한다. 물론 결말은 여학생 출신 신여성 충희 남매 이모의 승리이다.

기생과 여학생의 대립구도는 염상섭 소설에서 빈번하게 나타나는 특징이다. 염상섭은 자신의 작품에서 여학생에 대해 부정적으로 형상화하고 있으며, 그의 작품에서 여학생들은 자신들을 기생과 비교하면서 상대적인 우월감을 느끼는 경우가 많다. 여학생의 눈에 비친 기생이 어떻게 형상화되고 있는지를 크리스마스 이브에 남편으로부터 용서의 편지를 받고 자신의 참회를 고백하는 답장으로 구성된 작품인 **「제야」**(1922)에서 찾아보면 다음과 같다.

> 蓄妾은 離婚防止라는 名目下에, 藝妓는 實業家의社交 志士의 慰安 三文文士의 人間學硏究 藝術家의 耽美라는 美名下에, 非道는 正道가 되고 墮落은 社會政策이오 事業의 手段이요 學問의 好材料가 되지안는가. 그러나 가장두렵은것은 人間性의根本的墮落인것을 厥者들이 알싸닭이잇느냐. 적어도 나는 人間性의第一 아름답은部分만은 팔아먹지안핫다는自信이 잇다.[45]

염상섭의 작품에 나타나는 어머니들은 다양하다. 그리고 그 어떤 어머니도 근본적으로 이상적이지 않다. 염상섭은 부정적인 어머니 상을 보여줌으로써 오랫동안 이상시 되어왔던 모성 이데올로기의 분열을 보여주는 동시에 모성으로서보다는 남편의 아내로서의 자리를 확고히 하고자 하는 여성 욕망을 비판적으로 제시하고 있다.

45) 염상섭, 「제야」, 앞의 책, p.62.

인용에서 주인공은 축첩과 예기들에 대해 비판하면서 자신을 옹호한다. 앞서 밝힌 바와 같이 「제야」에서는 기생 인물이 등장하지는 않지만, 여주인공의 서술을 통해 기생의 삶과 사회적 인식이 소개되고 있다. 주인공은 당시 사회에서 예기가 실업가의 사교, 지사의 위안, 삼문문사의 인간학연구, 예술가의 탐미라는 미명 하에 만연되고 있으며 이에 따라 인간성의 타락이라는 결과를 초래함을 직시한다. 그리고 여학생인 자신은 그런 예기들과는 달리 인간성의 제일 아름다운 부분을 팔아먹지 않았음을 자부한다. 즉 여학생의 눈에 비친 예기의 삶은 인간성의 가장 아름다운 부분을 팔아먹는 부류들로 치부되고 있다. 인간성의 가장 아름다운 부분이 무엇인지를 직설적으로 말하고 있지는 않지만, 그것은 예기들이 '팔아먹는다'는 '성'과 '사랑'이다. 자유연애, 사랑이 신여성들에게 최고의 이상이었던 1920년대 현실에서 성과 사랑을 팔아먹는 예기들, 성매매 여성들이 그들에게 시대 이념에 거슬리는 악의 대상이었음은 염상섭의 작품을 통해서도 확인되는 바이다.

2. 여학생 인물의 성격과 생활 공간

식민화와 더불어 시작되었던 우리의 근대화는 무엇보다도 여성의 변화에서부터 비롯되었다. 특히 신여성들은 여성의 변화의 주인공이었다. 그들은 새롭게 부상했던 여성들이었을 뿐 아니라 누구보다도 성담론의 논의들을 통해 성적 평등과 해방을 주창하였고, 그러한 삶을 지향했다. 그들의 주장과 삶의 방식은 잔존하고 있었던 봉건적인 문화 속에서 비난과 힐책의 대상이 되기도 했다. 그러나 신여성들은 식민화와 근대화로 향하던 시대 현실을 자신들의 성을 통해 살아냈던 인물들이기도 하다.

1920년대 사회주의 사상이 유입되고 자본주의의 모순에 대한 인식과 현존하는 사회 부조리에 대한 혁명적 전복의식이 팽배해지면서 신여성들의 반사회적이고 파괴적일 만큼 대담한 여성해방 의식은 더욱 커져갔다. 당시까지도 봉건적인 인식이 잔존했던 사회에서 신여성들은 성을 해방시키자는 주장만으로도 선지자적인 지위를 점할 수 있었다. 사회주의가 사상을 배경으로 지하운동을 하던 지식인들의 주변에는 소위 '맑스 껄' '엥겔스 레듸'라 불렸던 신여성들이 있었으며 이들은 특히 성에 대한 가치관에서도 진보적이었고, 1920년대 '붉은 연애의 주인공'들이었다. 이들의 과감하고 자유분방한 행동은 '혁명과 진보'를 위한 행동양식으로 읽혀지면서 섹슈얼리티와 관련된 가치관을 비난과 조롱의 대상이 아닌 경의와 부러움의 대상으로 삼을 수 있게 한 추동력이 되었다.

이 장에서는 이들을 모델로 한 당시 소설들에서 신여성들이 어떻게 형상화되고 있는지를 확인하고, 이를 통해 드러나는 작가 의식을 밝혀보고자 한다. 성담론의 입장에서 1920년대를 전후한 시기의 소설 속에 등장하는 여학생 인물들은 중요하다. 당시의 소설에서 기생들을 비롯한 매춘 여성들과 여학생을 비롯한 신여성들에 관한 담론들이 풍부하였을 뿐 아니라 이 두 인물군의 성격이 서로에 대한 대타의식을 통해 형상화되고 있었기 때문이다. 두 인물군에 대한 각각의 분석 뿐 아니라 두 인물군의 상호 관련성 하에서만 두 인물군을 심층적으로 파악할 수 있다는 것 역시 당시 한국 소설의 특징이다. 1920년대를 전후하여 소설 속에 등장하는 기생들과 여학생들은 때로는 대립적이기도 하고 때로는 동일시되기도 한다. 따라서 본 장에서는 여학생들의 형상화 방식을 확인하고, 당시 소설에 나타나는 여학생들과 성매매 문제를 공간에 대한 분석과 함께 분석하고자 한다.

1920년대를 전후한 시기에 여학생이 주인공이나 주동 인물로 등장하는 소설로는 김동인의 「약한자의 슬픔」(1919)을 비롯하여 이광수의

『재생』(1924), 「H군을 생각하고」(1924), 염상섭의 『해바라기』(1923), 『너희는 무엇을 어덧느냐』(1924), 「검사국대합실」(1925), 「남충서」(1927) 나도향의 「출학」(1921), 「젊은이의 시절」(1922) 등이다. 이 장에서는 이 중 김동인의 「약한 자의 슬픔」, 염상섭의 『해바라기』와 이광수·나도향의 작품을 중심으로 작품 속에 나타나는 여학생들의 성격과 작품의 나타나는 공간에 대해 논의하겠다.

김동인은 당시 자신의 소설에서 여학생을 본격적으로 주인공으로 등장시킨다. 「경희」나 『무정』 등 나혜석과 이광수의 작품에서 시대 의지를 지향하는 긍정적인 인물로 등장하던 여학생은 김동인의 작품에서부터 부정적인 인물로 나타나기 시작한다. 이는 두 방향에서 진행되는데, 하나는 여학생들의 타락이고, 다른 하나는 여학생들의 과거로의 복귀이다. 특히 여학생들의 타락은 성적인 문제를 통해 형상화되기 때문에 성적 타락이라는 면에서 기생을 비롯한 성매매 인물들과 유사한 특성을 보인다. 춘원과의 대타의식에서 비롯되었다고 알려진 김동인의 문학[46]은 성담론의 입장에서도 춘원의 문학과 대조적이다. 그는 1919년 일본에서 우리나라 최초의 문학 동인지 《창조(創造)》를 발간하는데 거기에 자신의 처녀작 **「약한 자의 슬픔」**(1919)을 발표한다. 기생 계월향이 여학생이라는 당대 사회의 이상향으로 상승할 수 있는 의지를 보여주고 있는 것이 『무정』이라면, 김동인의 「약한 자의 슬픔」은 여학생들의 성적인 타락을 보여준다는 점에서 '여학생의 기생되기'

46) 김동인(金東仁) 문학의 특성은 이광수(李光洙) 문학과의 대타의식에서 비롯되었음이 김동인 자신에 의해서 뿐 아니라 이후 많은 연구자들에 의해 지적되어 왔다. 김동인은 이광수의 계몽주의적 경향에 맞서 사실주의적(寫實主義的) 수법을 사용하였으며, 1925년대 유행하던 신경향파(新傾向派) 및 프로문학에 맞서 예술지상주의(藝術至上主義)를 표방하고 순수문학 운동을 벌인다. 한마디로 그의 1920년대 작품 세계는 이념과 계몽에 반발하여 예술지상주의를 추구한 것이었다.

라고 명명할 수 있다. 「약한 자의 슬픔」의 주인공은 강 엘리자베트이다. 엘리자베트는 재주와 용자(容姿)로 모든 동창들에게 존경과 시기를 받는 19세의 여학생이며 기독교인이기도 하다. 그녀는 근대 교육과 근대 종교 그리고 근대적인 외모를 갖춘 가장 이상적인 여인이다. 그러나 다음 인용에서와 같이 강 엘리자베트를 바라보는 이 작품의 서술자의 시선은 부정적이다.

> 여학생간에 유행하는 보법으로 팔과 궁둥이를 전후좌우로 저으면서 엘리자베트는 길로 나섰다.
>
> 그는 파라솔을 받은 후에 손수건을 코에 대어서 쏘는 듯한 콜타르 내음새를 막으면서 N통, K정[47] 등을 지나서 혜숙의 집에 이르렀다.[48]

서술자가 강 엘리자베트를 바라보는 시선은 냉소적이고 비판적이다. 이 작품에서 강 엘리자베트에 대해 향하는 비판적인 시선은 세 가지 사실에서 확인할 수 있다. 첫째, 주인공의 이름이 '엘리자베트'라는 이국 이름이라는 점이다. 당시 신여성들 사이에서는 서구 관습을 적극적으로 수용하면서 결혼한 여성들이 남편 성을 따른다던가, 서구식 이름으로 개명하는 것이 유행이었다.[49] 이런 경향은 서구화와 서양 관

---

47) 이광수의 『무정』이나 김동인의 「약한자의 슬픔」에서 길 이름은 모두 일본식으로 나온다. 1910년 한성부는 경성부로 바뀐다. 경성부는 1914년 행정구역을 새로 나누는데, 이때 도로 이름을 일본식으로 개정한다. '로(路)'라는 명칭은 종로 하나뿐이고 나머지는 '도리(通)'로 바뀌었다. 광화문통, 태평통, 남대문통, 의주통, 삼판통, 한강통 등이 그 예이다. '정(町)' 역시 일본식 거리의 단위이다(김정동, 앞의 책, p.30 참조).

48) 김동인, 「약한자의 슬픔」, 『한국소설문학대계 4』, 동아출판사, 1995, pp.11~12.

49) 당시 신여성 중에서 이처럼 미국식 이름을 가졌던 사람으로는 박 에스터(김정동), 김 미리사(차섭섭)을 들 수 있다. 그들은 한국의 이름 대신에 미국 이름을 새로 지었다.

습의 추수가 곧 근대화라고 여긴 피상적인 모방에 지나지 않았지만 당시 신여성으로서는 과거의 전통 사회와 다른 자신들의 정체성을 표현하는 방식이기도 했다. 그러나 김동인을 비롯하여 당시 문인들은 이러한 개명을 천박한 외국 문화 따라가기로 비난했다. 이 작품에서 역시 '강 엘리자베트'라는 이국 이름은 주인공이 신여성이라는 것을 알려주는 동시에 그들의 단순한 서구 모방을 드러내주고자 한 작가의 작명이라고 할 수 있다.

둘째, 위의 인용에서 나타나듯이 서술자는 그녀의 행동을 냉소적으로 묘사한다. 용자(容姿) 때문에 시기를 받을 정도라면 미모가 꽤 아름다웠으리라 추측할 수 있지만, 그녀의 외모에 대한 구체적인 묘사는 나타나지 않는다. 오히려 여학생 엘리자베트의 외모는 행동 묘사를 통해 드러난다. 인용에서와 같이 서술자는 엘리자베트의 걷는 모양과 소지품을 통해 그녀를 소개한다. 이 부분은 이 작품에서 엘리자베트의 외양에 대한 묘사한 유일한 부분이지만 서술자의 시선은 곱지 않다.[50)]친구 혜숙의 집으로 향하는 강 엘리자베트의 걸음걸이는 '궁둥이를 전후좌우로 저으면서' 가는 모습이고, 파라솔(양산)과 손수건을 들고 있다. 이러한 모습은 당시 신여성의 이국 취향을 보여주는 모습이다. 특히 '궁둥이를 전후좌우로 흔든다'는 묘사는 그들이 정숙하지 못한 선정적이고 관능적인 여인이라는 인상을 갖게 한다.

마지막으로 그녀의 성격은 K남작과의 만남을 통해 구체적으로 나타난다. 특히 그녀의 성격은 성 관계를 통해 형성된다. 또한 그녀의 성격 변화는 작품의 주제와도 직결된다. 이에 대해서 구체적으로 분석해 보면 다음과 같다.

---

50) 이것은 특히 작가 김동인의 의식이 반영된 것으로 볼 수 있다. 그는 누구보다도 신여성들에 대해 비판적이었다. 신여성들에 대한 악평은 문단의 김동인으로부터 비롯되었다고 해도 과언이 아니다. 그는 후에 신여성 김명순을 빗대서 「김연실전」(1939)을 쓰기도 했으며, 대표적인 신여성이었던 김명순, 나혜석, 김일엽 세 사람을 '작품 없는 문학생활에 골몰했다'고 비난하기도 한다.

근대 교육과 근대 종교의 수혜를 받고 근대적인 외모를 갖춘 이상적 인물 강 엘리자베트는 K남작의 집에 가정교사로 들어감으로써 위기에 처한다. K남작은 조선의 선각자로 자임하지만 남존여비사상(男尊女卑思想)을 고수하고 있는 전근대적 인물이다. 이 작품에서 그의 이름은 나오지 않고 이니셜과 남작(男爵)이라는 작위명(爵位名)으로만 소개된다. 남작은 5등작(等爵:公·侯·伯·子·男) 중에서 다섯 번째의 작위(爵位)를 말한다. 한국에서는 고려 초기부터 중국의 오작제도(五爵制度)를 들여와, 현남(縣男)이라 하였다. 이후 조선 시대 없어졌던 것이 일제강점기에 작위제도가 부활하여 1910년 조선 귀족령을 공포한 일제는 한국인 76명에게 작위를 수여하였다. 이 중 김사철(金思轍) 등 32명이 남작 작위를 받았으나, 8명은 반납, 또는 거절하였다. 이 작품에서 K남작은 일제로부터 작위를 수여 받은 귀족 중의 한 명으로 등장한다. 일제로부터 남작이라는 작위를 받았다는 것은 그가 그만큼 일제의 비호를 받을 수 있는 인물임을 의미하기도 한다.

엘리자베트는 자신의 재주 특히 학식과 외모 덕분에 K남작의 집에 가정교사로 들어갈 수 있었지만, 오히려 그 때문에 새로운 파멸로 치닫게 된다. 그 최초의 사건은 남작에 의한 강간이다. K남작은 자기 집의 가정교사인 강 엘리자베트를 강간하고, 일주일에 두 번씩 방문하면서 그녀와의 관계를 유지한다. K남작의 위선적인 삶이 강 엘리자베트와의 관계를 통해 드러나는 한편 강 엘리자베트는 K남작과의 관계에 의해 타락한다. 엘리자베트의 타락 과정은 성욕을 비롯한 성의 문제와 함께 제시된다. 특히 K남작으로부터 강간을 당할 때 엘리자베트의 반응과 그녀의 독백은 남작의 행위보다는 엘리자베트의 심리를 더 위악적으로 드러내준다. 남작에게 거절하지 못하고 첫관계를 하는 엘리자베트는 어느새 '별한 웃음- 애걸하는 웃음-거러지의 웃음'을 웃는 자신에 대해 '이것은 매춘부의 웃음, 매춘부의 행동이 아닐까?'[51]하는 자괴감에 빠진다. 남작의 행동에 대한 비난이나 남작의 심리는 드러나지 않은 채 엘리자베트의 웃음과 그녀의 자괴감이 나타날 뿐이다. 그런데 여기서 엘리자베트가 자신의 웃음을 '매춘부의 웃음'이 아닐까 하면서 자신의 매춘부적 기질을 인정하는 독백은 여학생인 엘리자베트가 내적으로는 매춘부의 기질이 있음을 보여주는 동시에 한편으로는 '매춘부'를 비하하는 엘리자베트의 의식 세계를 드러낸다. 이는 『무정』에서 '선형'이 영채에게 가지고 있었던 의식이기도 하다. 이러한 엘리자베트의 독백은 그녀 스스로가 강간 사건의 주범을 남작이라기보다는 자신의 매춘부적 기질 때문이라고 자임하는 것과 다르지 않다. 이후 그녀는 남작의 방문을 기다리게 되고 그가 오지 않으면 질투까지 느끼는 인물로 변한다. 여기서 나타나는 엘리자베트의 성격은 다음 두 가지를 통해 요약할 수 있다. 하나는 그녀가 성적 욕망에 눈 뜨고 그것을 추구하게 되면서 성욕을 표출하는 인간형으로 바뀌는 것이고, 다른 하나는 성욕을 통해 결혼한 K남작을 사랑하는 인물로 변모하는 것이다. 강 엘리자베트는 사랑에 대한 개방적 태도를 보이는 동시에 규범적 사랑을 부정하는 인물로 나타난다.

당시 여학생들에게 가장 큰 관심거리는 사랑이었고, 그들은 사랑주의자였다. 누구보다도 자유연애와 연애결혼을 주창하고 실천하고자 했던 여학생들에게 사상적인 배경이 된 것이 사랑이다. 사랑이라는 새로운 가치로 말미암아 여학생을 비롯한 당시 신여성들은 새로운 인간관계와 새로운 결혼 제도를 희구한다. 강 엘리자베트 역시 이러한 여학생의 전형적인 인물로 사랑을 추구하는데, 그녀에게 처음으로 사랑이라는 감정을 느끼게 한 인물은 이환이다. 그러나 이환과의 사랑은 관념적이고 추상적인 것이었다.

엘리자베트는 매일 통학할 때에 N통 꺾어진 길에서 H의숙 제모

---

51) 김동인, 「약한자의 슬픔」, 『한국소설문학대계 4』, 동아출판사, p.20.

> 를 쓴 어떤 청년과 만나게 되었다. 만나기 시작한 지 닷새에 좀 정답게 생각되고, 열흘에 그를 만나지 못하면 섭섭하게 생각되고, 이십일에 연애라 하는 것을 자각하고, 일 삭만에 그 청년의 이름을 탐지하였다.[52]

강 엘리자베트는 우연히 만나게 된 청년과 자신이 연애를 하고 있다고 상상한다. 두 사람 사이에 특별한 사건이 있었던 것도 아니다. 그런데도 그녀는 20일이 지나자 스스로 연애를 하고 있다고 자각한다. 연애는 상호적 관계 형성 안에서 이루어지는 남녀의 사귐이다. 그러나 강 엘리자베트의 경우 연애를 위해 가장 필요한 것은 사귐이 아니라 '자각'이다. 여기서 '자각'했다는 사실은 실제 연애 사건을 표현하는 것이 아니라 연애하고 싶은 그녀의 욕구와 욕망을 표출하는 것으로 보아야 한다. 이렇게 이환과의 사랑이 자각에 의해 엘리자베트의 의식 속에서 관념적으로 진행된 엘리자베트의 욕망의 표출이었다면, 남작과의 사랑은 구체적인 만남을 통해 진행된다. 하지만 남작과의 구체적인 만남의 시작은 '강간'에서 비롯된다. 때문에 이들의 관계는 그 시작부터 폭력성에 기반을 둔 것이기도 했다.

강간(强姦 rape)이란[53] 남성이 여성을 고의로 위협하고 억압하기 위해 조직적으로 행하는 정치적인 테러행위이다. 가부장제 아래에서 소유권을 침범하는 성적 범죄행위라는 강간의 개념은 1970년 초기 페미니즘 연구자들에 의해, 여성의 종속을 영속화시키고자 남성이 사용해 온 주요한 전술이자, 성차별적인 사회에서 온갖 남녀관계를 가리키는 은유라는 정의로 확대된다. 페미니스트들은 강간을 결혼의 원형이며,

52) 김동인, 「약한자의 슬픔」, 앞의 책, p.13.

53) 최근 여성학계에서는 강간이라는 용어보다는 '성폭력(sexual violence)'이라는 용어의 선택을 권장한다. 이 외 강간과 동의어로 강음(强淫), 겁간(劫姦), 겁탈(劫奪)이 있다.

남성에 의한 여성 억압의 실질적인 기반으로 간주한다.[54] 한국 사회에서도 강간은 오랫동안 범죄로 간주되었으나,[55] 여성이 싫다고 하면서 사실은 '원하고 있는' 것으로 취급되어 왔다. 따라서 강간이 범죄

---

54) 리사 터틀 저, 유혜련 역, 『페미니즘사전』(Lisa Tuttle, *ENCYCLOPEDIA OF FEMINISM*, 1986), 동문선, 1999, p.358.

55) 성범죄는 고대부터 처벌의 대상이었다. 그러나 성범죄는 단순히 개인의 성적 의사결정의 자유를 보호하기 위한 개인적 법익을 침해하는 범죄로서의 차원이 아니라, 음란성을 추방하여 성적 순결성을 보호하려는 사회적·국가적 이익을 우선적으로 고려하는 차원에서 이해되었다. 이러한 시각에서 로마법에서는 강간·근친상간·매매음(賣買淫)·간통 등을 범죄로 다루어 왔으며, 이러한 사정은 중세의 교회법과 계몽기 이후의 오스트리아·독일 등의 근대 형법에서도 마찬가지였다.

현재 우리 나라 형법은 강간과 추행의 죄(형법 2편 32장)와 성풍속에 관한 죄(형법 2편 22장)로 성폭력 범죄를 구분한다. 강간과 추행의 죄는 개인적 법익, 즉 개인의 성적 자기결정의 자유를 보호하기 위한 것이며, 성풍속에 관한 죄는 사회적 법익, 즉 사회 일반의 건전한 성도덕 내지 성풍속을 보호하기 위한 것이다. 성범죄가 강간과 추행의 죄와 성풍속에 관한 죄로 분리된 것은 성범죄의 자유화·합리화의 요구가 인식되기 시작한 비교적 최근에 이르러서이다. 현행 형법상 강간과 추행의 죄에는 강간죄(297조), 강제추행죄(298조), 준강간·준강제추행죄(299조), 강간 등에 의한 치사상죄(301조), 미성년자 등에 대한 간음죄(302조), 업무상 위력 등에 의한 간음죄(303조), 혼인빙자 등에 의한 간음죄(304조), 13세 미만인 자에 대한 간음·추행죄(305조) 등이 있다. 특별형법으로는 '성폭력범죄의 처벌 및 피해자보호 등에 관한 법률'상의 특수강도강간(5조), 특수강간(6조) 등이 있으며, '특정강력범죄의 처벌에 관한 특례법'상의 특별한 누범가중(2조 1항 3호·3조) 등이 있다. 성범죄의 규정들은 일반형법의 경우 대부분이 친고죄이지만, 특별형법의 경우 대부분을 비친고죄(非親告罪)로 규정함으로써 피해자의 고소가 없어도 공소할 수 있도록 하였다.

성풍속에 관한 죄에는 간통죄(241조), 음행매개죄(242조), 음란물죄(243~244조), 공연음란죄(245조) 등이 있다. 음란물죄와 공연음란죄는 사회 일반의 건전한 성도덕을 보호하기 위한 대표적인 규정이다. 간통죄에 관하여는 대부분의 학자·실무가들은 폐지를 주장하고 있다. 그러나 이익단체, 특히 여성단체들의 거센 반발로 현재까지 존속되고 있다. 음행매개죄는 특별형법인 윤락행위등방지법, 아동복지법 등과 함께 성의 상품화를 방지코자 하고 있다. 한국 형법에는 없으나, 외국의 경우 동성 간의 성교나 근친상간 등 부자연스러운 성행위나 부도덕한 성행위를 처벌하는 경우도 있다.

이상에 의하면 김동인의 「약한자의 슬픔」에서 K남작과 엘리자베트는 간통죄에 해당된다.

인가 아닌가의 여부 판단에 중요한 단서는 여성의 동의여부이다. 가부장제 아래에서 강간은 소유물을 침범하는 범죄, 즉 여성의 육체를 매개로 하여 남성이 다른 남성의 것을 침해하는 것으로 간주된다.[56)]

K남작은 강 엘리자베트를 강간한다. 이 작품에 나타나는 강간의 과정과 그에 따른 결과와 영향을 살펴보면 다음과 같다.

> 그는 남작의 시선을 피하면서, 별한 웃음－애걸하는 웃음－거러지의 웃음을 웃으면서 돌아누웠다. '아차!' 그는 세 번째 고함을 속으로 발하였다. '이것은 매춘부의 웃음, 매춘부의 행동이 아닐까……?' 몇 번 거절에 실패한 엘리자베트는 마지막에는 자기에게 대하여서도 정이 떨어지게 되었다. 그는 뉘게 대하여선지는 모르면서도 모르는 어떤 자에게 골이 나서, 몸을 꼬면서 좀 날카롭게, 그래도 작은 소리로 말했다. "싫어요, 싫어요."[57)]

인용에서와 같이 강 엘리자베트는 강간을 당하기는 하지만 '미소'를 지으면서 오히려 강간이라는 사건에 동의한다. 그 동의는 웃음으로 표현되는데 자신의 웃음을 놓고 엘리자베트는 자신의 성격이 매춘부의 기질이 아닐까라고 자문한다. 엘리자베트의 자문을 통해 매춘부의 특성[58)]과 작가의 성의식이 나타난다. 즉 강간의 순간에 미소 짓는 자신을 매춘부의 기질이 있는 게 아닐까 자문하는 여학생 강 엘리자베트의 의식 속에서 매춘부는 강간을 즐기는 인물이다. 엘리자베트는 매

---

56) 로빈 모건은 『포르노는 이론이고, 강간은 실천』(1974)에서 "여성의 참된 애정이나 욕구에서 여성이 주도권을 갖고 행하는 경우 이외에는 어떠한 때에 행해지는 성교도 강간이다"는 급진주의 페미니즘의 강간 정의를 인용한다. 강간에 대한 오랜 신화나 정의를 무너뜨리고 성의식에 대한 모든 면을 다시 생각하는 것은 페미니즘의 주요한 과제의 하나이다.

57) 김동인, 「약한 자의 슬픔」, 앞의 책, p.20.

58) 인용에서와 같이 이 작품에서 매춘부는 강간을 당할 때 웃는 인물로 나타나고 있다. 즉 강간의 순간 애걸하는 웃음, 별한 웃음을 행하는 인물이다.

춘부들이 강간을 당하는 인물이 아니라 강간의 순간에도 유혹을 하는 인물이라고 생각하는 것이다. 엘리자베트의 자문은 표면적으로는 자신의 태도에 대한 반성이지만 그녀의 의식을 통해 표출되는 것은 매춘부들에 대한 경멸이다.[59] 다음 작가는 엘리자베트와 여학생에 대해 부정적이고 비판적이다. 작가는 엘리자베트를 당시 가장 선망 받았던 여학생으로 설정한다. 그리고 그녀가 강간이라는 사건 앞에서 느끼는 감정을 매춘부의 그것과 동일시함으로써 여학생 엘리자베트를 희화화(戱畵化)한다. 이를 위해 작가가 설정한 서사 전략이 엘리자베트의 성적 성향이다. 즉 작가는 강간 사건을 서사화하면서 강간을 당하는 강 엘리자베트의 내적 번민이나 강간을 하는 남작의 폭력성과 위법성에 대해서는 침묵한다. 오히려 엘리자베트의 우유부단함과 매춘부적 기질이 강간 사건의 원인임을 암시한다. 뿐만 아니라 강간 사건 이후 엘리자베트의 변모와 타락과 전락을 그녀 스스로가 자초한 자기 파멸의 과정으로 설정함으로써 모든 책임을 엘리자베트에게만 전가한다.

강간 사건 이후 엘리자베트는 성욕을 알게 되고 성적으로 K남작보다 더 적극적인 여인으로 변한다. 그녀는 강간을 통해 모멸감을 느끼지도 않고 남작을 증오하지도 않는다. 그녀는 오히려 강한 성욕을 느끼면서 남작의 방문을 기다릴 뿐 아니라 강간에서 시작된 관계를 사랑이라고 인정한다. 그녀는 자신이 이환과 남작을 동시에 사랑하고 있다고 생각한다. 『무정』에서 계월향이 강간 사건을 통해 형식과 이별하고, 죽음까지 선택하는 것과는 대조적이다. 엘리자베트는 강간 때문이

---

59) 그러나 이와 같은 태도는 강 엘리자베트만이 가지고 있는 매춘부에 대한 편견이라고 볼 수는 없다. 당시 그리고 현재에도 매춘부들을 바라보는 통념이다. 따라서 이 같은 강 엘리자베트의 성격을 부정적으로 보는 것은 지나친 독단일 수 있다. 오히려 그보다는 강 엘리자베트가 매춘부에 대해 가지는 생각은 일반적인 통념을 반영해 주는 예라고 보는 것이 타당하다. 강 엘리자베트의 태도에 한계가 있다면 그것은 한 개인의 한계라기보다는 시대적·사회적 한계로 받아들여야 한다.

혜숙 역시 그녀가 선택한 죽음의 길을 뒤따름으로써, 선cb^2c^4로 이어지는 선은 죽음의 선이 된다.

> 자기도 설화의 뒤를 좇아가 설화에게 자기 잘못을 사과하고 또는 자기를 위하여 여기저기 자기를 도와주고 좇아다니고 애쓰던 오라버니의 마음을 놓게 하고 또 한 가지는 이 이름 곱고 아름다운 역사를 영원히 전하는 그 백마강 아래에서 언제든지 끊어져버리고야 말 자기의 생명을 끊어 버리면 이후에 이곳을 지나는 선용 씨의 애 끓는 가슴에서 새어나오는 눈물을 받는 것이 무슨 아름다운 명예를 자기 몸에 부어 줄 것 같았다.[30)]

> 아— 과연 죽어간 정월이 설화의 원혼을 죽음으로 위로할 수가 있고, 이후에 선용이가 이 자리를 거칠 때에 정월의 죽어간 자리를 찾아낼 수 있을는지? 이 모두 우리 인생이 한낱 환희(幻戲)인 까닭이로다.(끝)[31)]

위의 인용은 이 작품의 종결 부분으로 하나는 설화가 간 죽음의 길을 뒤따르는 혜숙의 심정이고, 다른 하나는 이 죽음을 바라보는 서술자의 해설이다. 즉 이들의 죽음은 자신들의 사랑이 현실적으로 불가능하기에 선택한 죽음이다. 영철을 더 이상 사랑할 수 없게 되자 과거의 자신으로 돌아가지 못하고, 결국은 죽음의 형식으로라도 그 사랑을 진행시킨 것이 설화라면, 혜숙의 죽음 역시 선용과의 불가능한 사랑에 대한 돌파구였다. 또한 여학생 혜숙이 기생 설화와 화해하기 위한 죽음이라는 점에서 그들의 죽음은 사랑의 좌절이지만 사랑을 향한 욕망이기도 한 삼각형 $\triangle cb^2c^3$를 제시한다. 물론 이 삼각형은 죽음의 형식

30) 나도향, 『환희』, 앞의 책, p.378.
31) 나도향, 『환희』, 앞의 책, p.379.

뒤에 숨어 있다. 이 삼각형이 실재했다면, 이 작품은 혜숙(정월)과 설화, 그리고 사랑으로 다시 태어난 설화라는 세 인물을 통해 드러나는 현실태와 가능태의 모습을 함께 형상화할 수 있었겠지만, 그것은 미완으로 끝난다. 즉 삼각형 $\triangle cc^2b^2$는 현재의 조선의 모습을, $\triangle cb^2c^3$는 새롭게 형성될 미래의 모습을 보여주면서, 자본의 이면인 성매매와 폭력의 선(cc^2)과 새로운 사회 변화로의 추진력으로서의 사랑의 선(c^2c^3)이 대등하게 맞서면서 두 선의 긴장을 통해 구현되는 새로운 조선의 건강한 미래의 선(c^3c)으로 형성된 삼각형 $\triangle cc^2c^3$이 나타날 수 있었을 것이다. 그러나 이 작품은 이 삼각형의 반이 즉 삼각형 $\triangle cb^2c^3$이 비록 혜숙과 설화의 죽음을 통해 예상할 수 있는 공간이기는 하지만 그들의 죽음을 통해 기대되는 미래의 전망이 환희(幻戱), 환상에 지나지 않음을 보여주는 것이기도 하다.

설화는 영철을 사랑함으로써, 기생의 세계, 성매매의 공간에서 벗어나고자 했지만, 그것이 좌절되면서 죽음을 선택, 결국 영철과의 만남은 설화로 하여금 사선 b^2c^4를 선택하게 만들었다. 설화의 자살은 새로운 세계로 진입하지 못하고 현실에서 좌절하여 다시 성매매 공간(수평선 bb^2 아래이자 cc^2가 강력한 권력으로 그 힘을 행사하는 공간)으로 회귀하는 삶을 의미하며, 그 공간은 사랑이라는 새로운 가치를 지향하게 된 그녀에게는 더 이상 존재할 수 없는 죽음의 공간이 된다. 『무정』에서처럼 기생 설화가 새로운 여학생의 도움으로 자신의 미래를 건설하는 낙관적인 현실 인식은 더 이상 나타나지 않는다. 오히려 이 작품에서는 여학생 출신이자 예술가라고 자처하는 혜숙에 의해 죽음의 방향으로 설화의 운명이 꺾이고 만다. 그들에게 사랑은 이미 사선 cc^2⇘의 힘을 이길 만큼의 힘을 갖지 못했던 것이다.

혜숙의 삶 역시 이미 성매매의 선 위에서 진행되고 있다. 백우영과 결혼 후, 정월이라는 이름으로 개명하고 불행한 결혼 생활과 그것을 벗어나기 위한 예술 생활을 하고자 한 그녀는 다시 선용을 만난다. 이미 결혼한 후였지만, 그녀는 선용과의 사랑을 기대한다. 만약 그녀가 이 사랑을 이룰 수 있었다면, a에서 선분 ca는 선분 ab^3과 ac^2로 분화될 수 있었을 것이다. 이렇게 분화된 선은 새로운 삼각형△cab^3을 만들고 혜숙은 선분 ab^3가 나타내는 선용과의 사랑을 통해 새로운 삼각형△cab^3 안에 존재하면서, cb^3의 긴장을 통해 미래에도 이상적인 인물로 생존할 수 있었다. 그러나 사랑의 사선 ab^3↗은 실패로 끝나고, 결국 혜숙은 계속 사선 ca↘의 연장선 위에서 움직이는 성매매의 현실적 인물로 작동하고, 설화와의 만남을 통해 설화와 영철의 사랑의 방해꾼이 된다. 그리고 설화의 죽음을 따르는 그녀의 삶 역시 성매매의 강력한 현실의 선 위에서 좌절하는 인물임을 보여준다.

이상과 같이 작가는 여러 개의 삼각관계를 나타내는 삼각형 구조와 각 삼각형을 이루는 선들을 통해 작품의 주제를 드러내고자 했다. 이제 마지막으로 각각의 선들의 의미를 정리하면 다음과 같다.

사선bc(↗)와 사선c^2b^2(↗) 그리고 점선으로 표시된 사선 ab^3(.·˙)과 점선으로 표시된 사선 b^2c^3(.·˙)는 **사랑과 연애의 선**을 나타낸다. 이 중에서 사선bc(↗)는 선용이 혜숙을 사랑하는 것을 보여준다. 물론 혜숙도 선용을 사랑하는 마음이 있긴 했지만, 서사의 추이는 혜숙이가 백우영에게 결혼함으로써 ↗의 방향을 향하는 사선으로 나타난다. 사선 c^2b^2(↗)는 기생 설화가 영철을 사랑하는 것을 보여준다. 설화는 비록 기생이었지만 여학생들의 이상이었던 사랑을 실천하는 인물이며, 그녀의 사랑과 연애가 사선c^2b^2(↗)을 통해 나타난다. 이 두 사선 모두 사랑과 연애를 나타내 주는 선이며 동시에 이루어질 수 없는 사랑이었다는 점에서 동일하다. 점선으로 표시된 두 개의 사선인 ab^3(.·˙)와 b^2c^3(.·˙)는 역시 혜숙(정월)과 설화가 욕망하는 사랑과 연애의 선이라는 점에서는 앞의 두 선과 동일하지만, 작품 안에서 실제로 진행되지 않고 실현이 기대되었던 관계에서 끝났기 때문에 점선으로 표시되었다. 사선 ab^3(.·˙)는 혜숙이 결혼 후 3년 만에 다시 선용을 만났을 때,

선용과의 새로운 사랑을 기대하는 심리와 선용을 향한 사랑의 욕망을 보여 준다. a지점에서 혜숙이 다시 선용을 만나 사랑을 이룰 수 있었다면, 삼각형A와 대칭되는 또 하나의 삼각형 $\triangle cab^3$이 나타날 수 있었겠지만, 선용은 일본에 있는 일본 여학생에게 이미 마음이 간 상태이고, 자신에게 다시 접근해 오는 혜숙(정월)의 사랑을 부정한 태도로 받아들이면서 그녀와의 재회를 거절한다. 점선으로 나타난 두 사선이 실제로 작품을 통해 실현되었다면, 결혼에 실패 한 혜숙이나, 혜숙을 사랑했지만 실패했던 선용이나 영철을 사랑했지만 결국 죽음을 선택하는 기생 설화가 모두 수평선 cb^3c^3 위에 함께 존재할 수 있는 사회, 사랑으로 이루어진 건강한 미래의 현실을 보여줄 수 있었을 것이다. 그러나 이 작품의 중심 인물들이 지향하는 사랑은 모두 좌절과 실패로 끝난다. 이들의 이상과 사랑이 실현될 수 없었던 것은 이들의 사랑을 단절시키면서 현실을 압도하고 있는 하강직선 cac^2 때문이다. 이 선은 앞서 밝힌 바 있듯이 돈과 폭력과 성매매라는 관계를 통해 당대 현실을 구현하고 있는 현실의 선이다. 이 선은 세 가지를 또한 나타낸다. 하나는 혜숙과 백우영의 '결혼' 역시 성 매매의 폭력성 하에서 진행되었다는 것, 두 번째는 백우영이 기생 설화에게 접근하는 것도 폭력과 돈으로 이루지는 성매매의 형태라는 것, 마지막으로 이 선 위에서 움직이는 혜숙이가 선용과의 재회에 실패함으로써, 그녀 역시 설화와 같은 성매매 인물로 전락하고 있음을 보여준다. 결국 이 작품에서 진행되고 있는 서사의 방향은 상승 사선bc와 하강 사선 cc^2와 상승 사선 c^2b^2와 다시 하강 사선인 b^2c^4로 이어진다. 즉 ↗↘↗↘ 나타난다. 작품에 나타나는 상승 의지는 하강하고 만다. 『환희』에서 인물들의 사랑은 현실적으로는 불가능한 환희(幻戱)로 끝나고 그들이 이루고자 했던 미래 역시 환상에 지나지 않는다(삼각형$\triangle cb^2c^3$). 따라서 이미 사랑이 현실이 될 수 없는 당대 사회의 불모성을 성매매를 통해 형상화하고 있는 작품이 바로 이 작품이다. 특히 두 여주인공이라 할 수 있는 혜숙과 설화의 죽음의 선을 나타내는 하강 사선 cc[4]는 여학생이 기생을 구원해 줄 수 있었던 『무정』의 낙관적 현실인식과는 전혀 다른 현실 인식을 보여준다. 더 이상 여학생과 기생이 공존할 수 없는 세계, 성매매를 통해 자본의 이면에 은폐되어 있는 폭력과 억압의 세계, 그리고 사랑이 더 이상 현실의 힘을 이기지 못하고 좌절하는 세계가 바로 서사구조를 통해 드러나는 『환희』가 보여주는 리얼리티이다. 또한 두 여주인공의 죽음이라는 결말은 사랑이라는 시대 지향적 이상(理想)의 선과 자본의 힘과 폭력을 보여주는 성매매라는 현실의 선을 통해 만들어지는 갈등과 긴장의 삼각형 구도가 해체되는 것을 의미하며, 이는 조선의 미래를 비관적으로 전망한 작가의 비관적 현실 인식이 작품 세계를 통해 형상화되었음을 뜻한다. 특히 이 작품에서 성매매는 자본을 중심으로 강력하게 작용하고 있는 현실법칙의 이면에 도사리고 있는 폭력과 억압을 서사 구조화함으로써 당시 조선의 핍진한 현실을 재현할 수 있었다.

본고의 4장에서 다루었듯이 식민지 시기 가장 근대적인 작가로 꼽히는 **염상섭**의 작품에서 성매매 문제는 자주 등장하는 소재이다. 데뷔작 「표본실의 청개구리」를 비롯하여 「전화」, 「남충서」 등 그의 단편에 나오는 성매매 인물과 공간은 그가 바라본 당시 식민지 조선의 현실을 성매매 문제를 통해 드러내고자 했던 작가 의식의 발로이기도 하다. 이 장에서는 특히 그의 중·장편에 나타나는 성매매 문제를 작품의 서사 구조를 중심으로 분석함으로써, 그의 소설에 자주 등장하는 성매매 문제가 소재적 차원을 넘어서 작품의 주제와 맺어지는 관련성을 찾아보고자 한다. 우선 그의 작품 중에서 그를 한국 문학사에서 '사실주의 문학'이나 '민족 문학', '근대문학'의 선두로 자리하게 해 준 작품이라 할 수 있는 **「만세전」**32)의 서사구조를 섹슈얼리티를 중심으로 분석하면 다음과 같다.

이 작품의 주인공은 '이인화'이다. 그는 일본 동경 W대학 문과에 재학 중인 조선에서 온 유학생이다. 이 작품은 그가 만세가 일어나기 전 해 겨울, 아내가 위독하다는 전보를 받고 귀국하게 되면서 발견하게 되는 식민지 조선의 현실을 주요 내용으로 한다. 이 작품의 서사 구조의 특징은 스토리가 주인공 '나' 즉 이인화의 회고와 여정을 통해 진행된다는 점이다. 그의 여정은 표면적으로는 동경에서 서울로의 지형적 위치에 따라 진행된다. 그러나 심층적으로 그의 여정은 성매매 공간들의 이동을 통해 진행된다. 바로 이 점에 이 작품의 성담론적 특징이 있다. 따라서 그의 지형적 여정이라는 표면 구조와 성매매 공간들의 이동이라는 심층 구조, 이 양 구조의 관련 양상을 통해 「만세전」의 성담론적 특징을 찾을 수 있으리라 기대하면서 이 작품의 서사구조를 도표화하면 <표 3>과 같다. <표 3>에서와 같이 이 작품은 7개의 여정을 기본 골격으로 한다.[33]

---

32) 『만세전』은, 『墓地』(미완, 新生活, 1922)→『萬歲前』(완성, <時代日報>연재, 1924)→『萬歲前』(개작, 단행본, 高麗公司, 1924.8)→『萬歲前』(개작, 단행본, 首善社, 1948.2)으로 개명·개작 과정을 거친 작품이다(이재선, 「日帝의 檢閱과 『萬歲前』의 改作」, 권영민 편, 『염상섭문학연구』, 민음사, 1987, p.282). 본고에서는 『萬歲前』(高麗公司, 1924)을 판본으로 하는 『염상섭 전집 1』(민음사, 1987)을 기본 텍스트로 삼고 필요한 경우, 해방 후 발표된 『萬歲前』(首善社, 1948)을 원본으로 하는 『만세전』(창작과비평사, 1987) 역시 텍스트로 삼았음을 밝힌다.

33) 이 여정 중에서 '대전'은 가장 짧게 머문 장소이다. 주인공은 기차가 쉬는 30분 정도의 시간을 이용해서 대전역에 잠시 내린다. 비록 대전은 주인공이 가장 짧게 머문 곳이기는 하지만, 김천에서 서울까지의 기차 여행 중 주인공이의 현실 인식이 두드러지는 장소라는 점에서 이 작품의 여정에 포함시켰음을 밝힌다.

<표 3>

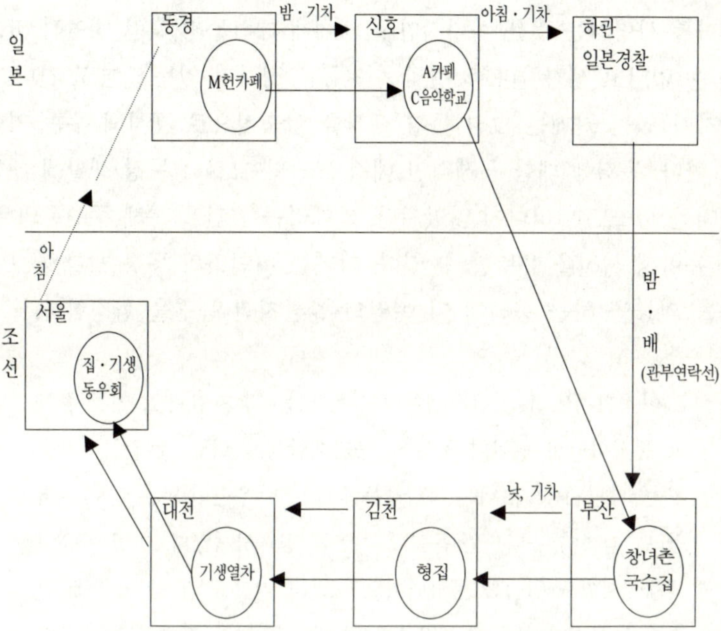

동경은 이 여정의 출발점이다. 주인공은 조선인이지만 '동경'에 있다. 조선에서 동경으로 유학을 온 주인공은 만세가 일어나기 전 해 즉 1918년 겨울, 고국에 있는 아내가 해산 후유증으로 위독하다는 전보를 받고 연종시험 이틀째 되던 날 동경을 떠난다. 즉 이 여정의 출발지가 '동경'이라면 목적지는 '조선'이다. 그런데 주인공의 여정은 '동경'과 '조선'이라는 양 지점보다는 그 과정에서 거쳐 가는 장소들에 의해 진행된다. 하숙집에서 전보를 받고 학교에 가서 시험을 연기하고서 주인공이 찾아가는 첫 번째 장소는 '정자'가 있는 'M헌'의 '카페'이다. 해산 후유증으로 생명까지 위태롭게 된 아내[34]가 있는 고국으로 가야함

34) 아내가 앓고 있는 병은 해산 후유증으로 인한 '유종'이다. 이 병은 사실 현대 의학으로는 충분히 고칠 수 있는 병인데도 주인공의 아버지는 재래식 의술에 맡겨 아내를 죽게 만든 것이다.

에도 불구하고, 주인공은 M헌의 정자가 생각나서 갈등한다. 주인공은 정자를 사랑하는 것은 아니지만 아내에게 대하는 것처럼 냉연히 버려둘 수 없다고 생각한다.[35] 결국 주인공은 정자가 있는 카페로 간다.[36] 정자가 있는 카페는 그의 동경 생활을 압축적으로 제시해 주는 역할을 한다. 동경에 대한 구체적인 배경 묘사와 그간의 동경 생활에 대한 어떠한 서술도 나타나지 않았지만, 카페라는 공간을 통해 주인공의 동경 유학생 시절을 유추할 수 있다. 카페는 이인화의 동경 생활을 보여주는 기능을 하는 동시에 이 여정의 출발지인 동경을 상징한다.

> 아직까지도 조선 유학생이라면 돈 있는 집 자질이요, 인물 좋다고 동경바닥서 평판이 좋은데, 문과대학생이 이런 데에서는 장을 치는 '태평시대'다. 나는 동창생들에게 끌려 우연히 와본 뒤로 벌써 반 년 가까이 드나드는 동안에 이만큼 친숙하여졌다. 이런 자유의 세계에서만도 얼마쯤 무차별이요 노골적 멸시를 안 받는 데에, 감정이 눅어지고 마음이 솔깃하여 내 발길은 자연 잦았던 것이다.[37]

동경 W대학 문과에서 유학을 하고 있는 이인화는 카페[38]에 즐겨

---

35) 염상섭, 『삼대(염상섭 전집 1)』, 민음사, 1987, p.15.

36) 일본에서 처음 열린 카페는 1888년에 생긴 東京 上野(우에노)의 '可否茶館'이라고 한다. 이 전에 神戶(고오베) 元町(모또마찌)에 1874년 '放香堂'이라는 카페가 생긴다는 광고가 나오긴 했지만 실재하지는 않았다고 한다. 그곳은 기록상으로만 남아있고, 최초의 카페는 동경에서 처음 열린다. 이에 대해서는 일본 유학생의 도움을 받아 인터넷에서 http://www.shinenet.ne.jp를 비롯한 일본의 사이트 중 '커피'에 관한 홈페이지들을 참조해서 찾은 사실임을 밝힌다.

37) 염상섭, 『만세전』, 창작과 비평사, p.14.
이 부분은 본 논문이 기본 텍스트로 정한 『만세전』(高麗公司, 1924)을 판본으로 하는 『염상섭 전집1』(민음사, 1987)에는 나오지 않는 부분이다. 1948년 수선사(首善社)에서 펴낸 『만세전』을 원본으로 하는 창작과비평사 판을 인용하였음을 밝힌다. 아마 일제 시대라는 특수성 때문에 발표 당시에는 쓰지 못한 것을 이후 개작하면서 첨가한 것으로 보인다.

38) '프랑스어(語)로 커피(coffee)를 카페라 하는데, 이것이 커피를 파는 집이란 뜻

다녔다. 그가 카페를 즐겨 다니게 되고 그곳이 친숙한 공간이 될 수 있었던 이유는 그곳이 주는 편안함 때문이었다. 인용에서는 카페가 '자유와 무차별의 공간'이자 '노골적인 멸시를 받지 않는 공간'이기 때문이라고 설명하고 있다. 주인공에게 카페가 주는 의미는 다른 장소와의 대립적 위치에서 비롯된다. 카페가 편안하고 자유로울 수 있었던 것은 불편하고 부자유스러운 다른 곳을 전제했을 때 느껴지는 감정이다. 일본에 온 조선 유학생들에게 일본에서의 카페가 아닌 공간과 카페라는 공간의 성격은 대립적이다. 그곳은 식민지 종주국인 일본에 있는 장소이긴 하지만, 조선에서 온 유학생에게는 '일본'과는 다른 공간이었다.

일본에서 카페는 근대화 이후 등장한다. 서양 이름을 그대로 옮겨온 카페라는 명칭에서부터 이미 서구 공간의 유입을 확인할 수 있다. 그런 점에서 카페는 잔존하던 일본의 성매매 공간과도 구별되며, 또 서구의 카페와도 구별된다. 일본에서의 카페는 정자나 P자와 같은 여급들이 있는 곳이다. 그곳에 가기 위해 필요한 것은 '돈' 뿐이다. '돈'만이 필요충분조건이 되는 공간 카페가 조선 유학생들에게 자유를 줄 수 있었던 것은 민족과 계급 문제, 국가와 권력 문제가 '돈' 즉 자본보다 중요하지 않았기 때문이다. 식민지 국가의 국민이 종주국에서 유학을 하면서 피할 수 없었던 민족 감정과 국가 권력의 문제에서 자유로

으로 변한 것이다. 영국에서는 17~18세기경 런던을 중심으로 3,000여 개의 커피숍이 생겨나 문인・정객들이 클럽으로 이용하는 일종의 사교장 구실을 하였다. 이것이 오늘날 영국에서는 펍(pub:public house), 즉 술집(bar)으로 변모하여 사교성을 존속시키고 있다. 오늘날 영국에서 말하는 카페란 가벼운 식사도 할 수 있는 소규모 음식점으로 레스토랑보다는 간편한 식당을 뜻하는데, 이것이 동양에 전해지면서 여급(女給)의 서비스가 따르는 음식점이 되었다. 후에 여급이 있는 술집으로 변모하였으며, 커피 차를 파는 집은 다방이라 하게 되었다.'(『두산 동아 대백과 사전』)

즉 이 소설에 나타나듯이 이인화가 가는 카페는 서양의 카페가 일본에 전해지면서 변모한 '여급의 서비스가 따르는 술집'을 말한다.

울 수 있었던 장소였다는 점, 또 '돈' 앞에서 모든 남성[39]이 '평등'할 수 있었던 장소였다는 점에서 '카페'가 지니는 자유로움과 편안함이 있다. 조선의 유학생들이 '조선인'이라는 굴레를 벗고, '돈'으로 평등을 살 수 있었던 공간, 국가권력과 민족 문제에서 자유로울 수 있었던 공간, 조선인으로서보다는 손님으로, 여성보다 우등한 남자로 존재할 수 있었던 공간이 카페이다. 그는 거기서 자유와 평등을 느꼈으며, 돈 앞에 평등하고, 돈을 통해 새로운 지배 구조[40]를 낳는 자본주의의 본성을 체득할 수 있었다. 따라서 카페야말로 그에게는 새로운 '근대'의 공간이었다. 그가 고국에 가기 전에 귀국을 늦추고 정자를 생각하고, 카페를 생각하며, 결국 카페를 들르는 것은 정자와의 애정 때문이기보다는[41] 무엇보다도 주인공이 흠모하는 자유와 평등, 그리고 자본주의라는 새로운 사회 구조의 지배를 받는 '근대적 공간'에 대한 애착 때문이다. 돈으로 자유와 평등을 살 수 있었던 동경 M헌의 카페는 주인공에게는 아무런 비판 없이 받아들인 공간이었다.

---

39) 이 작품의 주인공은 남성이다. 카페라는 공간에서의 자유로움은 손님이 남성이라는 것도 하나의 이유가 된다. 서양과는 달리 일본에서의 카페는 주로 남성 손님을 상대했다. 이 작품에서도 손님을 맞는 카페 종사자로 여급이 등장하는데, 실제 당시 작품에서 카페가 나오는 경우 여학생 유학생이 나타나는 작품을 찾을 수는 없다.

40) 즉 이 작품에서 '돈'을 통해 재편성되는 지배 구조는 손님과 여급의 관계이다. 주인공 이인화는 카페에서 '돈'을 냄으로써 여급들을 '지배'할 수 있었으며, 이러한 지배의 양상은 정자나 P자에게 행하는 그의 성적 표현을 통해서 드러난다.

41) 주인공은 정자에게 '生命의 內容인 戀愛' 감정을 가진 것도 아니라고 분명히 말한다. 실제로 주인공이 'M헌'에 있는 동안에도 그는 내내 '정자'와 'P子'에게 집중하지 못하고 오히려 초조하고 불안하게 서두르는 모습을 보인다.
따라서 그가 정자를 찾은 이유를 정자에 대한 개인적인 감정에 두기보다는 정자가 있는 '카페'라는 공간이 주는 의미에서 찾아야 한다. 그 공간에서 만날 수 있는 인물이 정자와 p자라는 점은 카페라는 공간의 성격을 더욱 확실하게 보여주는 근거가 될 뿐이다. 주인공은 과거에 실연을 겪었고 지금은 카페에서 일하고 있으며 이제 그곳을 벗어나려는 자각과 생활을 능동적으로 주도하려는 노력을 보이는 정자에 대해 인간적인 연민을 느낄 뿐이다.

이 근대 공간에서 주인공이 만나는 인물이 바로 여급 靜子와 P子이다. 그가 찾아 간 카페라는 공간은 무엇보다도 여급인 정자와 P자에 의해 존재하는 장소이다. 정자와 P자의 존재는 카페의 성격을 파악하기 위한 전제 조건이다. 정자와 P자는 '돈'과 '성'이 교환되는 근대적 공간인 카페의 등장과 함께 탄생한 인물이라는 점에서 시대적 인물이요 현대 인물이다. 더구나 고등여학교를 졸업하고 문학서적과 소설까지 탐독하는 정자는 P자보다 더 '현대여성'[42]이다. 그녀가 어떻게 카페의 여급이 되었는지에 대한 구체적인 서술은 찾을 수 없지만 계모와의 가정 문제, 실연의 상처와 그로 인한 전락의 과정과 자신의 삶을 스스로 개척하리라는 시도에서 여급이 되었음이 간단히 소개되고 있다. 그녀는 카페의 여급인 동시에 이제 '그곳에서 나오려는 자각'과 '생활을 인도하려는 노력'을 보이는 인물이며, 이런 점 때문에 주인공은 그녀에게 동질감과 인간적인 연민을 느낀다. 주인공 역시 조혼의 실패로 인한 갑갑한 가정과 봉건적인 조선의 현실을 벗어나기 위해 동경까지 왔으며, 이후에도 계속 가정과 조선이라는 현실을 벗어나고자 하는 인물이었기 때문이다.

> 男性이란男性을 咀呪하면서도, 그래도 내버리고 斷念할수업는 人間답은 愛着이며 性的要求에서니러나는 鬱陶한內的苦鬪를, 그대로 象徵한것이 이 계집애의 視線과 微笑이엇다.[43]

---

42) 주인공은 정자를 '현대여성'이라고 단언한다. 신호의 원정토 A카페에서 작년에 놀던 계집애가 폭발탄 정사로 죽었다는 말을 듣고, 주인공은 정자는 그런 어리보기가 아니라 '현대여성'이라고 말한다(염상섭, 『만세전』, 창작과 비평사, p.39). 그러나 이러한 주인공의 직접적인 서술이 고려공사본에는 빠져있다.

43) 염상섭, 『만세전(염상섭 전집 1)』, 민음사, p.17.
수선사판은 다음과 같다.
'남성이란 남성을 못 믿고 저주하면서도 그래도 내버리고 단념할 수 없는 인간다운 애착이며 성적 요구에서 일어나는 답답한 심정을 그대로 상징한 것이 이 계집애의 그 시선과 미소이었다.'(『만세전』, 창작과비평사, p.16.)

'冥想的이요 神經質일뿐안이라, 아즉 純潔한맛이 남아잇'[44]기는 하지만, 남성을 불신하고 저주하면서도 인간다운 애착과 성적 요구에서 일어나는 우울한 심정을 그대로 상징하는 인물이 여급 정자이다. 근대교육을 받았으며, 근대의 서사물인 소설을 탐독하는 그녀의 성격은 한마디로 '성적 요구의 상징'으로 표현된다. 같은 카페의 여급인 P자는 전형적인 카페 여급으로 나타난다. '靜子에比하면, P子는 이러한생애에 달코달아서, 되지 안케 약은톄를하면서도 常스럽고 賤한구석이잇지만, 그래도 나는 이러한 녀자에게 興味를 늣긴다.'[45]라던가, 'P子에게對한 靜子는, 엇더한때이든지 눈의ㅅ 가시이엇다. …(중략)… 靜子가 高等女學校를 3年년이나 修業하얏다는 것, 小說이나 雜誌卷을 耽讀한다는 것이, P子로서는 敬仰하는同時에 한손접히는 것이다.'[46]와 같은 비교를 통해 드러나는 P자의 성격은 무엇보다도 정자와는 달리 현실에 안주하는 인물이라는 점이다. 그는 현실을 벗어날 수 없는 여급으로만 존재한다. 따라서 주인공은 정자에게 느끼는 인간적인 연민과는 다르게 P자에게는 '홍미'와 성적인 장난을 서슴없이 할 수 있는 편안함을 느낀다. 그러나 이러한 차이에도 불구하고 두 인물 모두 주인공에게는 성적 대상으로서의 카페 여급으로 존재할 뿐이다. 다시 찾아간 카페에서 주인공이 정자와 P자와 나누는 대화와 사건 역시 '성적인' 것을 통해 진행된다. 목도리를 주면서 정자를 껴안으며 술취한 사람처럼 장난을 치는 것, 성과 사랑, 사랑과 도덕에 관한 정자와의 대화, P자에게 하는 성적인 장난 모두 카페에서 이루어진다.

주인공은 정자에게 부부간의 사랑에 대해 이야기한다. 여기서 그는 부부간이라고 해서 반드시 사랑해야 하는 의무가 존재하는 것은 아니라면서, 사랑은 의무가 아니라 자유와 자발성에 기초해야 한다는 자신

44) 염상섭, 『만세전(염상섭 전집 1)』, 민음사, p.19.
45) 염상섭, 앞의 책, p.19.
46) 염상섭, 앞의 책, p.19.

의 생각을 말한다.47)

「그러나 問題는 善도안이요 惡도안인 그 어름에다가 발을 걸치고이잇는 것이다. 죽거나 살거나 눈한아 깜작어리지도안으면서 하는工夫를 내던지고 보라간다는것이 僞善이다. 더구나 여기 술먹으랴오는 것을 무슨 큰罪나 짓는것갓치, 망설이는것부터 큰矛盾이다. 목숨한아이업서진다는것과, 내가술먹는다는것과는 別個한問題다. 그 사이에 아모 聯絡이 잇슬理가업다. 그러면서도 「내처」가죽어가는데 술을먹다니? 하는 所謂 「良心」이 머리를 들지만, 그것이 眞正한 良心이안이라, 「觀念」이란 惡魔가, 목을메서 끄는 것이다. 사람은 그릇된 觀念의 奴隷다. 사랑치안으면 눈도써보지안을것이요, 사랑하고십흐면 이러케해도 相關이업는것이란다」

하며 벌썩일어나서 靜子의억개를집고 쑤부리고섯는 P子를끼어안으며 키쓰를하랴하얏다.48)

주인공은 고국으로 가기 전에 들른 카페에서 아내와 자신과의 관계를 통해 사랑의 진정한 의미에 대해 설파한다. 그는 아내를 사랑하지도 않으면서 공부와 시험을 중도에 내던지고 그녀를 찾아가는 자신의 행동을 '위선'이라고 말하고 있다. 주인공은 아내가 위독하다는 전보를 받고 슬퍼하기보다는 여비를 하라고 형이 보내 준 '돈'을 보고 좋아했으며, '돈'만 보면 먼저 생각나는 '여자'를 찾아보기 위해 이 카페에 온 것이다. 말하자면 아내의 위독함은 그를 고국으로보다는 먼저 '카페'로 올 수 있게 해 주었다. 돈으로 카페에 온 주인공은 자신의 고

47) 다음 인용문을 참조하라.
'(전략) 그와反對로 사랑치안는것도 自由다. 絶對自由다. 사람에게는 사랑할權利도잇거니와 사랑을 밧지안을權利도잇다. 夫婦間이라고 반듯이 사랑하여야한다는法이 어데잇슬까'(염상섭, 앞의 책, p.20.)

48) 염상섭, 앞의 책, p.20.

국행의 모순을 발견한다. 즉 자신은 아내를 사랑하지 않는다. 따라서 자신이 카페에 와서 술을 마시는 모든 행각이 그릇된 행동이 아니다. 오히려 자신이 고국을 찾아가는 것이야말로 위선이다. 그런데도 고국행을 계속 진행하는 이유는 '관념이란 악마'[49] 때문이다. '관념이란 악마'는 이 작품에서 봉건적인 가족 제도로 인한 부부관계를 말한다. 나와 아내는 봉건적인 가족 제도로 인한 조혼의 희생자들이다. 서로 인간적인 연민이 없는 것은 아니나 사랑하지 않는다. 사랑한다면 주인공이 P자에게 하듯이 키스를 하는 것이 아무 문제가 없지만, 그들의 관계에서는 사랑이 존재하지 않았다. 여기에서 해방되는 것이 바로 그의 동경으로의 유학행이었다. 그러나 주인공 역시 봉건적 가족제도로부터 자유롭지 못함을 알고 있다. 그는 위선이라는 것을 알면서도 '아내'라는 이유 때문에 고국으로 갈 수밖에 없는 인물이다. 아직 봉건적 도덕 관념에서 해방되지 못한 주인공은 가식의 도덕적 관념에서 해방되는 것에 진정한 생명이 있으며, 사랑은 가식의 도덕적 관념에서 해방시켜 주는 길이라고 주장한다. 그에게 사랑은 새로운 인간형이 갖추어야 할 새로운 도덕이다.

주인공은 카페에서 하숙집으로 돌아와 짐을 챙겨 동경역으로 나간다. 이미 밤이 어두워진 시간, 밤차[50]를 타려고 역에 들어갔을 때 그는 자신을 기다리고 있는 정자를 만난다. 정자는 주인공에게 보따리를 건네주는데, 이 보따리 안에는 술과 편지가 들어있다. 편지는 이후 주

49) 수선사판에서는 '가식의 도덕적 관념' 때문이라고 나와 있다.

50) 김종균은 그의 여정이 진행되는 시간과 계절에 주목한다. 그에 의하면, 당대 사회의 불안의식이 『만세전』에는 밤 · 겨울 · 무덤으로 나타난다고 한다. 12월은 새해를 맞는 시간대이고, 아내의 죽음은 '나'의 새 생활을 의미하며, '나'가 도쿄를 떠나 서울까지 오는 시간대는 밤 · 겨울 · 무덤을 의미하지만 '나'가 서울을 떠나 도쿄로 가려함은 새벽 · 봄 · 부활을 의미한다. '나'의 도쿄에서 서울까지의 기행은 어둠의 시간대이고, 이는 일제시대를 상징한다는 것이다(김종균, 「민족현실대응의 두 양상-<만세전>과 <두출발>」, 『염상섭소설연구』, 국학자료원, 1999, p.349).

인공에게 카페에서의 지난 삶을 돌아보게 하는 매개 역할을 한다. 주인공은 편지를 읽고 기차 안에서 내내 정자 생각을 하게 되고, 이를 통해 카페에서의 자신의 행동에 대해 성찰하게 된다. 이 과정은 그의 여정과 동시에 진행된다.

> 靜子가 過去의쓴經驗—글로말미암은 現在의境遇에서도, 엇더케 하야서든지 헤어나오랴는自覺과 眞實되히 自己의生活을 引導하랴 하는努力 그—것을 생각할제, 나는 感傷的으로 그애를 爲하야 울고 십헛다. 엽헤안젓슬地境이면, 그대로 담삭찌어안고, 네눈(四眼)에서 흘러나오는 쓴눈물을 갓치맛보고십헛다. 그러나 그런생각도 그 瞬間뿐이엇다.
>
> 「계집애하고 키쓰를하면서도 침맛을 分析하는놈에게, 愛가잇다는것부터 틀닌 酬酌이다」 이러케生角을 하며, 앗가 M軒二層의 光景을, 머리에 그려보앗다. ……그때靜子는 엇더하얏슬까? 侮辱이란 意識부터버리에써올랏을까? ……그러나 自己말맛다나, 이때것 한 男子의입밧게는 몰랏섯다면 그리고 나에게對한愛慾이잇다하면 確實히 夢中이엇을 것이다. 그러고 보니, 靜子도 아즉 幸福하다. …… 이런생각을할제, 사람의 幸福은—적어도 사람답은情熱은, 貞操로부터 나오는 것이안인가?하는 생각도하야보앗다.[51)]

인용은 동경을 떠나 기차 안에서 드는 주인공의 생각이다. 정자는 편지에서 주인공의 '사랑' 없는 행동에 대한 원망을 고백하였다. M헌의 카페에서 주인공은 늘 정자와 P자 둘을 놓고 함께 지내곤 했다. 정자가 보는 앞에서는 P자를 귀여워하는 체하고, P자의 손을 잡은 뒤에는 정자의 비위를 맞추려 하는 체 했던 것이다. 그것이 그에게는 아무

51) 염상섭, 앞의 책, p.27.

런 문제가 되지 않았다. 그러나 이러한 자신의 행동이 정자에게는 '견딜 수 없는 고통이요 모욕'52)이었다는 편지를 읽으며, 비로소 스스로의 행동을 반추하게 된다. 결국 주인공은 자신의 '실없었던 행동'을 반성하면서 정자의 항의를 통해 사람의 행복은 정조에서 나온다는 결론을 내린다. 또한 주인공에게는 인간이기보다는 하나의 성적 노리개의 대상으로 여겨졌던 정자가 오히려 행복한 사람이고, 자신은 '娼婦보다 낫다 하면 얼마나 나흘가. 自己에게 娼婦的根性이잇기때문에 사람을娼婦視하는것이안인가. 精神的娼婦! 그것이 墮落이안이고 무엇일가. 一女性을 사랑할수업슬만치 墮落하얏다. 그리고 精神的墮落은 肉體的墮落보다 더한層무섭은것이다.'53)라고 하면서 자신의 창부근성을 발견한다. 주인공은 이제 동경에서의 카페와 정자를 다시 발견하기 시작하는 것이다.

두 번째 여정지는 '神戶(고오베)'이다. 특별한 이유는 없지만 음악학교에 다니는 여학생 '을라'를 만나보려는 생각에 내린 곳이다. 사실 이곳에서 주인공은 중학교를 마쳤다.54) 그 때문에 을라를 만나는 것보다 이 지방 자체가 그에게는 더 반가웠던 것이다. 계획에 없던 신호에서 주인공이 간 곳은 두 곳이다. 한 곳은 원정통에 있는 A카페이고, 다른 한 곳은 을라의 기숙사이다. 주인공은 작년 방학에 이곳에 와서 놀던 생각을 하며 그 때 만난 계집애를 찾지만 그 '계집兒'는 '暴發彈情死'를 한 이후였다.55) 주인공은 누구하고 어떻게 그런 일이 일어났

52) 염상섭, 앞의 책, p.27.
53) 염상섭, 앞의 책, p.28.
54) 신호가 주인공이 중학교를 마친 곳이라는 서술은 수선사판에서만 나온다. 수선사판에서 주인공은 신호가 자신이 중학교를 마친 곳이기 때문에 이 지방이 을라를 만나는 것보다 더 반갑다고 서술한다. 이에 따르면 주인공은 처음 일본에 유학와서 동경에 가기 전에 신호에서 중학시절을 보냈으며, 따라서 이 지역도 이미 그에게는 익숙한 곳이었다(염상섭, 『만세전』(수선사판), 창작과비평사, p.37).
55) 이 부분이 수선사판에는 훨씬 자세하다. 고려공사판에서는 주인공이 A카페에

는지 호기심이 들면서 C음악 학원으로 찾아간다.

C음악학원 기숙사에 가서 을라를 만난다. 을라는 고향에 있는 병화댁과 동창으로 남성편력이 있는 여학생이고, 지금도 병화로부터 학비를 보조받고 있다. 주인공은 을라로부터 함께 귀국하자는 제안을 받지만[56] 거절하고 역 앞 여관에서 하룻밤을 묵은 후 다음 날 아침 차로 다시 하관(시모노세키)를 향해 떠난다.

이상 동경과 신호가 카페를 중심으로 일본에서의 생활을 보여주고 있다면,[57] 하관부터는 이 여행을 통해 발견하게 되는 새로운 사실들로 진행된다. 하관에서 관부 연락선을 타면서 주인공은 짓궂게 미행하는 일본 형사와 목욕탕에서 조선의 노무자들을 경멸하는 일본인들의 이야기를 듣고, 설움과 압박과 곤궁 속에 시달리는 조선인 노무자에

들러 '계집兒'를 찾지만 그가 폭발탄 정사를 했다는 이야기를 듣고 그 사건에 대한 호기심을 갖고 카페를 나오는 것으로 나온다.

그러나 수선사판에서는 그가 왜 신호에 오고, 이 카페에 들렀는지에 대한 이유를 계집아이와 연관시켜 소개하면서, 폭발탄 정사라는 말을 듣고 정자와 이 계집애를 비교하는 등 좀 더 자세한 서술이 나타난다. 주인공이 작년 여름방학에 이곳에 온 가장 큰 이유는 '그 계집애가 끄는 힘' 때문이었다. 왜 폭발탄 정사를 했냐는 질문에 그 카페에 있는 여급은 '사람이 너무 좋아 그랬다'고 답변하고 이어 주인공은 다음과 같이 생각한다.

'나는 이렇게 혼자 웃으면서 그 상냥하고 원만한 성격에 홀딱 반한 놈이, 사업에 실패나 하고 자살하려는 길에, 무리 정사를 하는 것은 일본에 얼마든지 있는 일이라고 생각해보았다. 나는 정자 생각이 났다. 그러나 정자는 현대여성이다. 그런 어리보기는 아니다.'(염상섭, 『만세전(수선사판)』, 창작과비평사, pp. 38~39.)

56) 을라를 만나 헤어지는 장면도 두 판본이 서로 다르다.
고려공사판에서는 을라가 왜 그리 서두르냐는 질문에 그제서야 주인공은 아내 이야기를 하고 이에 을라가 책망하는 소리를 하면서 끝이 난다.
반면, 수선사판에서는 을라가 내가 가는 것을 섭섭해하면서 다시 서울서 보자고 제안하고 '나는 정자나 카페 여급들에게 하던 버릇으로 악수하자고 손을 내밀엇'고 그 손을 꼭 잡는 을라에 대한 묘사와 을라에 대한 나의 생각이 서술되는 것으로 끝난다.

57) 따라서 여기까지의 스토리는 현재 사실보다는 '과거'사실에 대한 '기억'에 더 초점이 있다.

대한 연민과 동정을 느낀다. 특히 일본으로 유학 오면서 지난 7년 동안 식민지 국민이라는 것을 잊지는 않았지만, 주인공은 고국의 상황에 대해서는 무관심했다. 일본 경찰은 주인공을 배에서 내려 온 몸을 수색하고 나서야 다시 배에 탈 수 있게 해줬고, 이 과정에서 주인공은 울분을 느낀다. 하관과 관부 연락선은 주인공으로 하여금 자신이 조선인임을 자각케 한 공간이다. 그리고 그곳은 일본 경찰로부터 감시 받는 공간이기도 하다.

다음 날 아침, 주인공은 조선에 도착한다. 앞의 여정지가 일본이었다면 이곳을 경계로 작품의 공간적 배경은 조선이 된다. 그가 도착한 곳은 부산이다.

> ① 釜山이라하면 朝鮮의港口로는 第一이요, 朝鮮의重要한門戶라는 것은, 小學校에 한달만 단여도 알 것이다. 事實 釜山은 朝鮮의 唯一한代表이다.朝鮮을縮寫한것, 朝鮮을 象徵한것은 果然 釜山이다. 外國의 遊覽客이 朝鮮을보고자하면, 爲先 釜山에만 슬고 가서 구경을 식혀주면 고만일 것이다. 거룩한釜山! 조선을질머진釜山! 釜山의八字가 朝鮮의八字요, 朝鮮의八字가 곳釜山의八字이엇다.58)

> ② 三巨里에서서 한참 四面八方을도라다보다못하야 지나가는 지계軍더러 朝鮮사람의 洞里를 무럿다. 지계軍은 한참 멈읏거리며생각을하더니 南便으로 쑬린 海邊으로가는길을 가르치면서 그리드러가면 몃집잇다한다. 나는 가르치는대로 발길을 돌렷다. 비릿하기도하고 고릿하기도한냄새가 코를찌르는 海産物倉庫가 듬은듬은느러슨 새이ㅅ골짝이를빠저서, 이리저리 휘더듬어드러가

58) 염상섭, 『만세전(고려공사판) 염상섭 전집 1』, 민음사, p.52.

니까, 바다ㅅ가로 빠지는지저분하고좁다란골목이 나타낫다. 함부로세운허술한 日本式二層집이 左右便에 五六채ㅅ式 느러섯는 것이 朝鮮사람의집갓지는안으나 이門저門에서 들락날락하는사람은 朝鮮사람이다. 이집저집 기웃기웃하며 빠져나가랴니까, 어떤 二層에는 장고이 세워노은 것이 琉璃窓으로 비초이어보엿다. 그러나 門間에는 大槪 旅人宿이라는 牌를부치엇다. 暫間보기에는 이런港口에 흔히잇는 그러한種類의 營業을하는데인것이 分明하다. 그러나 계집이라고는 씨알머리도 볼수가업다.「아마, 백알盞이나 퍼부어가며 쭝당거리고 밤을새이다가, 낫을밤으로알고 잡바젓는게로군」[59)]

인용 ①은 부산에 대한 설명이다. 부산은 조선 제 일의 항구이고, 조선을 축사하고 상징하는 곳이다. 그곳은 조선을 줾어진 곳이기에 부산의 운명이 곧 조선의 운명이요, 조선의 운명이 바로 부산의 운명이기도 하다. 이렇듯 주인공이 도착한 '부산'은 단지 조선의 한 지방을 의미하지는 않는다.[60)] 하관에서의 체험을 통해 조선인임을 자각한 주인공은 이제 조선의 현실을 확인하고자 조선 마을을 찾아 나선다. 동경이나 신호에서 그가 찾아 간 곳이 이미 몇 번씩 가보았던 장소인 반면, 부산에서 그가 찾아가는 곳은 '새로운 곳'이다.

인용 ②는 주인공이 찾은 조선 사람들이 있는 동네로 창녀촌이다. 이미 조선 사람이 있는 동네는 큰길에서는 찾을 수 없고 지게꾼에게 물어서 찾아간 그곳은 이상한 냄새가 나고 지저분한 좁은 골목이며

---

59) 염상섭, 앞의 책, pp.52~53.
특히 수선사판에서 주인공은 여관을 '너저분한 영업을 하는 곳'이라고 말한다.

60) '일제 하 조선을 여행하는 사람들은 부산이 일본과 같아서 전혀 조선이라는 것을 못 느낄 정도였다고 한다. 부산이 조선 속의 일본이었던 것이다. 일본인 스스로 부산은 '內地化'되었다고 자화자찬할 정도였다.'(김정동, 앞의 책, p.48.)

여인숙이라는 패를 부친 창녀들의 집이 있는 곳이다. 조선의 현실을 부산이 대변해 주듯이 인용 ②의 창녀촌은 조선의 운명이 걸려 있는 부산을 대변한다. 주인공은 부산의 거리를 통해 조선의 현실을 보며, 그 중에서도 유일하게 존재하는 조선집인 창녀들의 집이 있는 동네를 통해 조선의 현실을 발견한다. 부산이 조선의 축사라면, 창녀촌은 부산의 축사다. 낮을 밤으로 알고 잠을 자는 곳, 바로 그곳이 조선인들이 살고 있는 창녀촌이다. 일본에서 카페를 떠나온 이인화가 부산에 도착하여 처음 발견한 곳이 창녀들의 집이었다.

결국 주인공의 동경에서 부산으로의 여정은 표면적으로는 동경에서 부산으로의 여정이었으나 심층적으로는 카페에서 창녀촌으로의 여정이었으며, 그 심층적 여정 안에 이 인물이 세계와 대결하는 갈등과 조선의 현실을 통한 작품의 주제가 드러난다. 카페에서 창녀촌으로의 여정은 자유의 공간에서 너저분하고 지저분한 공간으로의 이동이었으며, 동경에서 카페가 주인공에게는 편안한 곳이었던 반면, 조선에서의 창녀촌은 일본식 이층집 안에서 벌어지는 조선인들의 비참한 현실을 보여주는 곳이었다. 카페에서 창녀촌으로의 여정은 주인공이 조선의 현실을 발견하고 깨닫게 되는 사고 과정과 함께 진행되는 것이다.

조선의 변화는 도로와 우편국, 자동차, 헌병 주재소가 생기면서 주막이나 술집이 파리채를 날리는 동안에 등장한 유곽을 통해 제시되고 있다.

> 주막이니 술집이니 하는 것이 파리ㅅ채를 날리는동안에 어느덧 한구석에 遊廓이 생기어 三味線(사미센)소리가찌릉찌릉난다. 梅毒이니 淋疾이니 하는 새손님을 마저들인 촌서방님네들이, 病院이업서서不便하다고 짜증을내이면 너머느저未安하얏습니다는듯이 體面차릴줄아는 詐欺師가待令을 한다.세상이 便利하게되엇다.
>
> 「우리故鄕엔 電燈도 노히고 電車도 開通되엇네. 구경오게, 얌전

한 料理ㅅ집도 두서너생겼네. ……자네 倭갈보 구경했나? 한번 보여줌세.」[61]

인용에서와 같이 조선의 변화된 현실은 주막이나 술집이 쇠퇴해가면서 새로 생긴 유곽과 매독이니 임질이니 하는 병과 함께 진행되었다. 인용에서 확인할 수 있듯이 주인공은 이제 조선의 현실을 바라보는 '비판적 눈'이 뜨였다. 사미센 소리[62]가 찌릉찌릉나는 조선의 근대화된 거리는 전등이나 전차 뒤에서 그리고 경찰의 감시 하에서 진행된 '사기'에 지나지 않았던 것이다.

이후 주인공은 부산을 떠나기 전에 일본 국수집에 들러 세 계집애와 술을 마시며 이야기를 나눈다. 큰 길 가에 있는 일본 국수집 역시 계집애를 두고 영업을 하는 기생집과 비슷한 집이다. 유곽을 비롯해서, 국수집까지도 이미 성을 매매하는 장소로 변할 정도로 부산 곧 조선의 곳곳은 성매매의 장이 되었다. 일본 국수집이 부산 거리에서 있었다는 것, 그리고 그곳에서 이미 젊은 계집아이를 두고 성매매업이 행해지고 있었다는 사실은 일제가 가한 조선의 식민화가 일상이라는 현장 안에서 얼마나 구체적이고 파행적으로 진행되어왔는지를 보여준다. 일본 국수집은 예전에는 조선에 없었던 곳이다. 일본에서 들어 온 국수집을 중심으로 어린 여성들이 성적 노리개로 타락해 가는 현실, 그것이 바로 주인공이 발견한 식민지 조선의 현실이었던 것이다.

이상 부산에 도착한 주인공이 창녀촌과 국수집을 통해 발견한 것은 성적 타락과 성매매의 현장을 통해 나타나는 조선의 현실이다. 주인공은 동경의 카페에서와는 달리 이곳에서 불쾌감을 느낀다. 세 계집애의

---

61) 염상섭, 앞의 책, p.54.

62) 三味線(사미센)은 일본 음악에 사용되는 세 개의 줄이 있는 현악기로 작은 기타모양이다. 여자가 나오는 일본의 여관에서 여자들이 이 악기로 연주를 하면, 다른 여자들이 이 음악에 맞춰 춤을 추었다.

뻔뻔함과 무례함 때문이었다. 어머니가 조선인인데도 조선 사람은 금을 줘도 싫다는 계집애의 태도를 '朝鮮이란 자기의 運命에 검은 그림자를 던저준 무슨 呪文이나 듯는것가티 이에서 신물이 나는 모양이다'63)라고 평하면서 주인공은 조선의 현실을 절감하게 된다. 그는 더 이상 카페에서의 자유로움을 느낄 수 없다. 카페가 근대적 공간이었고 정자가 현대적인 인물이었다면, 부산에서 발견한 성매매의 공간들은 근대가 만들어 놓은 또 하나의 현실, 즉 조선의 비참한 현실적 공간이었으며 성적 대상으로 전락하면서도 비판적 자기 정체성을 갖추지 못한 어린애가 있는 공간이었기 때문이다.

카페를 직접 찾아가서 정자를 만나고 온 적극적인 주인공이 막상 부산 국수집에서는 계집애들이 붙잡는 것을 거절한다. 그는 부산에서의 여정을 통해 성매매가 만연되어 있는 조선의 현실 앞에서 그것을 거부하고자 하는 현실 비판적인 인물로 변하게 된 것이다.

다시 기차에 오른 주인공 이인화가 그 다음에 내린 역은 김천(金泉)역이다. 김천은 그의 다섯 번째 도착지이다. 그는 김천 형님 집에서 하루를 머문다. 김천에 있는 형님 집은 표면적으로는 성매매 공간과 무관한 장소이다. 그러나 일본사람의 상점이 생기고 일본사람의 문패가 붙어 있는 집이 생기는 등 꽤 변한 형님 집으로 가는 동구는 형님 집의 변화를 예고해 준 것이나 다름없었다. 형님 집에는 고작해야 열아홉 살 쯤 되어 보이는 색시가 작은 형수로 큰 형수와 함께 살고 있었다. 아들이 없어 절손이 될 지경이라 마침 집안이 망한 최참봉의 집에서 그 집 딸을 얻어왔다는 것이다. 형은 오히려 그 집 처자를 구한다는 생각으로 데려왔다고 변명하지만64) 사실은 형의 집 역시, 변화된 조선의 현실에서 예외가 아니었음을 보여준다. 양반의 딸이었음에도 불구하고 망해서 첩으로 들어 온 작은 형수는 일본 국수집이나 창녀

63) 염상섭, 앞의 책, p.59.
64) 염상섭, 앞의 책, p.67.

촌, 그 이전 일본에서 만났던 여급들과 다를 바 없는 존재이다. 그녀가 있는 형님 집 역시 예전의 형님 집과는 다른 곳이다. 그곳은 이제 국수집이나 창녀촌, 카페의 속성을 가진 공간과 다르지 않다. 더구나 주인공은 봉건적인 가족 제도를 거부하고 사랑이 없는 결혼 생활을 인정하지 않는 인물이다. 단지 절손의 이유만으로 첩을 들인 형, 더구나 가세가 어렵게 되어 오히려 구해준다는 의식으로 맞이한 제2의 형수와 형의 결혼을 주인공은 단순히 봉건적 동기에 의한 결과로 해석하지 않는다. 그에게는 이제 비판적 눈이 생겼기 때문이다. 김천에서 주인공이 들른 형님 집은 성매매의 공간은 아니지만 성매매의 현실, 곧 조선의 현실이 형님 집에도 예외가 아니었음을 보여주는 동시에 봉건화와 자본화가 파행적으로 결합된 제 2의 식민지 공간을 표상하는 공간이다.

하루를 큰 형 집에서 묵고 주인공은 다시 이 여정의 최종 목적지인 서울로 향한다. 서울 행 기차에 오른 후 주인공이 주목하는 인물은 기생이다. 추풍령에서 탄 일본 경관들과 한 영감과의 대화에서 그가 듣는 내용 역시 기생에 관한 이야기이다. 기생의 이야기를 들으면서 그는 시골에서 서울로 올라왔을 때 처음 기거하던 '김의관'을 기억한다. 일본 사람에게도 '이 놈'이라며 큰 소리를 치던 그 역시 지금은 미두와 첩에 빠져 살아가고 있는 인물이다. 나는 갓 장수와 공동묘지 이야기를 하기도 한다. 이때 기생은 주인공을 주시한다. 이렇게 시간을 보내다 자정이 넘어 도착한 곳이 대전이다.

대전은 기차가 쉬는 동안 주인공이 약 30분 정도밖에 머물지 않은 곳이다. 대전에 도착해서 30분 정거한다길래 내려서 본 대전도 칠 년 전과는 달리 모두 신축한 일본 사람 상점들이 즐비하였다. 칠 년 전 일본으로 갈 때 주인공이 들렀던 객주집도 이미 찾을 수 없었다. 주인공은 그 '객주집'을 그리워한다. 그는 '그때에 밥을 팔든 三十남짓한客主계집애는 只今쯤 어데가서파뭇쳣누?'65)하는 생각을 하며 다시 차

안으로 돌아온다.

> 車間안으로 드러오며,
>
> 「무덤이다. 구덱이가 끌는무덤이다!」라고 나는, 지긋지긋한 듯이 입살을악물어보앗다. 帽子를 벗어서 안젓든자리우에 던지고 煖爐압흐로 가서 몸을 녹이며섯섯다. …(중략)…
>
> 「共同墓地다. 구덱이가 욱을욱을하는 共同墓地다!」라고 속으로 생각하얏다.
>
> 「이 房안부터 어불업는 共同墓地다. 共同墓地에 잇스니까 共同墓地애 두로거가롤 실혀하는 것이다. 구덱이가 득시글득시글하는 무덤속이다. 무두가 구덱이다. …(후략)…」
>
> ——나는 車가써나기 前에 自己자리로와서 드러누엇다. 등넘어에누은 妓生의머리에서 가끔가끔씨치어오는 머리ㅅ내와 香긋한기름내 粉내를 코로 훅훅맛하가며 눈을감고 누엇섯다.
>
> 「이것도 구덱이썩는냄새다」
>
> 나는 이런 생각을하야보면서도 코를막으랴고는안이하얏다. 車가 움즉이기始作하얏다.66)

인용은 주인공이 기차로 돌아와 기차가 다시 출발하기 전까지의 주인공의 의식을 서술한 부분이다. 그는 차 문을 들어서면서 조선의 현실을 '묘지'라고 탄식한다. 난롯가에서 다시 기차 안을 둘러보면서 역시 공동묘지라고 탄식하는 그의 말은 처음보다 더 정도가 심해졌다. 사람들 역시 구더기라고 비판한다. 그리고 차가 떠나기 전, 주인공이 자신의 자리에 와서 마지막으로 깨닫는 것 역시 기생의 향긋한 냄새에 대한 비판이다. 주인공은 이제 기생의 향긋한 냄새가 '구데기 썪는

65) 염상섭, 앞의 책, p.82.
66) 염상섭, 앞의 책, p.83.

냄새'로 느껴진다. 이것이 주인공이 발견한 조선의 현실이기도 하다. 그가 발견한 조선의 현실은 그 무엇보다도 기생을 통해 가장 적나라하게 드러나고 있다.

영등포를 지나 용산역을 거쳐서 남대문에 내림으로써, 나는 드디어 서울에 도착하게 되는데, 그 여정을 동행한 사람은 기생이었다. 공간적으로 보았을 때도 일본에서 서울까지의 그의 여정은 일본에서 만난 카페 여급인 정자를 떠나, 기생과 함께 하는 기차를 타고, 카페와 기생촌, 유곽, 계집들이 있는 일본 국수집, 일본식 건물과 시가지로 바뀐 공동묘지, 무덤과 같은 조선의 현실 안으로 들어오는 여정이었다. 뿐만 아니라 주인공의 의식 속에서도 기생이라는 존재는 떠나지 않는다. 그는 서울에 도착하여 집으로 향하면서 머리 속에서는 내내 자신의 아내와 기생을 비교하면서 집으로 간다.[67] 집에서 다시 만난 아버지 역시 동우회 일로 매우 분주하다. 그런데 그 동우회는 무엇보다도 '기생연주회의 후원'을 주요 사업으로 하는 기관이었다.[68]

『만세전』의 여정을 표면과 심층으로 나누어 그 서사 구조를 통해 확인할 수 있는 것은 『만세전』에서 일본에서 조선으로의 귀향의 여정

---

67) 주인공은 기차가 용산역에 들어서면서 이후 계속 자신을 주시하는 기생의 시선을 의식하고 있었다. 뭔가 도움을 요청하는 듯한 시선이었지만 주인공은 '大學生制帽에 敬意를表하기 爲하야 입을 담으러버렷다'라는 서술에서처럼 대학생 의복 때문에 그녀를 도와주지 않고 무시해버린다. 이후 차에서 내려 집으로 향하면서 주인공은 갑자기 기생의 얼굴을 떠올린다. 이 부분을 인용하면 다음과 같다.
'그러자, 별안간 大邱妓生의 얼굴이 써올랏다. 갸름하고 감숭한 얼굴, 무슨 不安을 呼訴하랴는듯한 눈. 「只今쯤, 어데를 헤매이누? 말을 좀부처보앗드면조흘썹!」하며,停車場압헤서 쌀쌀거리며 아는사람이나 나왓는가하고 헤매이든꼴을 그려보면서, 이러한 번민도하얏다.'(염상섭, 앞의 책, pp.84~85)

68) 동우회에 대해 작품에서의 서술을 확인해 보면 다음과 같다.
'同友會라는 것은 日鮮人의 무엇인가를 標榜하고 貴族들을 中心으로 하여 前後俠雜軍들이모히어서 바둑장긔로 歲月을보내고 저녁째면 술추렴이나단이는 會이다. 會의 唯一한事業은 妓生演奏會의後援이나 所謂知名之士가 죽으면 護喪차지나하는 것이다.'(염상섭, 앞의 책, p.89.)

은 카페에서 창녀촌으로 형성된 유곽과 어린 계집아이들이 있는 일본 국수집, 새로 첩을 얻은 형님댁 그리고 기생일로 동분서주하는 아버지와 애정 없이 결혼한 아내가 있는 집으로의 여정이라고 볼 수 있다. 그 여정을 함께 해 주는 사람 역시 기생이다.69) 이 여정을 통해 드러나는 것이 바로 『만세전』이 보여주는 조선의 현실이다.

마지막으로 주인공의 서울에서의 변화를 통해 이 작품의 주제를 밝혀보겠다. 동경에서 서울까지의 여정에서 표면적으로 서울은 이 여정의 마지막 종착지요, 목적지이다. 왜냐하면 이 여정의 발단은 일단 아내를 보기 위한 서울행이었기 때문이다. 그러나 실제로 서울은 그에게 도착지나 목적지가 되지 못한다. 그는 아내의 죽음 이후, 다시 홀가분한 마음으로 동경행을 계획한다. 따라서 출발지였던 동경은 다시 새로운 목적지가 된다. 이런 의미에서 이 작품의 여정은 원점회귀의 구조70)라고 볼 수 있다.

그러나 이것을 단순히 식민지 조선의 현실을 발견한 주인공이 결국은 조선을 떠나 다시 동경으로 귀환한다는 것으로 볼 수는 없다. 본고에서 밝힌 바와 같이 그것은 지형적인 복귀를 의미하기보다는 자신이 체험한 건강한 근대로의 복귀를 의미하는 것이기 때문이다. 즉 조선의 피폐화된 현실은 동경의 건강한 근대로 복귀되어야 함을 지시한다. 여

69) 물론 표면적으로는 누구보다도 일본 경찰이다. 신호에서부터 일본 경찰이 주인공을 감시하고 있다. 그런데 본 고에서 밝혔듯이 그의 여정에 동행하는 사람은 경찰 뿐 아니라 기생도 있었다는 점에 주목해야 한다. 경찰과 기생 역시 표면적으로는 법과 무력으로 억압하는 현실과 심층적으로는 성매매의 현실을 통해 드러나는 피폐화된 조선의 현실을 상징하는 인물이라고 할 수 있다.

70) 『만세전』의 구조가 원점회귀의 구조라는 것은 이미 김윤식 등에 의해 제기되었다.
김윤식에 의하면, 이 작품은 겉으로 보기엔 동경에서 서울까지에 이르는 여로형이지만 그 내면구조는 동경에서 서울, 다시 서울에서 동경으로 되돌아가는 회귀형이다. 그리고 그는 이러한 원점회귀의 구조가 주인공이 동경을 묘지와는 다른 천국으로 인식함을 드러낸다고 주장한다(김윤식, 『염상섭 연구』, 서울대학교출판부, 1987, p.205).

기에는 두 가지 의미가 함축되어 있다. 첫째, 표층구조에서 나타나는 의미로 주인공의 여정이 다시 동경을 향한다는 사실은 조선의 비참한 현실이 일본에서 비롯되었음을 보여준다. 둘째로는 근대화의 잘못된 여정에서 비롯된 조선의 근대화가 다시 건강한 근대의 의미를 회복해야 한다는 작가의 주제 의식이 암시되어 있다. 주인공이 카페를 동경하고 일본을 떠나지 못했던 것은 조선으로의 여정을 지연시켰다는 소극적 의미보다는 스스로 자존할 수 있으며 자유를 느낄 수 있는 근대 공간에 대한 향수와 옹호라는 적극적 의미로 읽혀야 한다. 그런 의미에서 이 작품은 조선의 근대가 얼마나 근대의 본래적 모습에서 멀리 떨어져 파행적으로 진행되었는가를 여실하게 드러내 준 작품이라고 볼 수 있다. 물론 일본의 근대를 옹호하는 작가의식도 짐작할 수 있다.

다음 심층구조에서 나타나는 의미로 이는 이 작품의 주제이기도 하다. 이 작품의 결말은 아내의 초상 중에 온 정자의 편지에 대한 주인공의 답장과 이어 동경으로의 귀환으로 끝난다. 정자의 편지는 여학교까지 나와 집안과 주위 환경에 순종치 않고 동경에 와서 여급 노릇을 반년이나 한 정자가 자신의 카페 생활을 청산하고 고향 경도의 同志社 대학에 입학하기로 했다는 새 출발을 알려주는 내용이다.[71] 주인

71) 정자의 편지를 읽은 주인공은 고려공사판에서는 '쭉쭉찢어서 아궁지에 내다버렷다.'(염상섭, 『만세전(고려공사판) 염상섭 전집 1』, 민음사, p.105.) 왜나하면 그녀의 편지가 학비를 바라거나 같이 살기를 바라는 의사로 읽혔기 때문이다. 그러나 이러한 주인공의 행동은 이후 수선사판에서는 찾을 수 없다.
또한 정자의 편지는 고려공사판에는 직접 인용되지 않고 그 내용만 소개되는 반면, 수선사판에서는 직접 인용되고 있다. 특히 다음 인용은 카페 여급으로서의 생활이 그녀에게 의미하는 바를 보여주면서, 그녀가 여기서 벗어나 새 출발하기로 한 계획을 전하는 부분이다.
'반 년 동안의 레스토랑의 경험은 컴컴하고 끈죽끈죽한 생활이었습니다마는 그래도 저는 그 생활 속에서 새 길을 찾았는가 싶습니다. 인간 수양, 세간 수양이 조금은 되었는가 합니다. 만일 내가 지금 지향하는 길로 나갈 수 있다면 M헌에서의 반 년 동안 얻은 문견이 무슨 보토가 될지도 모르겠지요. 그러나 그보다도 그 동안에 당신을 만나뵈었다는 것은 저의 일생에 잊지 못할 새로운

공 역시 정자가 카페에서 나온 것에 대해서는 반가워한다. 주인공은 이후 서울을 떠나기 전 정자의 편지에 답장을 보내는데, 이 답장을 통해 동경으로 다시 떠나는 주인공의 복귀가 의미하는 바를 알 수 있다. 작품에서 그가 보낸 답장은 다른 편지와는 달리 내용이 그대로 소개되고 있으며 양적으로도 가장 길다. 이 편지의 내용을 단락별로 요약하면 다음과 같다.

첫째 단락, 나는 M헌에서의 밤과 동경역의 밤을 생각할 때마다 기쁘지만 나의 주위는 이 기쁨을 편히 맛보도록 내버려두지 않는다. 나의 주위는 공동묘지와 같기 때문이다.

둘째 단락, 나는 스스로를 구하지 않으면 안 된다는 것을 깨달았다. 이것이 바로 나의 처가 죽으면서 내게 가르쳐준 교훈이다. 이 교훈을 남겨주고 죽었기에 나의 처도 죽었다고 생각하지 않는다. 나는 이제 그녀가 남겨 준 교훈과 아이에 대해 책임이 있다는 것을 잊지 않을 것이다.

셋째 단락, 나의 귀국은 결코 무의미한 것이 아니었다. 이번 귀국에서 나는 처를 잃었지만 결코 잃고 가는 것이 아니라 얻고 간다고 생각하며, 이제 스스로의 길을 힘 있게 굳세게 살아야한다는 자각으로 앞으로 나가야함을 깨달았다.

넷째 단락, 우리는 무엇보다도 생명이 있는 한 우리의 생활을 광명과 正道로 인도하자. 당신도 실연의 한숨에서 벗어나 모든 生의 힘을 받기 바란다.

다섯째 단락, 이번에 동경 가는 길에 다녀가라고 했지만 그러지 못함을 용서하라. 시험과 졸업 논문 때문에 사정이 허락지 않는다.

여섯째 단락, 사랑이란 것은 소유에 있는 것이 아니라 서로의 행복

기록이었겠지요……'(염상섭, 『만세전(수선사판)』, 창작과비평사, p.165.)

을 비는 마음에 있는 것이다.

일곱째 단락, 당신이 평안하길 바라며 학비의 일부로 보내는 돈을 기꺼이 받아주길 바란다.[72]

이상이 주인공이 동경으로 다시 돌아가기 전에 정자에게 보낸 편지의 내용이다. 편지를 보낸 후 주인공이 동경으로 떠나는 마지막 장면은 편지에서 쓴 내용을 실천하는 주인공의 자연스러운 행동이다. 편지에서 알 수 있듯이 이번에 아내의 죽음을 계기로 진행된 조선으로의 여정은 한마디로 주인공에게는 '新生'으로의 시작이었다. 특히 편지의 다섯째 단락은 편지를 쓰게 된 동기와 함께 이 작품의 주제를 암시한다. 그가 동경으로 돌아가기에 앞서 이렇게 긴 편지를 쓰게 된 이유도 동경으로 가는 길에 '정자'를 만나지 않기 위해서였기 때문이다.[73] 바로 여기에서 이 작품의 주제가 드러난다. 작품의 표층구조에 의하면 주인공 이인화의 여정은 동경에서 다시 동경으로의 원점회귀이지만, **카페의 여급 정자와의 만남과 편지를 통해 보여주는 것은 이 여정이 결코 원점회귀가 아님을 보여준다.** 주인공은 정자에게 돌아가지 않는다. 동경의 카페에서의 정자와의 만남에서부터 시작하여 신호의 A카페와 이후 창녀촌, 유곽, 일본 국수집, 기생과 함께 한 기차, 기생 후원회로 동분서주하는 아버지가 있는 집으로의 여정은 그가 정자에게로 돌아가지 않는다는 마지막 편지를 통해 더 이상 진행되지 않고 끝난

---

72) 수선사판에서는 이 내용 중에서 특히 첫 번째 단락을 많이 수정하였다. 수정한 내용은 주로 카페에서의 생활이 정자에게나 주인공에게나 신생(新生)을 위한 준비기였음에 동감하면서 그동안 자신의 행동이 부끄럽다고 고백한다.

73) 수선사판에서는 특히 이 부분을 강조하기 위해 편지 끝에 다음과 같은 서술을 덧붙인다.
'(전략) 백 원을 이 편지와 함께 부쳐주었다. …(중략)… 실상은 동경 가는 길에 들르지 않겠다는 결심을 다시 하였기 때문에, 아주 이것으로 마감을 하여 버리고, 나도 이 기회에 가뜬한 몸이 되고 싶었던 것이다.'(염상섭, 『만세전(수선사판), 창작과비평사, p.171.)

다. 주인공은 성매매 인물과 성매매 공간을 통해 발견하게 된 조선의 현실을 인식하면서 마침내 자신이 동경의 카페에서 느꼈던 자유로움과 편안함의 허위성을 깨달았던 것이다.

이 여정에서 나타나듯이 동경의 카페는 '무덤'같은 조선 현실의 시발점이었다. 주인공은 '무덤'같은 조선 땅을 떠나면서 동시에 '무덤'같은 카페에서의 만남과 결별함으로써 '신생'의 첫 출발을 한다. 동경역에서 헤어지면서 정자가 준 편지에서 자신을 사랑하지 않으면서 실없이 대하는 주인공 이인화의 태도에 대한 정자의 불만과 갈등은 마침내 여학생으로서의 정자의 새 출발을 격려하는 이인화가 보내는 마지막 편지와 학비를 통해 해소된다. 주인공은 정자에게 학비를 보낸다. 이 돈은 주인공이 정자의 몸값이나 술값으로가 아니라 새 출발을 돕기 위해 준 돈이었다. 또한 이 돈은 동경에서의 자신의 행동에 대한 사죄와, 정자에게 받은 선물에 대한 보답이기도 했으며 결국 더 이상 그녀에게 빚을 지고 싶지 않은 주인공의 의지를 표현한 것이었다. 이제 주인공과 정자에게 남겨진 것은 카페에서 깨닫게 된 현실인식으로 무덤 같은 카페 즉 '컴컴하고 끈죽끈죽한 생활'을 벗어나는 일이다. 바로 이것이 『만세전』의 결말이 보여주는 이 작품의 주제이다.[74)]

---

74) 본 논문에서는 분석하지 않았지만 『만세전』에서와 같이 고향으로 귀향 여정에서 나타나는 성매매 문제를 통해 조선의 현실을 보여주는 작품으로는 현진건의 「고향」(1926)을 들 수 있다. 대구에서 서울로 오는 경부선 기차 안에서 만난 사람끼리의 대화로 구성된 이 작품에서 '나'는 '동양 삼국 옷을 한 몸에 감고 있는' 청년의 이야기를 듣게 된다. 그 청년은 17세 때 간도로 이주해갔는데, 이후 신의주, 만주 안동현, 일본 규슈탄광, 오사카의 칠공장을 거쳐 다시 돌아온 고향 대구에서 예전에 정혼했었던 처녀와 재회한다. 그녀 역시 17세 때 아비에 의해 유곽에 팔려간 후 10년 동안 매춘여성으로 지내다 병든 몸이 되어 고향에 돌아왔던 것이다. 이 작품의 결말에는 그녀와의 만남을 이야기한 청년이 술을 마신 후 부르는 다음의 노래로 끝이 난다.

'볏섬이나 나는 전토는 신작로가 되고요 말마디나 하는 친구는 감옥소로 가고요 담뱃대나 떠는 노인은 공동묘지 가고요 인물이나 좋은 계집은 유곽으로 가고요.'(현진건, 「고향」, 『고향(한국남북한문학100선)』, 일신서적, pp.243~244.)

2. 지식의 도구화와 성욕과 연애의 서사

이 장에서는 여학생이 주동인물로 등장하는 『너희는 무엇을 어덧느냐』(1924), 『사랑과 죄』(1927~1928), 『이심』(1928~1929), 『재생』(1924) 중에서 『너희는 무엇을 어덧느냐』와 『재생』에 나타나는 서사 구조를 통해 인물들과 세계와의 갈등 양상을 분석해 보고자 한다. 1920년대 성문제와 성매매 문제를 통해 식민지 현실을 가장 활발하게 작품에 등장시키는 작가는 염상섭이다. 그는 자신의 중·장편을 통해서도 성 문제를 가장 적나라하게 거론하고 있다. 물론 노골적인 성애 장면이나 에로스적인 측면보다는 성의식과 성매매 문제를 통해 현실의 문제에 접근한다.

염상섭의 **『너희는 무엇을 어덧느냐』**(1924)는 당시 젊은이들의 사랑과 연애를 다룬 작품이다. 이 소설에서는 작중인물들의 근대의식이 연애감각을 통해 드러난다.75) 여학생을 중심으로 신교육을 받은 청년들과 기생이 대거 등장하는데 어느 한 명을 주인공이라고 정하기가 어렵다. 이 작품은 사건의 진행을 따라가는 스토리보다는 인물들의 성과 사랑, 그리고 연애관이 직설적으로 서술되고 있어서 토론체 소설과도 흡사하다. 덕순, 명수, 한규, 경애, 중환 등 여러 인물들이 연애를 하기는 하지만, 모두 연애에 실패하고 결국 연애에 대해 설파만 한 격이 되고 만다. 따라서 이 작품의 서사 구조의 특징은 인물이나 사건에 의한 구조가 아니라 각 인물들의 자기주장을 중심으로 한 토론체 구조라고 할 수 있다.76) 이에 몇 가지 주제에 대한 각 인물들의 의견을 수

---

75) 류양선, 「근대지향성의 문제와 현실 뒤집기의 수법」, 『염상섭문학연구(염상섭 전집별권)』, 민음사, p.131.

76) 이 작품의 분석에서는 몇 개의 토론 주제를 중심으로 각 인물들이 보여주는 의견을 그대로 인용하는 경우가 많다. 이는 이 소설이 사건 중심의 서사구조보다는 자신들의 주장을 펴고 이에 대해 토론하는 구조로 이루어졌기 때문에 가능한 한 각 인물들의 의견을 그대로 인용함으로써 토론의 현장을 구조 분석

렴해 봄으로써 이 작품의 내적 구조를 확인하면 다음과 같다.

첫째, 사랑과 결혼에 관한 토론이다. 이 문제는 덕순의 가정을 중심으로 진행된다. 덕순은 학교에 다닌 신여성이지만, 상처하고 인쇄소를 운영하는 영감, 뚝바리 아저씨 응화와 결혼한다. 두 살 위의 전처 소생의 아들과 같은 학교 동창인 며느리와도 함께 산다. 덕순의 결혼에 대해 가장 먼저 비판적인 인물은 아들과 며느리이다. 그들은 언제나 덕순을 어머니로서가 아니라 비웃음과 하대의 대상으로 여긴다.

> 며느리는 조선식 머리를 쪽지고 구두를 철버덕어리며 나가는 싀어머니의 뒤ㅅ모양을 멀거니 바라보다가.77)

며느리가 바라보는 시어머니의 외양이다. 조선식 머리로 쪽을 지고 구두를 철버덕거리며 나가는 모습은 일단 조선식 머리를 하고, 어설프게 서양식 신을 신은 여학생 출신의 시어머니의 외모를 풍자한 것이기도 하다. 자신과 맞지 않은 서양의 구두를 신었듯이 덕순은 며느리 눈에는 서구의 습속을 자기 것으로 만들지 못한 모습으로 비쳐진다. 동시에 조선식 결혼을 한 즉 봉건적인 가족제도의 유습이라 할 수 있는 부자 영감의 두 번째 부인으로 들어온 덕순의 결혼 역시 곱지 않다.

덕순의 결혼에 대한 두번째 토론자는 덕순과 경애 그리고 한규이다. '일본 청산학원 녀자부 여학생'인 경애가 방학을 이용하여 조선에 나와 덕순의 집에 2주일간 머물게 된다. 경애는 덕순과 언니 동생 하는 사이이기도 하다. 여학생으로 일본에서 신지식을 배우고 있는 여학생 경애는 덕순의 집에 머물면서 덕순의 결혼 생활을 통해 가치관의 혼

으로 재구하기 위해서이다. 따라서 이 작품의 분석에서는 인용문이 많음을 미리 밝히는 바이다.

77) 염상섭, 『너희는 무엇을 어덧드냐(염상섭 전집 1)』, 민음사, p.180.

동을 겪는다. 덕순은 사랑했기 때문에 뚝바리 영감과 결혼을 한 것이 아니었다. 그 두 사람의 결혼을 가능하게 했을 뿐만 아니라 두 사람의 부부관계를 이어주는 것은 사랑이 아니라 돈 때문이다.

> ①「글세 사랑 업는 결혼은 강간이라는 심한 말을 하는 사람도 잇지만 잇는 사랑이 업서진 것과도 달라서 처음부터 사랑 업시 한 결혼이니까 더구나 자긔 손으로 한 거니까 그만한 책임이 자긔에게 잇슬 일이 아니야. 하고 보면 리혼을 하는 한이 잇드라도 그만한 분간은 잇서야 할 것이요 또 어려운 처디에 잇슬 때에 도아준 은혜도 이저버리지 말아야지. 덥허노코 늙엇서 뚝바리야 사랑이 업서 리해가 업서 묵사발이야 보기시려 하기만 하면 될 수 잇는 일인가. 하하하」78)

> ② 인제야 십 팔구세쯤 된 경애로서는 모든 생각이며 수작이 퍽 일되엿다고 할 수 잇다. 그러나 돈과 사랑이라는 두 가지를 어떠케 조화를 식히어서 해결할가 하는 문뎨를 생각하기에는 아즉 어리고 자긔힘에 겨운 일이다. 따뜻한 품도 행복스럽지만 따뜻한 주머니도 반가운 것이다. 뜨거운 키쓰도 업시는 살 수 업지만 피아노ㅅ소리도 들어야 하겟다. 어떠한 때는 피아노ㅅ소리가 미직은한 키쓰나 느슨한 포옹을 더 뜨겁고 더 힘잇게 할지도 모른다. ……돈하고 사랑이 한 덩어리가 되여서 물건에 그림자가 쫏치듯 하얏스면 이 세 계집들을 방황하지도 안코 울지도 안을 것이다.79)

> ③ 경애는 불숙 이런 생각을 하야 보다가

78) 염상섭, 앞의 책, p.191.
79) 염상섭, 앞의 책, pp.196～197.

「사랑이란 두 가지가 잇다 하얏지!」 하며 언제인지 한규가 제 멋대로 천박한 리론을 부처서 이약이하야 들녀준 말을 문득 생각하야 보앗다—「응! 돈으로 살 수가 업는 사랑과 돈에 파라 먹을 수 잇는 사랑이 잇다 하엿지. 령이라는 옷에 육을 싼 사랑은 돈으로 살 수 업지만 령을 육의 껍질로 싼 사랑은 돈만 가진 작자가 나스면 어느 때든지 덤덤히 뎜여서 팔 수 잇는 것이라고 하얏겟다. 하지만 기생이나 갈보가 안인 다음에야 돈에 눈이 어두어서 사랑을 하고 몸을 내던질년이 어데 잇드람!」

경애는 기생과 갈보나 돈에 사랑을 덤여 판다는 결론에 만족할 수밧게 업섯다.

「그러나 밥을 굶고 맛붓들고 안저서도 뜨거운 키쓰를 할 수 잇고 굿세인 포옹을 할 수 잇슬가?」 하는 문뎨는 살짝 덥허 두엇다.80)

인용 ①은 한규와 경애의 대화에서 덕순이가 이혼할 것 같다는 경애의 말에 대한 한규의 답변이고 ②는 서술자의 의견, ③은 경애의 독백이다. 인용 ①에서 한규는 덕순의 결혼이 사랑 없이 한 결혼임을 인정하면서 사랑의 유무가 결혼의 조건이 되지 않았던 것처럼 이혼의 조건이 될 수 없음을 지적한다. 덕순의 결혼 문제는 결국 사랑과 돈의 문제를 중심으로 토론에 부쳐진다. 모든 조건, 부모의 결정까지도 승복하지 않으면서 오직 사랑만이 강자가 될 수 있는 길이고, 사랑만을 통해 결혼을 하는 것을 추구했던 여학생, 신여성들이 이제 새로운 문제로 고민한다. 그것은 인용 ①에서 나와 있듯이, 사랑과 돈 사이에서의 고민이다. 돈과 사랑을 어떻게 조화시킬 것인가의 문제는 당시 여학생들의 골칫거리였다. 여학생들의 사랑은 이제 '돈'과의 관계를 통

80) 염상섭, 앞의 책, pp.197~198.

해 변모하기 시작한다. 따스한 품 뿐 아니라 자신들이 갖춘 여학생이라는 지위를 통해 얻을 수 있는 '피아노 소리' 즉 부의 선택을 포기하기 어려웠던 것이다. 사랑만이 아니라, 사랑과 돈의 조화, 사랑과 돈의 관계를 통해 자신들의 사랑관을 고민하면서 결국 인용 ②에서와 같이 사랑을 이분화시킨다. 하나는 '돈으로 살 수 없는 사랑'이고 다른 하나는 '돈으로 팔아먹을 수 있는 사랑'이다. 돈으로 살 수 없는 사랑은 '영이라는 옷에 육을 싼' 사랑이며, '영을 육의 껍질로 싼' 사랑은 돈으로 사고 팔 수 있는 사랑이다. 경애는 한규의 이야기를 회상하면서 사랑의 개념을 분화시키는 것으로 이 문제에서 벗어나고자 한다. 물론 그녀는 돈으로 사랑을 사고파는 사람은 기생이나 갈보뿐이라고 함으로써 덕순의 결혼을 돈으로 산 결혼이라는 문제에서 회피하고자 한다. 그녀의 여학생으로서의 이상이 아직은 덕순의 결혼이 갖는 현실적 문제를 파악하는 것을 방해하기 때문이다.

염상섭의 소설 속에서는 여학생들의 결혼 과정 뿐 아니라 그것에 대한 비판적인 시선이 언제나 존재한다. 주로 이 역할은 남성 인물들에 의해서 제기되는데, 『너희는 무엇을 어덧느냐』에서 중환이나 홍진이는 그런 역할을 담당하고 있는 인물이다.

> 「……엇재든지 지금 와서는 끗장을 내겟다 나는 김응화의 집 사람이 아니다-고 생각하시는 터이지요? 그리하면서도 학비가 구처가 되여야 결단을 하겟다는 것은 뒤길을 두랴는 모양이나 넘어도 약은 수작이 아니예요? 학비가 아니 되면 엇더케 하실 작뎡인가요? 물론 돈으로 해서 리혼을 하느냐 안 하느냐 하시는 것은 아니겟지요? 그는 고사하고 마음으로는 남편두 친구두 아니라고 생각하면서 그 사람의 돈을 쓰고 밥을 먹고 그 사람의 집에 몸을 담어 두는 것은 량심상 부끄러운 일이 아니요? 무엇이든지 한 가지식 딱딱 결정을 해 나가야지 밤낫 그 모양으로 뭉깃뭉깃하고 잇스면 몸만 축

가고 나종에는 아모것도 되지 안코 말걸요. 좀 심한 말인지는 모르지만 지금 형편으로 보면 생활의 안뎡을 엇지 못하리라 그 집에서 나오면 당장에 굴머죽으리라는 걱정-단순한 그 리유로만 김씨집 문에다가 턱을 괴이고 잇는 형편이 아니요. 이런 소리를 한다고 노하시진 마세요. ……그러나 그러타고 지금 그 집에 계신 것이 잘못이라는 것은 아니얘요. 하지만 인격의 해방이라는 것을 표방한 정신뎍 동긔에서 나온 것을 생각하시는 동시에 그리 서둘을 게 아니라 깁히 생각을 더 하시고 서서히 길을 조처하시라는 말이얘요」 홍진이는 좀더 힘잇게 말을 매즈랴 하얏스나 남이 드르면 남의 유부녀를 유인하는 것 갓기도 하고 또 덕순이만 하드라도 자긔가 무슨 야심을 가지고 한층 더 부채질을 하는 것가치 드를 것 가타야서 어름어름하고 입을 담으러 버렷다.[81]

인용은 김응화와 이혼을 하려고 하지만, 학비 때문에 고민을 하는 덕순에게 하는 홍진이의 말이다. 그는 여기에서 마음으로는 남편도 친구도 아니면서 그 사람의 돈을 쓰는 덕순의 결혼 생활을 비판한다. 생활의 안정, 생계에 대한 불안함 때문에 결혼 생활을 유지하고 있는 덕순의 모순적인 인생을 비판하는 것이고, 그것은 곧 당시 덕순이와 비슷했던 여학생, 신여성들에게 하는 말이기도 하다. 덕순의 삶은 자신이 한 공부 덕분에 사랑은 없지만, 생활이 보장되어 있는 김응화와 결혼을 했고, 이후 결혼 생활에 회의를 느껴 이혼을 하려 하지만, 자신이 원하는 학업과 생계를 위해 이혼마저도 망설인다. 그녀에게 결혼은 '사랑'의 선택이 아니었으며, 이미 그녀의 이상은 '돈'이었음을 알 수

---

81) 염상섭, 앞의 책, p.365.
이 부분에 의하면 이혼을 하는데도 돈이 중요하다.
염상섭 소설은 남자들보다는 여자들이 부정적으로 그려지고 있고, 연애를 해도 남자들보다는 여자들이 하는 연애 행각이 부정적으로 나타난다.

있다. 이처럼 여학생들이 추구했던 '사랑'이 '자본' 앞에서 갈등하고 패배하는 과정을 통해 이 작품은 당대 사회 현실을 고발한다.

그것은 중환이의 말과 같이 진정한 사랑을 나누는 '연애'를 할 줄도 모르고, '연애'를 할 수 있는 조건도 마련되어 있지 않은 조선의 현실이었다. '타락이라는 건 외입하는 것만이 안일세……불상한 것은 조선 청년이야. 이것이 만일 숙명뎍이라 할 디경이면 비참한 일일세……'[82] 라고 개탄하듯이 그것은 또한 불쌍한 조선 청년들의 현실이기도 했다. 그러나 작가는 이러한 현실 인식보다는 이를 숙명으로 받아들인다. 조선의 백성을 '연애라는 행복을 타지 못하고 나온 인종일세. 끈기도 정열도 없는 사람에게 연애가 있을 리가 잇나? 입술에서 입술로 날아다니는 연애밖에는 없을테지!'[83]하면서 '연애없는 민족'이니 '연애를 할 조짐이 없는 조선 사람'[84]이니 하고 운명적으로 받아들일 뿐, 연애를 할 수 없었던 시대 상황에 대한 비판의식은 나타나지 않는다.

운명적으로 연애를 할 수 없는 민족이라는 작가의 숙명론적 사고는 사랑보다는 생계와 학비를 위해 '돈'을 선택하는 여학생들이나 성을 '돈'으로 사고파는 성매매 인물들을 파악하는 데 한계를 지닐 수밖에 없다. 이러한 작가 의식의 한계는 여학생들의 결혼을 개인적인 욕망의 분출로 해석하고 그녀들을 비난하면서 여학생보다는 춘향이나 예전의 봉건적인 여성을 긍정하는 시대착오의 우를 범한다.

> 「그런 걸 보면 역시 드러안진 부인네가 낫지 안어요?」 하며 주인을 치어다보니까 이 청년화가도 「그러타뿐이애요」 하며 찬성을 하고 한참 안젓다가 「그것도 깁흔 작가만 잇고 정말 인생에 대한 열정이 잇다든지 생활의 길을 안다 할 디경이면 부인해방이나 자

---

82) 염상섭, 앞의 책, p.281.
83) 염상섭, 앞의 책, p.271.
84) 염상섭, 앞의 책, p.280.

유련애니 자유결혼이니 하야도 무방하겟지요. 하지만 지금 조선에 안저서야 어림 잇습니까. 전사회로 말하면 처음부터 문데두 아니 되겟지만 개인으로 말하드라도 소위 자각이라는 것이 엇더한 뎡도 까지 심각한지 모르지요. 하구 보면 근본 원리가 그른 것이 아니라 사람의 죄요 시대의 죄겟지요」 하며 어느덧 리론을 끄러내다가 듯는 사람이 우습게 알 듯하야 말끗을 얼른 돌려서 자긔 부인을 가르치며

「저 친구만 하드라두 부득이 드러안젓게 되엿스니까 저만하지 만일 요새 누구니 누구니 하는 사람들처럼 나단이며 연단에라도 몃 번 나서 보슈? 나중에 무에 될찌 누가 아나!」 하며 농처 버리고 우섯다.85)

명수가 정옥의 집에 들러서 주인 부부와 대화를 나누는 장면이다. 여기서 '드러안진 부인네'는 신여성을 염두에 두고 한 말로, 신여성이 아닌 여성을 뜻한다. 자유연애니 자유결혼, 부인해방 등 당시 논란이 되었던 여성 해방 사상에 반감을 가지고 있는 주인은 신여성들을 비난한다. 이후 명수는 주인의 의견에 동의하면서 과거 봉건적인 여성을 이상적인 여성으로 제시함으로써 신여성들이 추구했던 여성상을 부정한다.

둘째, 사랑과 성욕에 대한 토론이다. 첫 번째 토론 주제는 덕순 부부가 각자 미국과 일본으로 떠나고, 경애와 한규도 일본으로 떠남으로써 종결된다. 물론 문제의 해결을 본 것은 아니지만, 사랑과 결혼의 문제는 모두 다시 배우기 위해 외국으로 나가는 것을 통해서 마무리 되는데 이는 더 배워서 알아야 할 문제라는 식의 잠정적인 해결이라고

---

85) 염상섭, 앞의 책, pp.381~382.

볼 수 있다. 첫 번째 문제가 잠정적으로나마 해결되면서 제기되는 새로운 문제는 사랑과 성욕의 문제이다. 지극히 순수하고 지순하며 최고의 이상으로 여겼던 사랑이 돈과의 관계를 통해 현실적이 되고 이분화 되는 과정에서 전개되는 문제가 또한 성적인 문제, 육체적인 문제이기도 하다. 왜냐하면 그들이 추구했던 사랑을 알기 위해서도 성에 관한 문제는 선결되어야 하기 때문이다. 이것은 마리아의 애정편력, 특히 마리아가 석태와 연애를 하게 되는 문제를 중심으로 전개된다. 누구보다도 근대적 여성으로서의 요건을 갖추고 있는 마리아는 사랑의 대상을 여러 번 바꾼 인물이다. 특히 마리아가 안석태를 선택한 것은 그가 자기의 성적 만족을 구할 수 있는 대상이라고 생각했기 때문이다.

> 사랑의 끗은 성욕의 충동이라는 원소의 동화작용으로 피오는 것이다. 다시 말하면 련애라는 심뎍 현상(心的現象)을 이르키는 원동력이 생명톄의 뎨일 밋층에서 굿세게 움즉이는 성욕에 잇다는 말이다. 하지만 그러타고 성욕이 련애의 전톄가 아닌 것은 물론이다. 만일 성욕에만 편벽된다 할 디경이면 마치 피어나는 꼿에 독한 거름을 만히 주는 것과 가튼 결과를 어들 것이다. 성욕을 다만 성욕대로 밧거나 그것을 충족식힘에 넘어 급하야서 이것을 능히 미화하고 정화할 줄을 모를 디경이면 그것은 개 돼지에 지날 게 업슬뿐만이 아니라 정열의 낭비나 사랑의 힘의 발산밧게 아모 소득이 업는 것이다. 하기 때문에 이런 경향을 가진 남녀의 관계는 다만 추악할 뿐 아니라 오래 계속하지를 못하고 마는 것이다. 그러나 이러한 종류의 남녀-다시 말하면 성욕의 충족만이 련애의 전톄로 아는 천박한 남녀에게는 성욕을 충족식힐 긔회가 업시 그 련애관계가 깨트러질 때에는 피차의 인상이 아름답고 깁게 남을 수 잇는 것이다. 독자는 나의 이 론리가 정확한가 아니한가를 마리아라는 처

녀로 말미암아 증명할 수 잇슬 것이다.[86]

서술자의 말이다. 작가 개입이 두드러진 부분이라서 소설에서의 서술자로서의 역할이라고 보기 어렵다. 오히려 이 부분은 서술자를 통한 작가의 주장이라고 해야 한다.[87] 서술자 즉 작가는 연애의 원동력은 성욕이라고 주장한다. 그러나 성욕이 연애의 전부는 아니다. 성욕을 자제하거나 정화할 줄 모르는 것은 짐승과 같으며, 정열의 낭비나 사랑의 발산밖에 아무 소득이 없는 것이요, 이런 경향의 남녀는 추악할 뿐이다. 성욕의 충족만이 연애로 아는 천박한 남녀에게는 성욕을 충족시킬 기회가 없이 끝나는 연애가 오히려 아름답다는 것이고 이러한 것을 보여주는 것이 이 소설에 나오는 마리아라는 인물이라고 소개한다.

사랑을 추구하는 것은 성욕의 문제, 성에 대한 문제를 피하고서는 제대로 해결할 수 없다는 인식, 즉 사랑과 성욕, 사랑과 성의 관계에 작가는 주목하고 있다. 그는 둘의 관계를 인정하면서도 사랑은 성에 의해서만 충족될 수는 없는 영역이라고 주장한다. 사랑을 추구하던 여학생, 신여성들, 그들에게 성에 대한 문제가 제기될 수 있었던 것은 그들이 추구한 사랑에 이미 내재하고 있는 성적인 충동과 관계가 있다. 그런데 작가는 사랑을 추구하는 여학생, 신여성들이 오히려 사랑보다

86) 염상섭, 앞의 책, p.292.
이 부분은 특히 작가 개입이 두드러진다. 특히 마지막 구절을 염두에 둔다면, 염상섭 소설의 인물들은 바로 작가의 논리를 증거하기 위해 작동하는 인물들이라 할 수 있다.

87) 이 인용에서 작가 스스로 '독자는 나의 이 논리가 정확한가 아니한가를 마리아라는 처녀로 말미암아 증명할 수 잇슬 것이다' 라고 썼듯이 염상섭 소설의 인물들은 작가 자신의 논리를 증명하기 위해 작동하는 인물들이다. 이 작품에서 인물들은 작가 자신의 성과 사랑의 관계를 증명하기 위해 창조된 인물이며, 작가에 의해 조정당하고 있는 인물이기도 하다. 그런 면에서 이 소설이 갖는 한계 또한 인정하지 않을 수 없다. 이 작품은 인물과 사건을 중심으로 하는 소설이라기보다는 작가의 사상을 전달하는 토론의 장이다.

는 성욕에 치우치는 경향이 있음을 강조하여, 그런 인물의 예로 '마리아'를 등장시킨다. 마리아 뿐 아니라, 이 소설에서 모든 인물들은 연애를 한다.88) 그리고 자신들의 연애관과 사랑관에 대해 자신들의 생각을 밝히는데 이 부분들을 찾아보면 다음과 같다.

① 홍진: 「…(전략)… 앗가 거긔에도 썻지만 성뎍(性的)으로 니러나는 모든 사건이나 관계를 오늘날 가튼 도덕이나 신조로 제재하고 비평하야 가는 것은 일로부터의 사회에서는 큰 고통으로 알 것이지요. 하기 때문에 조선가치 엄격하고 가혹한 사회에서는 반동뎍으로 맹렬한 성뎍 타락(性的墮落)의 시대가 음습하야 올 것이요 또 그 반동으로 성(性)의 진정한 혁명시대가 오겟지요」 홍진이는 마치 성학자(性學者)처럼 느른느른한 목소리로 꽤 길게 자긔의 의견을 이야기하얏다. 그러나 다소간 홍미잇게 듯는 녀자들도 성뎍 혁명이라는 말이 무엇을 의미하는 것인지 어정쩡한 모양이엇다.89)

② 중환: 「참 바른 대루 말이지 나만큼만 량심들이 잇스라구 해! ……나는 사실 돈을 주고 계집을 사기는 하지만 남의 집 처녀를 꾀어내 본 이른 업네. 돈으로 계집을 사는 것도 자랑할 일은 못되지만 오늘날 사회조직 미테서는 하는 수 업는 일이 아니야? 성뎍 자본주의(性的 資本主義)가 깁흔 뿌리를 받은 이 세상에서 말이야……」

「실상 말이지 지금 장가를 가랴야 어듸 계집다운 계집이 잇

88) 그러나 인물들의 연애가 구체적인 사건을 통해 진행되거나 그들의 연애가 스토리의 중심 구조를 차지하지는 않는다. 이 작품은 본문에서 이미 밝힌 바와 같이 각 인물들의 사랑관에 대한 토론으로 진행되기 때문이다.

89) 염상섭, 앞의 책, p.234.

서야지」하며 명수가 도홍이를 치어다보니까

석태: 「자네야 말할 것 잇나! 녀학생하면 등꼽추두 조코 안진방이라두 업고 단이겟다는 사람하구 말이 되나」

「미친 사람이로군. 하지만 지금 장가를 가랴면 역시 녀학생밧게 어데 또 무에 잇나」90)

③ 명수: 「그러케 비관하지 안어두 조흐니 그건 김군이 이때껏 련애를 경험해 보지를 못하얏스니까 그러한 판단을내리우는 거지……」하며 반대를 하얏다.

중환: 「하지만 안 되어여. 나두 아주 경험이 업지 안치만 다 쓸데업는 말이야. 춘향이 가튼 렬녀도 업구. 거의 련애의 신이라구 나는 생각하지만 춘향이는 벌서 죽엇네……이런 소리를 하면 자네는 도홍이를 생각하겟지만은 도홍이는 분 바른 계집애요 춘향이는 안일세. 자세 아라 두게. 평양서 나가지고 서울서 자라난 대동권번 기생이요 남원 태생은 안일세. 라군의 혈관에두 리도령의 피는 업느니……」하며 중환이가 헷우슴을 치니까 명수도 따라 우스며

「누가 아나? ……두구 보게 성공을 하는 걸」하고 입살을 꼭 담으럿다. ……

「아 글세. 그만한 정열이라든지 근긔라든지 의지가 잇다 하면 조선 사람의 민족성이 근본덕으로 유망하다구 할 수 잇지 안어? ……」91)

④ 중환: 「……어떠튼지 련애라는 것은 모든 힘을 나흘 수 잇다고 나는 생각하네만은 이러한 의미로 나는 조선 사람이 련애의

90) 염상섭, 앞의 책, pp.245~246.
91) 염상섭, 앞의 책, pp.271~272.

삼매(戀愛三昧)에 취생몽사로 세월을 보내라는 말이 아니라 다시 말하면 련애의 그 자체보다는 련애를 할 만한 모든 조건과 조짐이 조선 사람에게 잇섯스면 조켓다는 말일세. 그러나 련애라는 것은 감정이 순일하여야 할 것이요 자긔의 생활에 대하야 깁흔 자각과 날카로운 반성력이 잇서야 할 수 잇는 것일세…… 요새 젊은 애들이 례배당문 뒤에서 「아모개씨- 오늘 달은 참 유난히도 밝습니다!」 「아 참 그래요. 이 장미꼿 조치요」 「그건 웬 거애요? 누구를 주실 거애요? 어서 갓다 주시지요」하며 내버려도 개도 집어 먹지 안을 소리를 속살거리면서 세상이나 맛난드시 떠돌다가 치맛자락이 떠들석하야지면 「실상은 신성한 련애를 할 작정이라서……」하며 난데업는 신성을 츳드러 내이는 것을 가지고 련애 련애 하지만 그것은 련애가 아니라 무지라는 돈으로 산 본능적 생식이라는 것밧게 아무것두 아닐세. 그것조차 업는 사람일 디경이면 밤을 낫으로 알고 도라단이는 기생집 순례일세. 이것두 저것두 할 여디가 업는 사람은 아츰 먹구 안저서 저녁 걱정하는 축일세. 그리하야 나종에 남는 것은 불순이라는 것과 무감각이라는 것밧게 업느니! 타락이라는 건 외입하는 것만이 안일세……불상한 것은 조선청년이야. 이것이 만일 숙명뎍이라 할 디경이면 비참한 일일세……」[92]

⑤ 명수: 사랑은 정코 아름다우며 존귀한 것이다. 사랑이라는 것 그 자톄가 그럴 뿐 아니라 서로 사랑하는 사람도 아름다워지고 순결하야지고 존귀하여지는 것이다. 그러나 여긔에는 고통과 번민이 항상 잇스며 그림자 잇는 것과 가치 따라다니는 것을 미리 짐작하여야 할 것이다. 사랑의 눈이 틔운다는 것-이것처럼 아름

92) 염상섭, 앞의 책, pp.280~281.

답고 귀여운 것이 어데 잇스랴? 이것처럼 순결하고 신성한 것이 어데 잇스랴? 이것이야말로 생명이 가장 크고 가장 놉게 뎐개되랴는 서곡이다. 그러나 거기에는 고민이 잇다. 심통이 잇다. 한숨이 잇다. 초조가 잇다. 의혹이 잇다. 싀긔가 잇다. ……스물일곱 살이 되는 오늘날까지 녀자 육테의 비밀도 아즉 모르는 명수의 압헤는 지금 도홍이라는 우상이 돌연히 나타낫다.[93)]

⑥ 석태: 요새 련애는 미두나 다를 게 업습니다.[94)]

⑦ 명수와 마리아의 대화: 「그리게 련애지요. 리론을 초월하고 상식을 초월한 절대경 신비경이 업스면 련애가 성립되겟습니까」하며 명수는 일단 말을 끈엇다가 「하지만 상식을 초월한다는 말은 련애하는 사람의 심리라는 것은 도뎌히 상식으로 판단할 수 업다는 말슴이지요」

「그리기루서니 남자에게 자백을 하랴 쪼차가서 밤을 새이며 맛붓들고 울기까지 하고도 뿌리치고 오다니……참아 발길이 돌아슬까요?」하며 마리아는 남자의 얼굴을 바라보앗다

「쉽게 말하면 그럴지도 모르지만 거긔에 련애의 절대성이 잇고 그녀자의 사람으로서 강한 뎜이 잇는 것이겟지요. 마음으로는 벌서 B를 사랑하면서 엇더케 자긔의 량심을 속이고 A의 품으로 갈가요? 그러케 아니하는 데에 <지각>잇는 현대인의 자랑이 잇는 것입늬다. 량심 압헤 ……전심전령이 융합하야 법열이라는 독안이에서 심령이 끌어올로 한우님이 깁버 놀랄 만한 사랑 압헤 ……돈이 뭐애요? 명예가 뭐애요? 학문이 뭐애요? 건강이 뭐애요? 그런데 무슨 힘이 잇다고 생각하십니까? 돈업는 폐×

93) 염상섭, 앞의 책, p.283.
94) 염상섭, 앞의 책, p.320.

병장이면 엇더탄 말이에요?……」[95)]

인용 ①에서 홍진이는 조선 사회가 성적 타락의 시대라고 말하면서 성의 진정한 혁명 시대가 오리라는 것을 예측한다. 그는 조선의 현실을 성을 통해 진단하고, 성을 통한 조선 사회의 대 변화를 기대했던 것이다. 홍진의 논의는 식민지 조선의 현실을 성적 타락과 성혁명으로 인식했다는 점에서 특이하다. 그러나 성혁명이 구체적으로 어떤 것인지는 제기하지 않고 있다.

인용 ②에서 중환이도 당대를 피할 수 없는 성적 자본주의 시대로 파악하고 있다. 그래서 계집을 돈으로 살 수 있다는 것을 당연시한다. 아울러 성적 자본주의 시대이지만 그래도 자신이 원하는 배우자는 여학생이라고 밝힌다. 당시 여학생이 여전히 이상적인 배우자감이었음을 알 수 있다.

인용 ③은 '조선 사람이란 련애라는 행복을 타지 못하고 나온 인종'이라는 중환이의 말에 대한 명수의 반론과 중환이의 대답니다. 이들은 모두 연애 감정을 통해 조선의 민족성을 판단하고, 연애를 통해 조선의 미래를 비관한다. 연애는 정열과 의지가 없이는 할 수 없기 때문에 연애를 못하는 민족은 그만큼 정열과 의지 면에서 취약하고 따라서 미래가 암울하다는 것이다.

인용 ④는 중환이가 생각하는 연애에 대한 견해를 제시해 준다. 연애는 감정의 순일, 깊은 자각, 날카로운 반성력이 있어야 할 수 있는 것이며, 그런 면에서 연애를 할 만한 조건과 조짐이 조선 사람에게 있었으면 좋겠다고 하는 것이다. 요즘 젊은이들 사이에서 유행하는 연애는 연애가 아니라, '돈으로 산 본능적 생식'밖에 안 된다면서 당시 연애 풍속도를 비판하기까지 한다. 그는 연애와 본능적 생식을 엄연히

---

95) 염상섭, 앞의 책, pp.342~343.

구분하고, 본능적 생식에 치닫는 조선의 현실이 결국 불순과 무감각만 남을 것임을 경고하고 성적 타락을 우려한다.

인용 ⑤는 육체적인 경험이 없는 순진한 청년 명수의 사랑론으로, 사랑을 이상시하고 아름답게 생각하면서 훼손되지 않는 가치로 설명한다.

그에 반해 인용 ⑥은 석태의 주장으로 당시 연애가 미두나 다를 바 없다는 말이고, 인용 ⑦은 명수의 연애론으로 인용 ⑤에서와 같이 연애에 있어서 절대적 순결성과 순수성을 주장한다. 그에게는 돈, 명예, 학문, 건강까지도 초월할 수 있는 것이 연애이며, 사랑이다.

이상 『너희는 무엇을 어덧느냐』에서 모든 인물들은 사랑과 연애를 중심으로 서로 관계를 맺으면서 자신들의 사랑과 연애관에 대해 토론을 한다. 각 인물들이 자신들의 생각과 견해를 직설적으로 토로하고 있을 뿐, 실제로 인물들 간에 사건의 전개나 성격 창조에는 부족한 면이 많다. 또한 앞에서 확인한 바와 같이 염상섭의 인물들이 작가의 조종에 의해 인위적으로 설정되어 있어 작품의 생명력과 감동을 격감시킨다. 그러나 이 작품은 인물들의 대화를 통해서 당시 풍미하던 성에 관한 문제를 소설 속으로 가져와서 본격적으로 논의를 시도하여, 섹슈얼리티의 문제를 담론화 했다는 데서 그 의의를 인정할 수 있다. 비록 인물들의 소설 형상화나 사건 전개에서 예술미를 확보하는 데는 실패했으나, 작품을 통해 성 문제에 대해 본격적으로 토론을 하여, 시대를 풍미했던 당대 사회의 풍속도를 소설의 場으로 옮겨와 가시화하고자 한 작가의식이 드러나는 작품이다. 이 과정에서 인물들을 통해 나타난 성의식, 즉 당대 사회를 성적 자본주의 시대로 파악하고 성혁명을 통해 사회 변혁을 꿈 꾼 시도는 비록 그것이 구체성이나 현실성에서 미흡하다 할지라도 당대로서는 혁신적인 의식이었다. 또한 주로 식민지 의식으로만 당대 사회를 바라보고자 했던 다른 많은 작가들에 비해서 염상섭이 거둔 작가의식의 고봉이라 할 수 있다. 그는 자신의 소설에서 당시를 성을 통해 바라보고 진단했으며, 여학생들의 사랑과 결혼의 갈등을 통해 돈과 사랑 그리고 성욕의 문제를 사회변혁의 의지로 파악한다. 특히 이 과정에서 나타나는 사랑과 성의 타락, 부유하는 연애와 결실 없는 불모성 역시 당대 젊은이들의 방황과 좌절을 보여주는 예가 될 것이다. 이를 위해 그가 선택한 토론체의 서사구조는 성에 관한 담론들의 홍수 속에서 진행된 논의들을 그대로 서사화한 시도라고 볼 수 있으며, 토론체 소설이 갖는 정치성을 반영한 것이기도 하다. 그러나 타락한 인물로 여성 인물들 특히 여학생들을 설정하여 그들의 사랑과 결혼의 문제가 주를 이루었다는 점, 사랑에 손상 받지 않은 인물과 사랑에 대해 자신의 생각을 설득시키고 설교하는 인물은 남성들이 획일적으로 설정되어 있다는 점은 염상섭 문학이 풀어야 할 또 하나의 문제가 아닐 수 없다. 즉 그의 소설에 나타나는 성 차별적 사고의 특징과 한계가 밝혀짐으로써 그의 소설에 나타나는 섹슈얼리티의 문제는 그 성격과 의의가 제대로 규명될 수 있을 것이다.

『무정』에서 영채를 통해 기생이 여학생으로 상승하는 시대 의지를 낙관적으로 보여주었던 이광수는 그 반대의 과정을 다룬 소설 **『재생』**(1924)을 동아일보에 발표한다. 이 작품은 춘원이 『무정』이래 우리 문단에 재등장하는 첫 작품이자 『무정』에서 『재생』과 『흙』과 『사랑』으로 이어지는 춘원 문학의 4대 작품의 하나에 해당되는 중요한 작품이다.[96)]

---

96) 김윤식, 『이광수와 그의 시대2』, 솔 출판사, 1999, p.137.
김윤식은 이 작품을 『무정』과 비교한다. 그 내용을 요약하면 다음과 같다. 『무정』이 3 · 1운동을 3년 앞둔 1917년 전후의 조선의 남녀 문제를 다루고자 했다면, 『재생』은 3 · 1운동이 지난 3년 후의 조선의 남녀를 다룬다. 춘원은 이 작품을 통해 3 · 1운동 후의 한국 사회가 얼마나 타락했는지를 드러내고자 했다. 이 작품에서 춘원은 인물들을 자기 멋대로 조종하면서, 살아있는 인물이 아니라 훼손된 가치의 세계 속의 허깨비들을 그린다. 이 작품에 나오는 인물들은 훼손된 가치의 세계, 훼손된 세계를 그대로 반영하는 인물들이며, 이 인물들을

『재생』의 여 주인공은 여학생 순영이다. 그녀의 사랑과 결혼, 그리고 연애와 죽음에 관한 내용이 이 작품의 중심 스토리이다. 이를 중심으로 이 작품의 서사 구조를 도표화하면 <표 4>와 같다.

<표 4>에서와 같이 이 작품의 서사 구조는 반복되는 몇 개의 삼각형을 기본으로 한다. 이 삼각형은 순영이 두 가지 중에서 어느 것을 선택할 것인가라는 선택의 문제를 중심으로 진행된다. 그 두 가지는 언제나 돈과 사랑이다. 삼각형abc(◁abc)는 순영이 결혼을 앞두고 누구를 선택할 것인가의 문제를 보여주는 삼각형이다. 4년 전부터 신봉구는 순영을 사랑해왔다. 그들은 1919년 만세 운동 때문에 만나게 되는데 그 때 각자의 학교를 대표하는 학생 대표로 만세 운동을 이끈 장본인들이기도 하다. 비록 3 · 1 운동의 실패로 감옥에 다녀온 신봉구이지만 그는 여전히 순영을 사랑한다. 그가 순영을 사랑하는 것을 표현하는 것이 사선ca(↖)이다. 또한 이 사선은 그의 순영에 대한 사랑의 성격을 보여주고 있다. '내가 한국을 사랑하는 마음이 있다 하면 그것은 당신을 낳고 길러 준 나라이기 때문이로소이다'[97]라는 봉구의 고백을 통해서도 확인할 수 있듯이 신봉구가 순영을 사랑하는 것은 식민지 조선에 대한 사랑과 일치한다. 감옥에서 나온 후 봉구는 순영에게 변치 않는 사랑의 편지를 보내지만, 이미 순영이 백윤희를 선택한 후였다.[98] 인순은 순영에게 신봉구와 결혼하라고 권하지만 순영은 백

통해 찾을 수 있는 것 역시, 인물들의 성격보다는 그들이 보여주고 있는 훼손된 세계라고 볼 수 있다는 것이다(김윤식, 위의 책, pp.138~139 참조).
김동인은 『재생』이 이광수의 모든 작품에서 가장 기교가 완벽한 것이라고 평가했다(김동인,『김동인 전집 6』, 삼중당, 1976, p.106).
김동인이나 김윤식의 평가를 비롯하여 이 작품에 대한 최근 연구에 이르기까지 공통된 의견은 '통속소설'이라는 점이다.

97) 이광수, 『재생』, 우리 문학사, 1996, p.108.

98) 순영은 둘째 오빠 순기와 윤변호사 또 그의 젊은 여학생 출신 첩인 맹선주와 함께 원산 별장에서 머문다. 이들은 모두 원산 별장의 주인인 갑부 백윤희와 순영의 만남을 이끌어주는 조력자들로 등장한다. 결국 순영 역시 백윤희의 집으로 표상되는 富에 매력을 느끼게 되는 동시에 백윤희의 겁탈을 통해 오히려

<표 4>

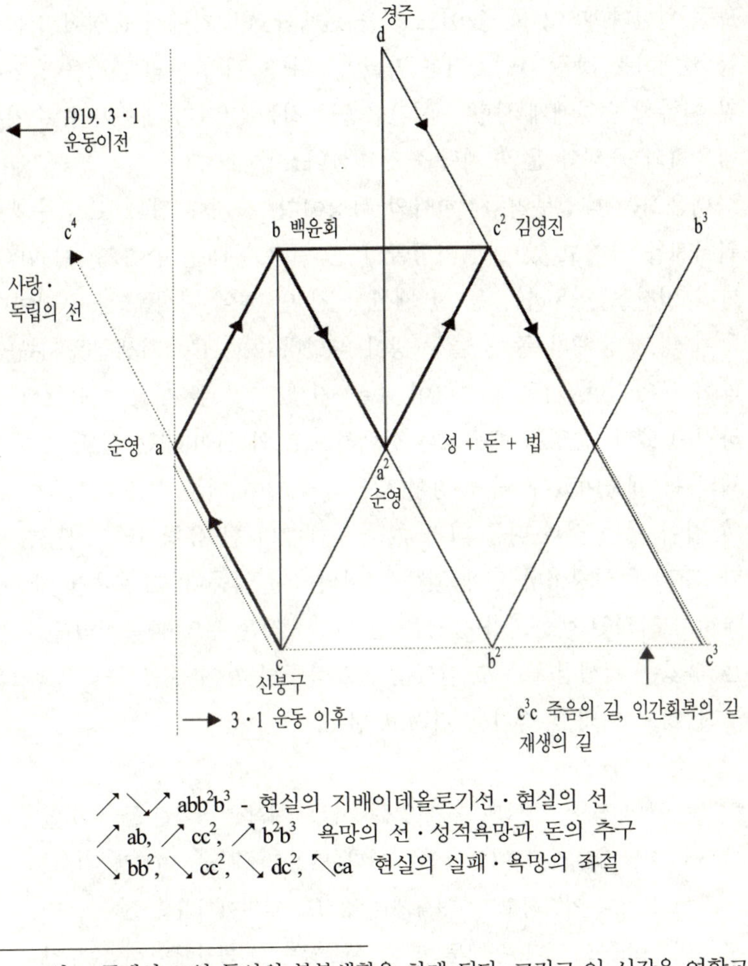

↗↘↗ abb^2b^3 - 현실의 지배이데올로기선 · 현실의 선
↗ ab, ↗ cc^2, ↗ b^2b^3 욕망의 선 · 성적욕망과 돈의 추구
↘ bb^2, ↘ cc^2, ↘ dc^2, ↖ca 현실의 실패 · 욕망의 좌절

그와 그곳에서 50일 동안의 부부생활을 하게 된다. 그리고 이 시간은 여학교 4학년에 진급할 때까지의 그가 받은 교육 특히 정조에 대한 교육을 무너뜨리면서 순식간에 순영으로 하여금 '돈과 육의 쾌락'을 느끼게 만든다. 50일 간의 부부 생활 후 다시 학교에 돌아 와서 그동안의 사정을 친구 인순에게 고백하면서 백윤희와 결혼하기로 했다고 말하는 직후 보통부 어린 학생이 신봉구의 편지를 전해 주기 때문에 사실 순영이 백윤희를 선택하는 것은 감옥에서 나온 신봉구의 편지를 받아 보기 이전에 이미 순영의 마음 속에서 결정된 사실이었다(이광수, 『재생』, pp.103~107 참조).

윤희의 음탕한 것과 돈, 신봉구의 깨끗하고 여린 것과 뜨거운 사랑을 모두 원한다.[99] 이 둘 중 어느 것을 선택할 것인가에서 순영이 백윤희를 선택하는 것은 자연스러운 귀결이었다. 육체와 돈의 쾌락을 알아버린 여학생 순영에게 사랑은 시간을 역류하는 것이기 때문이다. 순영은 백윤희의 육체와 돈의 쾌락을 선택한다.(사선ab↗)

백윤희는 대정무역주식회사의 사장이며, 시내에 집과 토지 수백만 원어치를 가지고 있으며, 다방골의 큰 집과 동대문 밖에 몇 십 만 원짜리 별장을 소유하는 등 전 재산이 천 만 원에 가까운 큰 부자이다. 돈이 많고 풍채가 좋아 늘 기생이 따랐다.[100] 그는 기생첩을 수없이 많이 두었으며, 아무리 수단이 좋은 기생도 일 년 이상 그와 살림을 하지 못했다. 순영이 백윤희를 선택하고 그의 첩이 되는 것도 그의 육체와 돈 때문이었다. 즉 순영이 백윤희의 첩이 되는 것은 기생들이 그의 첩이 되는 것과 다를 바가 없는 성매매의 한 유형이라고 볼 수 있다. 거기에 사랑이나 연애 감정은 나타나지 않는다. 그렇다면 대정무역회사 사장인 백윤희가 순영을 선택하는 것은 무엇 때문이었을까. 그는 수많은 기생첩을 두고 살았는데도 불구하고 어느 날부터 기생첩을 두지 않고 여학생 장가를 가려고 한다.

> 백이 요새 기생첩을 두지 않는 까닭은 여학생 장가를 들 맘이 있는 까닭이라고. 또 이런 소문도 났다. 만일 맘에 드는 여학생만 나서면 본처와 이혼하고 그 여학생을 정실로 맞기까지라도 한다고. 또 이런 소문도 났다. 동대문 밖 산 뒤로 있는 그 별장에는 아직 '부정한 계집'은 들여 보지 아니하고 여학생 새 아내를 위하여 깨끗하게 만들어 놓은 것이라고. 이러한 소문은 모두 거짓말은 아니었었다.
>
> 그가 요사이 각 여학교의 인물 깨끗한 여학생을 고르는 것은 세상이

99) 이광수, 앞의 책, p.108.
100) 이광수, 앞의 책, p.35.

> 다 아는 사실이 되어서 그의 대정무역회사 사원 중에는 그것을 전문으로 하는 사람까지 있었다. 이 통에 첫째 간택으로 걸려든 것이 순영인 것은 말할 것도 없다. 순영이를 꼭 백에게 붙여 주려고 애를 쓰는 것이 그의 둘째 오빠되는 순기인 것도 말할 것이 없다.101)

많은 기생첩을 두고 살았던 백윤희가 여학생 장가를 들기 위해서 기생첩까지 마다하고 여학교를 물색하는 것은 당대 여학생이 최고의 이상적인 배우자였기 때문이다.102) 돈 많고 인물까지 빠지지 않았던 백윤희는 여학생을 신부감으로 두고 싶어졌다. 따라서 이미 결혼까지 한 그가 여학생과 다시 결혼을 하려는 것은 기생의 자리에 여학생을 대치시키는 것과 다를 바 없으며, 이것은 당시 유행했던 성매매의 또 다른 형태에 지나지 않는다. 여학생들 역시 『무정』에서처럼 민족과 나라를 위해 먼저 배워야한다고 생각하던 여학생이 아니라, 이제는 자신들이 배운 지식과 여학생이라는 지위를 이용해서 돈과 육체의 쾌락을 얻으려 한다. 이 소설에서처럼 여학생은 지식보다는 돈을, 사랑보다는 육체적인 쾌락을 추구하는 인물로 나타난다.103) 백윤희는 기생을 구하듯 여학생을 구하려 한다. 그에게 여학생은 고급 기생이나 마찬가지다. 그가 여학생을 구하는 일을 도와주는 자가 바로 순영의 둘째 오빠 순기다. 순기는 동경 유학에서 돌아와 사업에 실패한 후, 백윤희가 운

101) 이광수, 앞의 책, p.36.

102) 여학생들과 결혼하려고 하는 이야기는 『해바라기』를 비롯하여 당시 소설에도 빈번하게 등장하는 소재이다. 『재생』에서도 여학생과 결혼하려는 인물이 또 한명 있다. 미국에서 박사 학위를 받아 귀국한 지식인을 대표하는 김 박사 역시 순영과 결혼하려고 한다. 그는 이미 아내가 있었음에도 불구하고 그가 여학생이 아니었기 때문에 이혼하고 박사가 되어 귀국한 후에는 여학생과 결혼하고자 했던 것이다.

103) 이 작품에서 명선주는 돈과 육체를 따른 여학생이다. 그는 여학생이라는 지위를 이용해서 윤변호사의 첩이 된다. 자신 스스로 사랑보다는 돈이 중요하며 돈을 보장할 수 있는 결혼을 선택했다고 고백하면서 순영에게도 그것을 권한다.

영하는 회사에 다니고 있는 자로 순기나 백윤희나 모두 장사꾼이다. 그들은 자신들의 상술을 이용해서 순영을 사이에 두고 거래를 한다. 결국 순영은 백윤희의 별장에서 그와 부부생활을 하게 되는데 이 과정에서 백윤희가 순영을 자기의 첩으로 만드는 방법은 성폭력을 통해서이다.

> 순영은 후일에 「백이 억지로 자기의 정조를 깨뜨린 것이다.」하고 변명하였으나 만일 순영이가 진실로 백을 저항하려 하였으면 저항할 길도 있었던 것이다. 그러나 그는 첫째 소리를 질러 망신을 살 것이 무서웠고 둘째는 백을 망신을 시켜서 백이 전혀 돌아보지 아니할까 무서웠고 셋째는 순영의 속에 움직이는 유혹의 힘이 무서웠다. …(중략)…
>
> 「누가 보는 사람이 있소?」
>
> 하고 백의 말은 점점 예의가 없어져 가고 그의 씨근거리는 입김은 마치 성난 맹수와 같았다.
>
> 「응 아무도 보는 사람은 없다. 감쪽같다.」
>
> 하고 순영의 성난 것은 가라앉았다. 참 일순간이었다. 일순간보다도 더 짧은 순간이었다. 그렇게 짧은 순간에 사람의 성격은 시험을 당하는 것이다. 순영은 엄한 교육을 받았다. 좋은 말도 많이 들었다. 정조가 굳어야할 것도 많이 들었다. 그러나
>
> 「누가 보는 사람이 있소?」
>
> 하고 유혹이 부를 때에 또는
>
> **「이 기회를 놓치면 일생의 행복이 아주 영영 지나가 버리고 마오」**
>
> 하고 위협이 유혹할 때에 그것을 이길 아무 준비도 없었다. P부인도 여기서 순영의 교육에 실패한 것이다.[104]

---

104) 이광수, 앞의 책, p.89.

인용은 순영이 백윤희에게 겁탈당한 사건에 대한 서술자의 해설과 당시 순영의 심리를 서술하고 있는 부분이다. 작품에서 순영의 겁탈장면은 구체적으로 나타나지 않고, 백윤희가 순영이 자는 틈을 타서 겁탈했다는 한 마디로 요약된다. 오히려 위의 인용 전반부에 나타나듯이 서술자는 겁탈한 백윤희보다는 이 사건의 주 원인이 순영에게 있다는 태도를 보인다. 즉 저항하려고 했다면 할 수도 있었는데 그녀가 저항을 하지 않았기 때문이며 그녀 자신 속에 이미 내재하고 있었던 유혹의 힘 때문이라는 것이다.[105] 그 유혹의 힘은 바로 백윤희의 돈이 만들어 줄 수 있는 '행복'이다. 순영은 이 행복을 놓치고 싶지 않았으며, 그러한 유혹이 지난 날 오랫동안 받아 온 교육을 포기하고 백윤희를 받아들이게 된다. 결국 백윤희는 자신이 가지고 있는 돈과 강간이라는 폭력을 통해 순영을 겁탈하고, 순영 역시 백윤희의 돈을 통한 행복을 선택함으로써 이 두 사람의 부부 관계가 시작되었던 것이다. 이후 이들은 원산 별장에서 50여일을 실제 부부처럼 지내게 되는데 이 시기를 보내고 다시 학교로 돌아온 순영[106]은 출옥 후 찾아 온 봉구와 석왕사로 밀회를 갔다 온 지 한달도 안 돼서 백윤희와 성대한 결혼 잔치[107]를 함으로써 백윤희의 첩이 된다.

105) 강간 사건에 대한 이러한 태도는 지금도 통용되는 태도이다. 특히 우리나라의 경우 강간범보다는 강간을 당한 여자에게 문제가 있다는 식의 판단이 일반적 통념이었다. 이 소설에서도 서술자는 강간을 한 백윤희에 대한 일체의 해석을 부치지 않는 반면 오히려 강간의 피해자인 순영에 대해서는 부정적으로 서술한다.

106) 순영은 원산 별장에서 백윤희와 지낸 50여 일 동안 성격이 변한다. 백윤희의 '불덩이같이 뜨거운 살'을 그리워하고 자신 역시 스스로 자신의 변한 모습에 놀란다. '가는 대로 가자. 인생의 향락이 여기 있지 아니 하냐'하는 그녀의 독백은 순영의 선택이 무엇을 의미하는지를 나타낸다. 서술자 역시 순영이 원산 별장에서의 생활 이후 '사내를 홀리는 힘이 세졌'다고 하는가 하면 순영이 담배를 피우는 등 그 모습이 퇴폐적으로 변했음을 전한다. 이제 더 이상 순영은 이상적인 여학생으로서 존재하지 않는다(이광수, 앞의 책, pp.103~104 참조).

107) 작품 본문에서는 백윤희가 '첩장가 드는 잔치'라고 표현하고 있다.

삼각형ba^2c(▷ba^2c)는 백윤희와 순영이 결혼함으로써 나타나는 인물의 변화를 보여준다. 당시 시대적 가치였던 돈을 선택함으로써 백윤희와 결혼을 하는 순영(↗ab)은 실제로 백윤희의 첩이 됨으로써 신분상으로는 하락한다(↘ba^2). 특히 순영을 선택한 것이 기생을 선택한 것이나 다르지 않았던 백윤희는 순영에게 결혼 생활 내내 오직 성적인 것만을 요구하며, 순영과 결혼한 이후에도 다른 여학생들과 돈을 주고 관계를 맺는 행위를 계속한다. 그의 이런 성적 타락의 길을 보여주는 사선이 선분bb^2(⇘bb^2)이다.[108] 반면 순영을 사랑했던 신봉구는 갑자기 인물이 변해서 돈을 추구한다. 돈 때문에 순영이 배신했다고 생각하는 신봉구는 이후 이름까지 김영진으로 개명하고 인천 미두점에 점원으로 들어가 그곳 사장에게 신임을 받는 등 부와 신분적 상승을 이룬다. 그의 이러한 돈의 추구와 신분적 상승을 보여주는 것이 사선cc^2(⇗ cc^2)이다. 이 사선cc^2는 순영이 백윤희를 선택하는 선분ab와 그 성격이 동일하다. 즉 '돈'의 추구를 보여주는 선이다. 그리고 결혼한 백윤희와 성적인 것만을 요구하는 백윤희를 나타내는 즉, 성적 타락을 보여주는 선⇘bb^2와 순영을 사랑하던 신봉구가 성격이 180도 변해서 돈을 추구하는 김영진으로의 변화를 보여준 선⇗ cc^2이 만나는 자리에 결혼을 한 순영이 위치한다.(점a^2)[109]

---

108) 앞에서 분석할 때와 마찬가지로 ⇘는 ↘이 아래로 두 개 이어진 경우를 대신하는 화살표이다.

109) 김영진이라는 이름으로 인천 미두점에 들어간 봉구는 점점 더 주인의 신임을 받게 되는데, 어느 날 십만 석 주문이 들어오고 주인은 봉구를 월미도 호텔로 심부름을 보낸다. 그런데 마침 월미도 호텔에서 그를 기다리고 있던 자가 바로 백윤희이다. 봉구는 호텔에 도착해서 백윤희의 거처로 가는 중 석왕사에서 순영과 지냈던 날 잉태된 자신의 아들과 순영을 만난다.
결혼 후에도 늘 봉구 때문에 불안하던 순영은 남편의 과도한 음욕 때문에 병인이 되고, 남편은 언제나 성욕의 만족만을 구하고 그녀가 원하는 돈을 주지 않는다. 임신을 한 그녀는 백윤희를 끌어들이고 그의 관심을 잃지 않기 위해 배 조이기, 화장, 음란한 모양, 백윤희의 술 동무 화투 동무 역할을 하는 등 노력을 하지만 결국은 자신의 결혼을 후회한다. 이러한 괴로운 생활 중 그녀 삼각형 ba^2c^2($\triangledown ba^2c^2$)는 김영진을 다시 만남으로써 남편인 백윤희와 아이의 아빠인 김영진 사이에서 갈등하는 순영의 심리를 보여주는 삼각형이다. 신봉구가 가난한 학생 청년이 아니라 돈이 있는 김영진으로 변모한 이후에나 순영은 백윤희와 김영진 사이에서 갈등한다. 이 삼각형이야말로 실제로 두 남자 사이에서 갈등하는 여인이라는 전형적인 연애의 삼각관계를 나타낸다. 순영은 자신의 남편과의 정조를 지키고 결혼 생활을 유지할 것인가, 다시 김영진에게 돌아가 용서와 사랑을 청할 것인가의 문제로 번민한다. 즉 이 작품은 이미 순영이 백윤희와 결혼한 이후에 실제적인 연애 소설에 전형적인 구도인 삼각관계가 등장한다고 할 수 있다.

그런데 신봉구는 김영진이 되어 돈을 추구하는 인물로 변하는 과정에서 미두점 주인의 딸인 경주라는 여학생을 만난다. 경주는 김영진을 사랑한다. 그녀는 자신보다 신분이 낮은 종업원으로 있는 영진이지만 그러한 신분적 차이보다는 열정적인 사랑으로 그에게 구애한다(사선 $\searrow dc^2$). 경주와 영진 그리고 결혼한 순영의 관계를 보여주는 것이 삼각형 c^2a^2d($\triangleright c^2a^2d$)[110]이다. 경주로부터 열렬한 사랑을 받으면서도 영진은 그녀의 구애를 받아들이지 못한다. 그것은 이미 결혼했지만 자신이

는 여행을 하자고 제안을 했고 그래서 두 부부가 아이를 데리고 월미도로 여행을 오게 된 것이다. 결국 점 a^2는 이렇게 성적으로 타락하는 백윤희와 돈을 추구하는 김영진이 만나는 자리에 위치하는 결혼 후의 순영의 자리이다. 위 내용에 대해서는 이광수의 『재생』, pp.194~201의 내용을 참조할 것.

110) 이 삼각형은 앞에 순영과 신봉구 백윤희의 관계를 나타내는 삼각형abc($\triangleleft abc$)와는 정반대의 방향을 나타내는 삼각형이다($\triangleright$).방향과 위치에서 차이를 보여주는 두 삼각형은 다음과 같은 성격을 내포한다. $\triangleleft abc$가 한 명의 여자가 두 남자 사이에서 갈등하는 것이라면, $\triangleright c^2a^2d$는 한 남자가 두 명의 여자 사이에서 갈등하며, $\triangleleft abc$의 방향이 c에서 a로 일방적이라면, $\triangleright c^2a^2d$는 d와 a^2이 모두 c^2로 향하게 된다는 점에서 쌍방적이다. 또한 $\triangleleft abc$가 돈이 사랑을 승리하는 관계를 보여준다면, $\triangleright c^2a^2d$는 사랑만을 추구하는 관계를 나타낸다. 즉 $\triangleright c^2a^2d$는 각 인물들이 가치를 추구하는 관계를 $\triangleleft abc$는 현실의 법칙을 보여준다. 따라서 이 구도에서 $\triangleleft abc$보다 $\triangleright c^2a^2d$가 좀 더 높은 자리에 위치한다.

사랑했음에도 불구하고 자신을 배신하고 다른 남자의 첩이 된 순영(a^2) 때문이다. 경주와 순영 사이에서 김영진은 아무도 선택하지 않는다. 이렇게 김영진이 아무도 선택하지 않는 반면, 경주와 순영은 영진을 선택함으로써 이 삼각형이 완성된다. 경주는 영진을 한결같이 사랑하며(↘dc^2), 이미 결혼을 한 순영이지만 영진을 선택한다(↗a^2c^2). 두 사람의 선택을 받았음에도 불구하고 아무도 선택하지 않는 영진의 태도는 사선 ⇘c^2c^3으로, 하락의 길을 가게 된다.

현실 세계보다 이상적인 경주의 사랑의 힘(↘ dc^2)은 표면적으로는 영진을 파멸하게 만든다. 경주의 사랑을 받게 된 영진은 경주 아버지 즉 자신을 신임했던 미두 가게 주인 김연오를 살인한 혐의를 받아 감옥에 갇힌다. 사실 김연오를 죽인 것은 그의 아들 즉 경주의 오라비인 경훈이다. 경훈은 영진에게 누명을 씌운다. 흉악범이 된 봉구를 면회온 어머니마저도 아들의 결백을 믿지 않는다. 그런데 그의 누명을 벗길 수 있는 유일한 사람이 있다. 그것은 영진을 다시 만난 후, 여관으로 그를 찾아와 용서와 사랑을 구한 순영이 뿐이다(↗a^2c^2).[111] 결국 순영은 영진을 선택한다. 그녀는 영진이 누명을 벗을 수 있도록 증인으로 나선다. 자신 때문에 불행해졌다고 자책을 하는 순영은 윤 변호사에게 도움을 청하고 자신이 직접 증인으로 나섬으로써 봉구를 구해주는데 그녀가 이렇게 변할 수 있었던 동기는 어머니가 되었기 때문이다.

> 순영으로 하여금 이렇게 마음의 아픔을 깨닫게 하는 것은 물론

---

111) 김연오가 피살당한 시간에 순영은 여관에서 영진을 만나고 있었다. 즉 영진이 그 살해의 현장에 없었다는 것을 아는 유일한 인물이 바로 순영이다. 그러나 순영은 자신이 증거인이 된다면 자신과 영진의 관계가 노출되기 때문에 남편이 모든 사실을 알게 되는 위험에 처한다. 그녀는 계속 남편과의 관계를 유지하고, 자신의 소망인 정실 부인이 되는 꿈을 키울 것인가, 아니면 영진이의 누명을 벗겨줄 것인가 사이에서 갈등한다.

> 백에게 대한 불만도 될 것이다. 그러나 그보다 더 큰 것은 **어린애를 낳음으로써** 생긴 정신의 변동이다.
>
> 「사람이란 돈으로만 사는 것이 아니야」「그래도 돈이 없으면 못 살지」「그렇지만 굶어죽는 데야 있소. 돈과 정욕의 만족만으로 행복을 사는 것은 아니야.」「또 나왔다. 그놈의 양심을 떠러 버려요」 순영과 선주 사이에는 이런 문답이 있었다. 순영은 과연 돈도 행복의 근원이 못 되고 육욕의 만족에 부족함이 없는 남편도 행복의 근원이 못되는 줄을 어렴풋이 깨닫기 시작하였다. 수만 원의 재산보다, 남들이 다 부러워하는 건강하고 잘생긴 남편보다도 도리어 말도 못 하는 핏덩어리인 어린애가 자기에게 조금이라도 행복을 주고 뜻을 주고 힘을 주는 듯하였다.[112)]

인용에서처럼 서술자는 그녀의 변화의 원인을 그녀의 모성성에서 찾는다.[113)] 돈과 육체의 쾌락을 추구했던 그녀가(↗ab) 어머니가 되어 영진을 만남으로써(↗a^2c^2), 이제 자신이 추구하던 것과는 정반대의 길(⇘c^2c^3)을 가게 된다. 그녀는 남편 백윤희와 파탄에 이르게 되고, 결국 정실부인이 되어 백윤희의 돈을 맘껏 써 보고자 했던 그녀의 욕망은 좌절된다. 사선 ⇘c^2c^3은 이 작품의 후반부, 주인공들의 행로를 그대로 보여준다. 이 작품의 후반부에서는 순영과 영진을 중심으로 만들어졌던 여러 개의 삼각관계가 모두 소멸된다. 경주와 영진과 순영은 모두

---

112) 이광수, 앞의 책, p.219.

113) 그러나 작품의 구성상 순영이 영진의 증인으로 나서게 되는 직접적인 동기는 경주가 영진에게 향하는 지순한 사랑 때문이다. 경주는 재판 과정에서 영진이 아니라 자신이 아버지를 죽였다고 증언한다. 영진을 구하기 위한 경주의 희생과 사랑에 감복한 순영은 오열하면서 결국 자신이 증인으로 나서겠다는 용기를 얻는 것이다. 경주가 영진에게로 향하는 사랑(↘dc2)의 강력한 힘이 결국은 ⇘c2c3으로 이어지게 된다. 그것은 표면적으로는 파멸의 선이지만 심층적으로는 이 작품의 주제를 암시해 주는 선이기도 하다. 이에 대해서는 본문에서 계속 분석하도록 하겠다.

$\Searrow c^{2}c^{3}$ 위에 놓인다. 그들은 이 선 위에서 더 이상 갈등하기 보다는 일치한다. $\Searrow c^{2}c^{3}$는 $\searrow dc^{2}$의 연장선이다. 경주가 영진을 사랑함으로써 영진은 위기에 처한다. 결국 영진은 사형수가 되는데, 경주의 지극한 사랑($\searrow dc^{2}$)은 다른 모든 인물들을 변하게 한다. 경주의 사랑을 받으면서도 그녀를 선택하지 않은 영진은 경주와 그의 가족 사이에서 억울하게 사형수가 되는 파멸을 맞는다. 그러나 이 과정에서 순영 역시 영진을 선택함으로써 영진은 경주의 사랑과 순영의 희생에 감복하게 되고, 결국 돈만을 추구해 왔던 자신을 반성하고 후회한다. 나라를 구하기 위해 XX 단의 돈을 대주려는 과정에서 아버지를 죽이고만 경훈도 결국은 자신의 잘못을 참회하면서 영진에게 용서를 청하고, 마침내 경주와 영진은 출옥하고 경훈이 감옥에 갇힌다. 감옥에서 나온 후 영진은 경주와 순영의 사랑을 통해 자신이 걷고자 했던 사랑의 길을 회복한다. 그는 경주의 사랑을 이해하지만 그녀와 결혼하지 않은 채, 시골에 내려가 야학과 농사 일을 하면서 지내고 경주 역시 그를 따라 농촌으로 내려간다. 재판 이후 남편에게 버림받은 순영은 홀로 셋째 오빠 순흥의 집에서 조카들을 돌보면서 지내는데 남편이었던 백윤희와 여학생 신부를 얻어 결혼 생활을 꿈꾸는 김 박사로부터 청혼을 받기[114]는 하지만 그것을 선택하지 않고 표면적으로는 계속 파멸의 길을 걷는다. 그녀는 신봉구 사이에서 태어난 아들 백낙원(백모세)가 백윤희의 아이가 아니라고 밝혔음에도 불구하고 백윤희에게 아들을 빼앗기며, 오히려 백윤희 사이에서 얻은 딸은 중간에 김 박사의 권유로 먹은 낙태제 때문에 소경으로 태어나, 그 딸과 둘이서 3년 정도를 영등포에서 노동자로 살았던 것으로 추정되지만 확실하지는 않다. 결국

114) 재판 사건 이후 백윤희는 다시 본격적으로 돈과 성을 추구하며, 김 박사 역시 순영의 과거를 알았음에도 불구하고 그녀 혹은 다른 여학생인 인순과의 결혼만을 추구한다. 그들의 이러한 욕망의 선을 표현하는 것이 앞의 도표에서 $\Nearrow b^{2}b^{3}$이다. 그러나 순영이나 인순이가 더 이상 갈등하거나 이들을 선택하지 않기 때문에 이 관계는 새로운 삼각형을 만들지는 않는다.

주인공들은 모두 자신들이 추구했던 욕망을 실현하지 못한 채 후회하거나 현실적으로 실패하며 시골로 낙향하는 등 모두 하강하는 선 위에 존재한다($\searrow c^2c^3$).

그러나 인물들의 선택과 욕망을 표현하는 선들이 지시하는 내용과 순영의 죽음으로 이어지는 결말을 통해 이 작품은 새로운 의미를 확보한다. 각 선분들의 의미를 작품 내적 관계 뿐 아니라 사회와의 관계를 통해 밝힘으로써 이 작품의 서사 구조를 통해 드러나는 작품의 주제를 찾으면 다음과 같다.

이 작품 구조에서 상승 의지가 강하게 나타나는 $\nearrow ab$, $\Nearrow cc^2$, $\Nearrow b^2b^3$은 각 인물들의 욕망의 선을 나타내는 동시에 당대 사회 현실의 보편적인 가치를 나타낸다. 그것은 바로 성적 욕망과 돈의 추구이다. $\nearrow ab$에서 순영이 백윤희를 선택하는 것은 돈과 육체적 쾌락을 선택한 것이었으며, $\Nearrow cc^2$에서 봉구가 영진으로 변신하는 것은 새로운 시대 가치인 돈을 추구하기 위해서였다. $\Nearrow b^2b^3$는 성적 욕망, 특히 여학생들을 추구하던 당대 남성 인물들의 욕망을 보여준다. 결국 $\nearrow ab$에서 돈과 성을 추구하던 여학생 순영의 욕망과 선택이 $\Nearrow cc^2$와 $\Nearrow b^2b^3$ 각각에서 서로 다른 모습으로 극단화되는 것을 볼 수 있다. 즉 돈이 없었던 지식인 청년은 돈을 추구하는 모습을, 돈이 이미 있었던 부자와 박사는 여학생을 추구하는 모습을 보여주며, 이것은 모두 당대 사회 현실의 반영이라고 할 수 있다. 학식과 미모를 겸비했던 여학생들은 자신들의 지식을 이용하여 새로운 신분 상승을 꿈꾸었으며, 이는 바로 돈과 육체적 쾌락의 추구로 변모, 부자의 첩이 되는 길이었다. 독립운동의 선봉에서 조국애와 사랑을 최고의 이상으로 삼았던 젊은 청년들 역시 변절하여 돈을 추구하거나 주색잡기에 빠졌다. 돈이 있는 부자들이나 이미 기득권자가 된 지성인들 역시 자신들의 권력과 재력을 이용하여 이미 결혼을 한 후에도 여학생을 새로운 배우자로 선망했으며 이 선 위에서 여학생들의 돈과 육체적 쾌락에 대한 욕망은 유지될 수 있었던 것이다.

다음은 하강하는 선들의 성격을 알아보자. 이 작품의 성담론 구도에서 하강하는 선으로는 ⇘bb^2, ⇘c^2c^3, ↘dc^2, ↖ca[115])이다. 이 선들은 모두 현실적인 실패를 표현하는 선들이다. 신봉구는 순영을 절대적으로 사랑하고, 순영도 그를 사랑하기는 하지만, 그녀가 백윤희를 선택함으로써 이 두 사람의 사랑은 실패한다(↖ca). 순영과 결혼한 백윤희는 이후 성적 쾌락만을 추구함으로써 성적 타락을 보이고 순영 역시 육체적으로나 정신적으로 타락해질 뿐 아니라 점점 병약해진다. 이 두 사람의 결혼 생활 역시 실패한다(⇘bb^2). 백윤희가 다른 기생들과 맺는 성적 타락과 백윤희와 순영의 결혼 생활의 타락을 보여주는 이 선은 특히 성매매의 선이기도 하다.[116]) 경주는 영진을 사랑하고 결혼을 원하지만, 이 두 사람의 사랑과 결혼 역시 이루어지지 않는다(↘dc^2). 경주의 사랑을 받는 영진이도 사형수가 되어 감옥에 갇히고 이후 풀려나기는 하지만 농촌으로 낙향한다. 영진을 선택한 순영 역시 영진의 인생 행로를 그대로 추구하게 되는데 결국 그녀는 걸인이 된다. 경주의 오라비인 경훈 역시 감옥에 갇힘으로써 현실적으로는 낙오자가 된다(⇘c^2c^3). 이상 이 작품에 나타나는 하강하는 선들은 각 인물들이 추구한 욕망의 현실적인 실패를 표상한다.

---

115) 여기서 ↖ca는 신봉구가 순영을 사랑한다는 점에서는 상승하는 직선이지만, 이들의 사랑이 실패로 끝나고 순영이 백윤희를 선택한다는 점에서는 하강하는 직선이다. 이 작품 구도에서 이 직선은 양면적인 성격을 나타내는데, 일단 이 직선이 내포하는 하강의 측면을 언급하고자 한다.

116) 두 사람의 결혼 생활이 성매매를 기저로 하고 있다는 사실은 다음과 같은 백윤희의 말을 통해서도 확인할 수 있다. 백윤희는 재판 이후 순영에 대한 태도가 변하면서 폭언과 폭력을 휘두른다. 그리고 그들의 관계가 돈과 성의 교환을 전제한 성매매의 관계임을 인정한다.
「흥, 이년! 어디를 나가! 이년, 네 년을 내가 이만 원에 사와서 내 집에서 말려 죽일걸! 그렇게 마음대로 기어나갈 듯싶으냐! 네 년의 행세를 보면 당장에 때려 내어 쫓을 게지만 돈이 먹었어! 돈이 먹었으니까 못 때려 내쫓는 거야.」 하고 또한 귀가 먹먹하도록 뺨을 때렸다(이광수, 앞의 책, pp.275~276).

여기서 작품이 종결되었다면 이 작품은 각 인물들의 욕망과 그것의 실패를 보여주는 것에서 그쳤을 것이며, "재생"이라는 제목은 내용과 아무런 관계를 갖지 못했을 것이다. 앞에서 확인한 바와 같이 모든 인물들 특히 이 작품의 주인공이라고 할 수 있는 순영과 봉구가 현실적으로 실패하는 인물로 끝나기 때문이다. 그러나 이 작품은 순영의 죽음을 통해 현실적 실패가 아닌 '재생'의 삶을 제시한다. 이 재생이 의미하는 바를 분석하기 위해서 다시 확인해야 하는 선들이 또한 하강하는 선들이다. 인물들의 욕망의 현실적인 실패와 좌절을 나타내는 하강하는 선들은 심층적으로는 그 이상의 의미를 내포한다. ↖ca는 표면적으로는 순영과 봉구의 사랑의 실패를 보여주지만 이 선이 지시하는 의미는 순영에게 향하는 봉구의 절대적인 사랑이다. 또한 이 사랑은 식민지 조선에 대한 조국애를 가리킨다. 봉구에게 있어서 순영을 사랑하는 것은 곧 한국을 사랑하는 것이었기 때문이다. 이 선은 ⇖cc4로 이어지는데, 이것이야말로 1919년 3 · 1 운동 이전, 순영과 봉구가 일치되어 함께 추구했던 조국애를 나타내는 선이다. a를 기점으로 ↖ca는 3 · 1 운동 이전을, 점 a의 오른쪽은 3 · 1 운동 이후의 현실을 그대로 반영한다. 즉 ⇖cc^4는 3 · 1 운동 이후 현실적으로는 실패한 선으로 나타날 수밖에 없었으며, 순영과 봉구의 관계를 통해 드러내 주는 것이 바로 이러한 비관적인 현실이다.

⇘bb^2는 앞에서 이미 밝혔듯이 성매매의 현실을 드러내는 선이다. 표면적으로는 성적 타락으로 치닫는 백윤희와 순영의 결혼 생활을 보여주지만 심층적으로는 결혼 생활에까지 파급된 성매매의 문제를 통해 피폐한 현실과 성적으로나 도덕적으로 타락한 현실, 돈의 지배를 받는 현실을 반영한다. 이 선은 다시 ⇗b^2b^3으로 이어지면서 결국 ↗⇘⇗abb^2b^3을 구성, 강력한 현실의 지배 이데올로기를 표상한다. 즉 돈과 성의 교환과 욕망으로 구성되는 자본주의와 그에 따른 현실의 변화를 성매매 문제를 통해 형상화하고 있는 것이다. ↗⇘⇗abb^2b^3으로 구성

되는 이 선 위의 공간이 바로 1920년대 이광수가 이 작품을 통해 구현하고 있는 현실 세계이며, 이 현실의 힘은 계속 강력하게 시간의 축을 따라 앞으로 전진하고 있다(⇗b^2b^3).

이 작품의 서사구조에서 가장 긴 선으로 나타나는 선이 ↘⇘dc^3이다.[117] 이 선은 경주, 영진, 순영, 경훈 등 이 작품의 주요 인물들의 현실적인 실패를 나타낸다. 그러나 이 선의 심층적인 의미는 표면적인 실패와는 다른 것이다. 즉 이 선의 발단부분인 ↘dc^2는 여학생인 경주가 자신보다 신분이 낮은 영진을 자신의 목숨보다 더 사랑하는 선이다. 이 선은 ↖ca와 평행을 이루면서도 그 방향이 반대이다. ↖ca에서는 순영이 백윤희를 선택함으로써 이 선이 ↗ab로 꺾이지만, c^2에서 경주의 사랑을 받는 영진은 순영과 경주 사이에서 선택하지 않고 경주로부터 내려오는 강력한 사랑의 힘을 수용하게 됨으로써 ↘dc^2의 연장선 하에서 ⇘c^2c^3의 선으로 이어진다. 순영 역시 영진을 선택함으로써 영진의 길을 그대로 따른다. 결국 ↘⇘dc^3에서 모든 인물들은 현실적으로 실패하는 낙오의 길을 가는 것 같지만, 사랑이라는 이름 하에 일치를 이루는 선이기도 하다. 특히 영진은 경주와 순영의 충성어린 사랑과 희생을 통해 그동안 돈만을 추구했던 자신의 이기주의를 반성하고, 다시 세상 속에서 사랑의 생활을 할 것을 결심한다. 그 결심의 연장선 상에서 그가 찾는 것이 바로 '어머니의 사랑'[118]으로 인류를 사랑하는 길이고 그것은 구체적으로 불쌍한 한국의 백성인 농부가 있는 시골에 가서 농부로 그리고 밤에는 야학을 가르치면서 사는 삶이

---

117) 편의상 ↘⇘로 표현했다. 원래는 세 개의 ↘이 일직선으로 연결된 선을 가리킨다.

118) 주인공이 다시 찾은 삶은 '어머니의 사랑'으로서의 삶이다. 그는 감옥에서 나온 후 가장 지고한 사랑을 어머니의 사랑으로 여기고 그 삶을 살겠다고 결심, 낙향하게 된다. 이는 순영이 모세와 소경 딸을 낳아 깨닫게 되는 '어머니의 사랑'과 같은 것이고, 결국 두 인물은 '어머니의 사랑'을 통해 다시 만나게 된다.

었다. 그것은 돈과 연애에서 벗어나 낡은 세상을 고쳐서 새 세상을 만들어야겠다는 자신의 결심을 실천하는 길이기도 했다.[119)]

↘⑊dc^3 선 위에 있는 또 한 명의 인물은 경훈이다. 경훈은 부자 아버지 김연오의 아들로, 조선 독립단을 지원하기는 하지만 영웅심과 열등감 때문에 결국 자신의 아버지를 죽이는 결과를 초래한다. 조국을 구하겠다던 그가 아버지를 죽이고 마는 아이러니를 범한 것이다. 그리고 그 죄를 봉구에게 누명을 씌우는 인물이기도 하다. 그러나 이후 그는 자신의 죄를 반성하고 용서를 청함으로써 봉구를 출옥시키고 대신 감옥에 갇힌다. 이러한 경훈의 생애는 표면적으로는 하강하는 선으로 나타난다. 그러나 그가 추구하고 선택했던 삶은 실패만을 의미하지는 않는다.[120)] 돈의 추구에서 조국애의 추구로 바뀌었으며, 그의 감옥행은 진정한 조국애의 실천이라는 의미를 가진다. 따라서 그 역시 사랑으로 이어지는 이 선 위에서 존재할 수 있었던 것이다.

마지막으로 ↘⑊dc^3 선 위에 있는 순영과 그녀의 죽음에 대해서 살

---

119) 봉구는 돈 때문에 영혼이 썩었음을 반성하면서 돈을 추구하던 생활에서 벗어나 농촌으로 내려가서 새로운 생활을 하기는 하지만, 순영을 잊지 못한다. 결국 그의 생활은 기계와 같은 생활이었으며, 그가 참인간으로 다시 거듭날 수 있었던 것은 순영의 죽음을 통해서이다.
그의 가치 변화와 새로운 결심은 다음 인용을 통해 확연히 드러난다.
「살아나야 하겠다. 낡은 세상을 고쳐서 새 세상을 만들어야 하겠다. 부처와 예수와 그 밖의 모든 성인 성도들이 뿌려 놓은 씨를 거둘 때가 왔다. 거둘 사람을 기다린다. 그 사람은 내다, 내라야 한다!」 돈의 욕심과 연애의 욕심과 살려는 욕심과 따라서 나오는 모든 번뇌를 벗어난 봉구에게는 새로운 천지의 문일 열린 것이다(이광수, 앞의 책, p.270).

120) 특히 그가 아버지를 죽인 것을 패륜아적인 행동으로만 볼 수는 없다. 그것은 하나의 문학적 상징일 수 있는데 미두업을 했던 아버지로 표상되는 일제의 경제 구조를 근절하고 조국의 독립을 선취하고자 했던 시도로 읽을 수도 있을 것이다. 그러나 그의 이러한 시도의 미숙성은 살인과 거짓으로 나타나기도 했다. 그는 자신의 죄를 고백하고 감옥에 들어감으로써 진정한 자기 의지의 실현을 내면화시킬 수 있었다. 동시에 그의 실패는 당시 독립 운동의 실패들을 상징하기도 하며, 독립 의지의 현실적 어려움을 나타내는 것이기도 하다.

펴보자. 순영은 어머니가 된 환경의 변화와 더불어 경주가 영진에게 향하는 사랑을 통해 위기에 있는 영진을 구하기 위한 선택을 함으로써 영진이 간 하락의 길을 따른다. 자신이 욕망했던 백윤희의 아내로서 누릴 수 있었던 부와 육체적 쾌락을 포기했으며, 무엇보다도 자신의 아이들을 위해서도 그녀가 꼭 이루고자 했던 본실 부인이 되는 것마저 이룰 수 없게 된다.[121] 그러나 현실적인 실패에도 불구하고 그녀 역시 이 선택의 선상을 지배하고 있는 사랑의 추구자가 된다. 아들마저 백윤희에게 빼앗기고 외로이 조카들을 키우며 지내는 그녀는 백윤희가 다시 자신의 부인으로 들어오라는 제안도, 김 박사가 자신과 함께 결혼을 해서 외국으로 떠나자는 제안도 모두 거절한다. 또한 김 박사의 유혹에 넘어가 낙태제를 먹었던 것을 토해내면서 김 박사와 백윤희가 거부하는 자신만의 길을 선택, 홀로 딸을 낳아 키우기까지 한다. 3년여 동안을 영등포의 방직 공장 노동자로, 그리고 결국은 거의 걸인 신세가 되어 헤매던 그녀는 자살을 결심하고 시골로 낙향한 영진의 거처를 찾아간다. 거기에서 영진을 따라 함께 낙향한 경주와 영진 어머니의 따뜻한 사랑을 느끼고 영진에게는 편지를 남긴 채 원산에 가서 소경 딸과 함께 자결한다. 영진(봉구)에게 용서를 청하며 자신이 사랑한 사람은 봉구뿐이라는 고백을 한다. 그녀는 참생활을 하려 하지만 계속되는 실패와 소경 딸을 돌볼 힘도 없어서 죽음을 선택한 것이다. 그러나 그 죽음은 더 이상 현실의 훼손된 가치를 따르고 싶지 않은 순영의 마지막 결단이기도 했다.[122] 결국 순영은 농촌에서 농부

121) 순영은 일단 영진을 구하기 위해 재판장에서 증언을 하기는 하지만, 이후 검사에게 자신의 증언이 거짓이었다고 변명을 하기도 한다. 그만큼 그녀는 백윤희의 부인이 되고자 하는 희망을 쉽게 포기할 수 없었고, 얼마동안 계속 갈등하는 것으로 나타난다. 그녀의 모든 갈등이 종식되고 온전히 영진의 삶을 따를 수 있었던 것은 그녀의 죽음을 통해서이다.

122) 순영은 영진에게 보내는 편지에 다음과 같이 쓴다.
「마지막으로 나의 사랑하는 봉구 씨라고 부르게 하여 주시옵소서. 순영은 지금 죽음의 길을 떠나나이다. 이 편지를 보실 때에는 순영은 이미 이 세상에

가 되어 농촌 계몽 운동을 하고 있는 영진(c^3)을 만나고 나서 소경 딸과 함께 자결하며, 그녀가 죽은 지 삼일 후에 뒤늦게 순영의 편지를 보고 금강산으로 달려간 영진의 손에 의해 묻힌다. 영진은 순영의 자결을 통해 비로소 자신의 무정함을 후회한다. 그리고 순영의 시체를 지키고 있던 그는 누구보다도 순영에게 이 길을 갈 것을 권고했을 뿐만 아니라 순영과 봉구가 처음 만났을 당시 함께 독립 운동을 했었던 순영의 셋째 오빠인 순흥을 만난다. 순흥은 자신의 아내가 자신을 대신하여 죽은 후 중이 되어 수도 생활을 한다. 그 역시 현실적으로는 실패한 인물일 수 있지만, 훼손된 세계에서 성공한다는 것이 결국은 훼손된 가치를 추구하는 것이라고 볼 때 그가 중이 된 것은 훼손된 가치를 따르지 않고 자신이 추구해 온 '사랑의 길'을 가고자 하는 마지막 저항의 선택이었음을 알 수 있다.

「내가 죽인 결세, 용서하게」 하는 봉구의 말을 막으며

「**저도 만족하겠지.** 비록 이렇게 섬 거적에 싸였을망정 자네 손에 묻히는 것을 전들 기쁘게 알지 않겠나. 고마워, 자네도 이 애의 허물을 **용서해 주게.** 내가 제 마음을 알거니와 비록 마음이 약하여 여러 가지 유혹에 넘어갔다 하더라도 제가 **사랑한 사람은 자네밖에 없네**」

하고는 순흥은 작별을 하자는 듯이 봉구에게 손을 내민다. 봉구는 청하는 대로 손을 주면서

있지 아니할 것이로소이다. 죄 많고 불행한 순영은 이미 이 죄에 더럽힌 육체를 벗어나 버렸을 것이로소이다.」

또한 그녀는 마지막 편지에서 자신은 봉구만을 사랑했으며 봉구와 백의 집에 있는 아들 모세를 잊지 못함을 고백한다.

이상과 같이 그녀의 죽음은 자신이 잃었던 사랑을 고백하는 마지막 행위였으며, 죄에 더럽힌 육체로부터 해방되는 또 하나의 탈출구이자, 훼손된 가치를 따르지 않으려는 결단이었다(이광수, 앞의 책, p.405).

「가려나?」

「응 가네. 세상을 버린 내가 아닌가. 어디를 가든지 **자네와 한국을 위하여 기도**하네」 하고는 저편 송림 속으로 사라져 버리고 만다.

이튿날 신계사 동구밖 길 왼쪽에는 새 무덤 둘이 가지런히 생기고 그 중 한 무덤에는 '나의 사랑하는 아내 순영의 무덤'이라고 목패가 섰고 그 목패 뒤 옆에는 '무정한 봉구는 울고 세우노라'하고 좀 작은 글씨로 쓰여 있다.[123)]

이 작품의 마지막 부분이다. 순영의 시체 앞에서 다시 모인 순흥과 봉구는 순영의 죽음을 이야기한다. 첫날, 자신의 무정함을 후회했던 봉구는 둘째 날 순흥을 만나는데 순흥은 봉구에게 순영의 마음을 전하면서 용서와 사랑의 길을 부탁한다. 그의 중으로서의 수도 생활은 또한 봉구가 가야 할 용서와 사랑의 길을 위한 기도 생활이 될 것임을 약속한다. 셋째 날 봉구는 순영의 무덤가 목패에 순영을 자신의 아내라고 쓰면서 순영과 순영의 딸을 묻는다. 순영은 죽음으로써 마침내 봉구의 사랑을 다시 얻을 수 있었으며, 그가 원하던 정실 부인이 될 수 있었다. 순영의 죽음으로써 나타나는 선이 바로 점선 ┈c^3c이다. 이 선은 영진을 사랑한 순영이 선택한 죽음의 길이며, 순영의 죽음을 통해 영진이가 마침내 봉구로 회귀하는 인간 회복의 길이다. 이 길은 중이 된 순흥이 봉구와 한국을 위해 기도하는 기도의 길이기도 하다. 또한 죽음과 인간 회복과 기도를 통해 다다르는 이 선의 도착지인 c는 봉구가 순영을 사랑하던 길로 이어지며, 그 길은 곧 봉구가 한국을 사랑하던 길이기도 하다. 또한 이 길은 1919년 3・1 운동 이전 순흥과 순영과 봉구가 함께 일치를 이루어 열정적으로 추구했던 조국 독립의

123) 이광수, 앞의 책, p.418.

길이기도 하다. 바로 이 길로 향하고 있다는 데에 순영의 죽음이 '재생'으로서의 의미를 갖게 된다. 순영의 죽음을 통해 나타나는 점선 ----- c^3c는 훼손된 가치와 현실에 타락하지 않고 3·1 운동 이전의 순수했던 사랑의 세계로 복귀하고자 하는 '재생의 길'을 표상하는 동시에 이 작품의 주제를 나타내는 선이기도 하다.124) 특히 이러한 재생으로서의 길의 의미는 순영이 죽으면서까지 잊지 못하는 '모세' 즉 순영과 봉구의 사랑을 통해 이 세상에 나온 두 사람의 아들인 백낙원을 통해서도 암시되어 있다.

순영과 봉구 사이에서 난 아이의 이름은 낙원이다. 그런데 순영은 늘 아들을 '모세'라고 불러왔다. 성서에서 모세는 이스라엘 민족의 아들이었지만 파라오 공주의 도움을 받아 에집트 파라오의 보호 아래서 최고의 교육을 받으면서 훌륭한 청년으로 성장한다. 훗날 그는 자신이 교육을 통해 배울 수 있었던 자유와 사랑을 자기 동포에게 전하고 지키려하다가 실패하여 에집트를 떠나 미디안으로 도망간다. 40여 년의 미디안 광야에서의 고난과 기다림의 시간을 거쳐 마침내 모세는 하느님의 명을 받아 이스라엘을 에집트 땅에서 이끌어 가나안으로 인도하는 지도자가 된다.125) 순영은 백윤희 사이에서 잉태되고, 김 박사의 유혹 때문에 낙태제를 먹어 소경으로 태어난 딸과 함께 죽는다. 그녀의 딸은 사랑보다는 성적 쾌락과 돈을 추구하던 삶의 결과이기도 했다. 이제 순영은 자신의 딸과 함께 죽음으로써 자신과 딸의 재생을 기약하고 있는 셈이다. 그리고 그 기약은 봉구에게 이어지고 봉구와의 사이에서 태어났지만 백윤희의 아들로 자라고 있는 그들의 2세인 백낙원, 즉 모세에게로 이어지는 삶이기도 하다. 아들 모세는 순영에게

---

124) 다만 이 길이 순영의 죽음을 통해 암시될 뿐 작품 속에서 구체적으로 나타나지 않기 때문에 점선으로 표시하였다.

125) 「사도행전」 7장 20절~43절, 공동번역 성서, 가톨릭용, 대한성서공회, 1977. 「출애굽기」 2장~40장, 공동번역 성서, 가톨릭용, 대한성서공회, 1977.

진정한 행복이 돈에 있지 않음을 가르쳐준 최초의 존재였다. 그리고 모세를 통해 순영은 다시 사랑의 길을 선택할 수 있었으며, 그녀가 죽기까지 잊지 못하는 존재가 모세임을 봉구에게 전함으로써 모세로 이어질 우리 민족 재생의 길, 우리 민족 재생의 미래를 암시한다.

이상 여학생들의 연애와 결혼을 중심으로 작품에 나타난 성담론 구도를 분석한 결과 『재생』은 각 인물들이 선택하는 돈과 성적 쾌락의 추구를 통해 당대 현실을 형상화하는 동시에 이러한 현실 극복의 의지로서 재생의 삶을 제시해 주었다는데 성담론으로서의 의의가 있다. 이 소설이 갖는 통속성에도 불구하고 이 작품의 여주인공 순영의 삶과 죽음은 달라진 조선의 현실을 반영한다. 『무정』에서 시대 의지를 지향하면서 조선의 개혁을 주도하고자 했을 뿐 아니라 실제로 기생 계월향을 구원할 수 있었던 여학생의 모습은 1920년대 중 후반 이후에는 소설 속에 등장하지 않는다. 그들이 조선의 독립과 개화를 위해 추구했던 지식은 이제 오히려 당대의 최고 가치로 부상하고 있었던 '돈'을 위한 방편으로 전락한다. 그들은 자신의 지식과 미모를 이용해 성매매나 다름없는 안정적 결혼을 선택한다. 지식이 더 이상 민족과 공동체를 위해서가 아니라, 개인의 안위를 위한 방편으로 전락해가는 과정을 돈과 성의 결탁을 통해 보여주고 있는 작품이 바로 이 당시 여학생을 주인공으로 하는 작품들이다. 결국은 자살로 이어지는 『재생』에서의 순영이를 비롯하여 결혼과 연애에 실패하는 여학생 인물들의 삶은 근대화 과정에서 지식인으로 또 지도자로 존재하지 못하고 사라져 간 여학생 집단 즉 신여성 집단의 자기 파멸을 보여주는 동시에[126)]

126) 한편 여학생 인물이 등장하는 1920년대 이후의 작품들에서 긍정적인 여학생 인물이 거의 나타나지 않는다는 것은 여학생을 비롯한 신여성 집단을 형상화한 당대 작가들의 시대적 한계 때문이었으리라는 것 역시 부인할 수 없다. 1920년대 여성 운동을 주도하고 각계에서 지도자적 역할을 수행하며, 사회주의 운동에 동조하여 함께 계급 혁명과 독립 운동에 가담했던 여성들이 있었

파행적으로 진행된 한국의 근대화와 식민화 과정을 형상화한다. 여학생들이 추구했던 최고 가치인 '사랑'도 훼손된 세계에서는 전락할 수 밖에 없었다. 그러나 훼손된 세계를 다시 재건할 수 있는 것 역시 '사랑'이다. 그 사랑은 1919년 3·1 운동 이후 타락한 연애의 형태로 나타나는 사랑이 아니라, 1919년 3·1 운동 이전의 순수한 사랑이며 그 사랑으로의 복귀 안에서 식민지 조선의 미래를 보고자 했던 것이 이광수가 『재생』을 통해 보여주고자 한 주제이다.

음에도 불구하고 소설 속에 등장하는 여학생, 신여성 상은 실패하는 인물, 부정적인 인물들이 대부분이다. 여학생이 긍정적인 인물로 등장하는 대표적인 경우가 이광수의 「H군을 생각하고」(《朝鮮文壇》 제2호, 1924년 11월)이다.

Ⅵ. 결론

본고는 『무정』부터 1920년대까지 한국 현대 소설에 나타난 성담론에 관한 연구이다. 성담론이란 성표현이나 성의식이 개인적인 성향의 문제를 뛰어넘어, 인간 생활의 총체성을 반영한다는 입장에서 규정된 용어이다. 성(sexuality)은 성적 표현이나 성의식을 개인과 개인, 개인과 사회 사이에서 일어나는 관계의 場 안에서 분석하고자 하는 태도를 반영한 용어이다. 필자는 성을 성적인 욕망들·성적인 정체성 및 성적 실천을 의미하는 섹슈얼리티(sexuality)라는 개념으로 규정하고, 젠더와 섹슈얼리티가 통합된 관점(gender/sexuality)에서 1920년대 소설에 나타나는 성담론들의 양상과 특성을 작품 내적 분석과 사회적 맥락 하에서 논의하였다. 특히 성담론 중에서도 1920년대를 전후해 우리 사회에서 본격적으로 진행된 성매매의 문제를 중심으로 소설에 나타나는 인물들의 성격과 그들이 성매매 문제를 매개로 세계와 대응하는 갈등 양상을 분석함으로써 당대 소설의 성담론적 특성을 논리화하고자 하였다.

Ⅱ장에서는 성매매의 사회적 배경과 1920년대 성담론의 양상을 살펴보았다. 이를 통해 일제에 의해 근대화와 식민화가 동시에 진행되었던 식민지 조선에서 1920년을 전후한 시기는 성담론의 입장에서도 전환점이 되는 중요한 시기였음을 확인할 수 있었다. 근대화와 식민화라는 조선의 현실 속에서 성이 자본화되는 과정을 통해 그 모순점을 드

러내기 시작하였으며, 자신의 성을 대가로 생계를 잇는 새로운 여성 인물들이 급증하였다. 과거에도 기생을 비롯한 매춘부들이 있었지만 1920년대에 나타난 성매매 인물들과는 그 성격이 다르다. 본격적으로 성이 자본화되기 시작하면서 다른 무엇보다도 성매매는 자본주의 사회 저변에 성산업으로 부상하였으며, 이는 당대 소설에도 반영되었다. 성매매를 비롯하여 성과 관련된 결혼 · 이혼 · 자유연애 · 여성들의 경제적 독립 등 여권 운동에 관한 논의들이 활기를 띤 1920년대는 성담론과 여성 운동의 제1전성기라 할 수 있다. 따라서 한국 소설에 나타난 성담론의 사적 연구를 위해서도 1920년대 성담론에 대한 연구가 선행되어야한다.

Ⅲ장에서는 본격적으로 당시 소설에 나타나는 성담론을 작품을 중심으로 논의하였다. 특히 한국 최초의 현대 소설이라고 평가받아 온 『무정』은 새로운 성담론의 등장이라는 의의를 갖는다. 이는 무엇보다도 새로운 인물의 출현에서 비롯된다. 『무정』에서는 시대를 대표하는 인물로 기생 계월향과 여학생 선형이 등장한다. 소설 속에 나타나는 섹슈얼리티를 중심으로 작품을 분석한 결과 『무정』은 계월향과 선형과 계향의 삼각 구도 안에서 식민지 조선의 현실을 형상화했음을 알 수 있었다. 기생 계월향은 이전 시대 기생과는 다른 성매매 인물로 등장한다. 계월향을 둘러 싼 성매매 인물들을 중심으로 유곽, 다방골 등 성적인 공간이 소설 속에서 등장하며 『무정』은 이곳에서 벌어지는 인물들의 갈등 구조를 통해 근대화라는 미명 하에 가려진 조선 현실의 기저층을 서사화할 수 있었다. 또한 이 작품은 기생이었던 계월향이 다시 여학생으로 상승함으로써 성적 타락으로 상징되는 식민지 현실에도 불구하고 당대 현실을 낙관적으로 바라본 작가의 현실 인식이 나타난 작품이다.

Ⅳ장에서는 『무정』에서 등장한 새로운 여성 인물인 기생과 여학생을 중심으로 그들이 성매매 인물로 등장하는 1920년대 중 · 단편 작품

들을 성격과 공간을 통해 분석하였다. 그 결과 사회적 변화를 수용하기라도 하듯이 당대 소설에서는 성문제가 많이 나타나지만, 기생, 창기 등 성매매 여성들을 본격적으로 형상화하고 있는 작품은 많지 않았다. 이들이 나오는 경우에도 성격의 변화를 사건이나 행동을 통해 보여주기보다는 서술자의 해설을 통해 단순한 외양묘사와 평면적인 인물의 형태로 제시되는 경우가 대부분이었다. 「사랑에 주렸던 이들」을 제외하고는 대부분의 성매매 여성 인물들은 부정적인 인물로 나타나며 사회적인 맥락에서 세계와 갈등하는 적극적인 인물로 형상화되지 못한다. 「사랑에 주렸던 이들」에서 창기는 주인공의 은인이자 연인으로 등장한다. 그녀는 노동자로 전락한 주인공을 구원해 준 인물이다. 「지형근」은 창기가 본격적으로 주동인물로 등장하여 창기와 노동자의 대립을 통해 경제적 · 도덕적 · 신분적으로 타락해갔던 식민지 현실을 고발한다. 창기들의 집단촌이 제시되어 있으며, 창기의 삶을 사회적 맥락에서 다루고자했다. 특히 이 작품에서는 창기가 '운명'이나 '자신의 죄' 때문이 아니라 사회적 원인에 의해 생겨났다고 보는 작가의식이 돋보인다. 「고향」에서는 10년 동안 일본인을 상대로 하는 유곽에서 창기로 살다 결국은 폐인이 되어 돌아 온 여자가 소개되고 있다. 「표본실의 청개구리」는 유곽을 배경으로 하는 작품이다. 이 작품에서 유곽은 성매매가 이루어지는 장소라는 의미 뿐 아니라 근대적인 산물과 함께 등장한 식민지 조선의 피폐한 현실의 축소판이라는 상징성을 갖는다. 또한 이 작품에서 유곽은 인물들의 적극적인 행동과 사건이 펼쳐지는 배경으로서가 아니라 발견되고 관찰되는 장소로 존재한다. 「전화」에서 기생 채홍은 근대의 새로운 기계 문물인 전화와 매개되면서 부정적 결과를 초래하는 인물이다. 이 작품은 전화와 기생의 관계를 통해 근대의 기계문명이 파급시키는 성매매의 새로운 변화를 보여준다. 작품에서 전화와 성매매의 결탁은 집이라는 신성한 공간을 성매매의 공간으로 확대시켰으며 기계 문명이 성매매에 미치는 부정적인 영향을 형상화했다. 「남충서」는 일본 기생 출신 여인이 등장하고 있으며, 기생과 여학생의 대립이 나타나는 작품이다. 기생을 비롯한 성매매 여성들을 주인공으로 하는 작품의 경우, 성의 상품화가 이미 식민지 조선 사회에서 본격화되었음을 확인할 수 있었다.

이상과 같이 당시 소설에서는 성매매 여성들의 여러 유형이 등장하기는 하지만, 그들의 구체적인 삶이 작품의 주제로 본격화되지는 않았다. 또한 소설 속에 등장하는 성매매 여성들의 경우, 조선의 성매매 여성들보다는 일본의 성매매 여성들에 대해 호의적이었다. 1920년대로 넘어오면, 『무정』에서와는 달리 기생이 여학생에 의해 구원받는 작품은 없으며 오히려 기생과 여학생의 대립이 더욱 심해진다. 『무정』에서 병욱처럼 영채를 구원해 주는 여학생 인물은 등장하지 않으며, 기생들에 대해 부정적인 시각을 고수한다. 여학생들도 『무정』과는 달리 부정적 인물로 등장하는 경우가 많다. 여학생들이 부정적 인물이라는 점에서는 기생과 유사하며 특히 그들의 타락은 연애 행각을 통해 노골화된다. 여학생이 기생으로 하락하는 인물로 나타나는 경우도 있다. 특히 성욕의 문제가 노골적으로 표현되면서 여성의 성적 욕망이 담론화된다. 「약한자의 슬픔」의 주인공은 여학생 강 엘리자베트이다. 그녀는 강간과 잉태로 이어지는 남작과의 관계에서, 강간의 폭력성이나 부당함을 깨닫는 인물이 아니라 성욕을 발견하고 결혼을 선망하는 인물이다. 이러한 그녀의 의식은 그녀를 파멸하게 만든다. 결국 남작에게 배신당한 엘리자베트가 발견하는 것이 강한 자가 되기 위한 '사랑'이다. 엘리자베트를 비롯하여 당시 소설에 등장하는 여학생들의 최고 이상은 사랑이었다. 『해바라기』는 사랑과 결혼을 통해 여학생 영희의 성격을 형상화한다. 그녀는 제도와 의식을 거부함으로써 다른 가족들과 충돌을 일으키는 인물이다. 여학생들이 추구했던 사랑보다는 자신의 예술과 생계를 위해 결혼을 선택하는 인물이며, 이 과정에서 성욕과 성 문제를 노골적으로 표현하는 인물이기도 하다. 작가는 영희를 통해 여학생들에 대한 부정적 의식을 노골적으로 담론화 한다. 일본 여학생이 나오는 「혈서」에서 노부꼬는 성적인 문란함이 나타나지 않은 채 적극적으로 사랑을 추구하면서도 지순한 여인으로 묘사되지만, 결국 사랑의 실패로 죽는 비극적 인물이다. 「출학」과 「젊은이의 시절」에서 여학생들은 사랑을 추구하지만 자신의 약함 때문에 사랑을 지키지 못하고 강간당하는 인물로 등장한다.

이상 여학생들이 나오는 작품의 경우, 성매매 문제는 성과 돈의 교환이 성욕과 결혼의 문제를 통해 간접적으로 제시된다. 여학생들이 기거하는 집 등 생활공간이 성적 공간으로 등장하며, 재판장이 성을 공론화하고 규제하는 공간으로 나타나기도 한다. 특히 여학생은 결혼의 조건으로 사랑보다는 생계와 富를 중요시한다. 당시 소설에서 여학생들은 자신의 지식과 외모, 성을 통해 경제적 안정을 구하고자 하며 동시에 일체의 제도를 거부한다. 그러나 그들의 결말은 비극적으로 끝나는 경우가 많으며, 행복한 결혼이나 사회적 성공보다는 성적 문란함으로 자살하거나 사회적인 지탄을 받는다. 여학생 인물 중에서 긍정적인 인물들은 「H군을 생각하고」에서와 같이 과거의 봉건적인 여성 인물의 성격을 나타내주는 복고형 여학생이다.

Ⅴ장은 성 문제를 작품의 중요한 제재로 삼고 있는 작품들의 서사구조를 밝히고, 이를 통해 사회와의 관련 양상을 논하였다. 기생을 비롯한 성매매 인물들은 『무정』에서 계월향과 같이 구원되지 못하고 몰락하며, 이러한 몰락의 서사는 당시 조선의 현실을 반영한 것이기도 했다. 성매매 인물인 기생이 주인공으로 나오는 『환희』에서는 돈을 추구해야 하는 기생 설화가 돈보다는 사랑과 정조를 추구하고 갈등하다가 마침내 죽음이라는 비극적 결말로 끝난다. 이 작품은 기생을 주인공으로 그녀의 심리 변화와 갈등을 연애 사건을 통해 전면적으로 작품화하였다는 데 그 의의가 있다. 또한 그녀가 추구하는 사랑과 정조가 기생이라는 신분 때문에 지켜질 수 없는 현실을 통해, 성과 신분의

문제를 제기한 작품이기도 하다. 결말에서 설화의 자살은 개인의 힘으로는 해결할 수 없었던 현실에 대한 포기일 수 있지만 이를 통해 더욱 내면화되었던 당대 사회의 모순을 형상화한 것이기도 하다. 이 작품의 서사구조는 1920년대 식민지 조선의 현실 속에 은폐된 폭력과 권력의 힘을 성매매라는 생활의 이면과 애정의 삼각 구도를 통해 보여주고 있다. 특히 이 작품은 여학생들이 추구한 이상이었던 사랑이 여학생들에게서가 아니라 기생 설화를 통해 진행되는 사랑의 변주가 나타났다는 점에서 특징적이다. 또한 주동 인물들의 사랑의 실패는 이미 사랑이 하나의 '환희(幻戱)'에 지나지 않는 현실, 사회의 불모성을 성매매를 통해 보여주었다.

『만세전』에서는 성매매 공간을 통해 식민지 조선의 현실을 서사화한다. 『만세전』의 서사구조의 특징은 여정의 이원화이다. 이 작품은 표면적으로는 동경에서 서울, 다시 동경으로의 여정을 보이지만, 심층적으로는 성매매 공간들의 이동과 성과 돈의 문제를 통해 서사가 진행된다. 표층구조는 주인공이 동경에서 서울을 거쳐 다시 동경으로 돌아가는 원점회귀이지만, 심층구조로는 원점회귀가 아닌 단절의 구조라고 할 수 있다. 이 단절은 주인공이 심층구조에서의 여정을 통해 조선의 현실을 인식함으로써 성매매 공간과 단절하고 '新生', 즉 사랑의 길을 가겠다는 새 출발을 의미하며, 이것이 이 작품의 주제이기도 하다.

1920년대 소설 속에서 여학생을 비롯하여 가장 근대적 인물로 부상한 신여성들은 점차 부정적인 인물로 타락해 갔으며 그들이 추구한 지식 은 사회와 국가의 발전과 개인의 행복을 위해서가 아니라 경제적 안정이 보장된 결혼의 방편으로 전락한다. 기생이 여학생이 되는 경우보다는 오히려 여학생이 여러 형태의 성매매 인물이 되는 경우가 증가하며, 그들이 주장하는 자유연애는 건강한 사랑으로 승화되지 못하고 성적 문란함으로 여학생 본인들을 자멸에 이르게 한다. 『너희는 무엇을 어덧느냐』는 인물들의 토론을 통해 당시 사회에서 풍미하던 성문제에 관한 논의들을 소설 속으로 가져온다. 이 작품은 성에 관한 사회적 논의들을 토론의 형식으로 소설의 場 안으로 옮겨와 당대 사회의 성 풍속도를 가시화하고자 한 작품이다. 비록 인물 형상화에서는 실패했지만 토론체 형식을 통해 작가는 1920년대의 현실을 성적 자본주의 시대로 파악하고 성혁명을 통한 사회 변혁의 꿈을 담론화한다.

여학생이 등장하는 대부분의 작품들은 비극으로 끝난다. 죽거나 성적인 타락이 윤리적 타락으로 이어진다. 작품 속에서 여학생들이 주장하는 결혼 제도와 자유연애는 인물들의 성적 타락을 마련하는 장치로 존재한다. 기생을 구원할 수 있었던 병욱과 같은 인물은 더 이상 존재하지 않는다. 이는 그만큼 작가들의 현실 인식이 객관성을 확보하였음을 보여주기도 하지만 더 이상 구원이 불가능한 것으로 보였던 3·1 운동 실패 이후 낙담과 우울이 만연했던 1920년대 식민지 조선의 현실을 반영하는 것이기도 하다. 다만 이광수의 『재생』에서 여 주인공 순영은 자살로 삶을 마감하기는 하지만 그것이 타락한 삶에서 벗어나 자신이 추구했던 가치로 회귀하기 위한 선택이었다는 점에서 희망을 제시한다. 순영이 성적 문란함으로 대변되는 당대 자본주의 사회의 현실적 욕망에 대항하는 적극적 여성으로 다시 태어나는 결말을 통해 작가는 새로운 시대 의지를 보여주고자 했다. 즉 이 작품은 성의 도구화를 통한 개인적 안위보다는 '사랑'이라는 가치의 선택을 통해서만이 현실을 극복할 수 있음을 제기하였다.

이상과 같이 자본과 결탁된 성의 영향력은 소설 속에서도 일상생활 공간의 변화와 새로운 성적 공간의 출현을 가져왔으며, 이 공간을 배경으로 성매매 문제는 1920년대를 전후한 소설 중에서 조선의 현실을 형상화하기 위한 문학 장치로 등장하였다. 소설에 등장하는 여성 인물들은 생계를 위해 혹은 경제적 안정을 위해 자신의 성을 팔기 시작했으며, 여성들의 최고 윤리였던 정조관도 해체된다. 성은 상품이 되었고 상품화된 성은 가치의 혼란을 거쳐, 제도와 윤리의 변화를 가져왔다. 이러한 변화는 당대 소설 속에서 특히 여학생과 기생 인물의 성격과 삶을 통해 형상화되었다. 이들은 1920년대 소설에 등장하는 새로운 인물들이다. 비록 성격 형상화의 미숙성, 단순성, 획일성 등의 한계가 드러나는 작품들이 많이 있었지만, 여학생과 성매매 여성들이 등장하는 소설은 근대화라는 미명하에 진행된 자본주의 사회의 새로운 갈등과 식민지 조선의 피폐한 현실을 보여줄 수 있었다.

특별히 현대 소설 형성기에 나타난 성담론을 연구함으로써 본 논문은 한국 현대 소설의 근대성(modernity)을 새롭게 조망해 보았다. 근대라는 개념에는 뚜렷한 차이를 드러내는 수사적인 힘과 기술적(記述的) 차원 그리고 규범적인 차원을 갖고 있다. 근대는 과거를 거부하고, 변화와 미래의 가치에 헌신하는 것과 동일시되었다. 또한 전통·관습·현상의 권위에 도전함으로써 사회구조와 지배적 사유양식에 대항하는 모든 움직임을 정당화해 준 시대적 이념이기도 했다. 즉 근대성을 호소하는 것은 실제로는 다양한 범위의 정치적·문화적 이익을 내세우기 위한 방편이었다. 더구나 한국의 근대는 식민화와 더불어 진행되었기 때문에 그 파행성과 복잡성이 더욱 심해서 근대성의 정체를 온전히 파악하기가 어렵다. 본고는 1920년대 한국 소설에 나타난 섹슈얼리티의 문제를 고찰함으로써, 당시 소설이 근대성의 이상과 현실 사이의 괴리를 서사화하고 있으며, 이를 통해 자본주의 근대 조선사회의 이면을 형상화할 수 있었음을 밝혔다. 그것은 성의 상품화로 이어지는 인간 육체의 물질화이며 성을 통해 개인의 생활을 규제하려는 지배 권력의 숨은 힘이다. 이 힘은 조선의 종주국이었던 일제에 의해 진행되었다는 점에서 더 파행적일 수밖에 없었으며, 이는 소설 속에서 좀 더 풍부하고 다양한 성담론보다는 경직되고 비극적 결말로 치닫는 작품들로 남겨진다. 이것이 한국의 현대 소설이 성담론의 빈약함과 한계를 보일 수밖에 없었던 원인이기도 하다.

앞으로 본 연구의 남은 과제는 1930년대 이후 한국 소설에 나타나는 성담론의 양상과 그 특성을 밝힘으로써 한국 소설에 나타난 성담론사를 완성하는 것이다. 이를 통해서만이 성담론의 초창기라 할 수 있는 『무정』부터 1920년대 까지 한국 소설에 나타난 성담론이 갖는 의미가 더 확실하게 구명될 것이며, 현대까지도 개인과 사회에 더 첨예해지는 섹슈얼리티 문제를 소설을 통해 어떻게 형상화하고 해결해 나갈 것인가에 대한 전망을 제시해 줄 수 있을 것이기 때문이다.

參考 文獻

1. 一次 資料

『이광수 전집』, 삼중당, 1963.
『김동인 전집』, 조선일보사, 1987.
『나도향 전집』 집문당, 1988.
『염상섭 전집』, 민음사, 1987.
『채만식 전집』, 창작과 비평사, 1989.
『최서해 전집』, 문학과 지성사, 1987.
『한국 여성 소설선』, 갑인출판사, 1991.
『한국 소설 문학 대계 1~42』, 동아 출판사, 1995.
『나혜석 전집』, 태학사, 1999.
『1920~30년대 민중 문학선』, 주종연 편, 탑 출판사.

이광수, 『재생』, 우리 문학사, 1996.
이광수, 『무명』, 우신사, 1979.
현진건, 『고향』, 일신서적, 1990.
염상섭, 『만세전』, 창작과비평사, 1987.

2. 著書

정한숙, 『현대한국작가론』, 고려대학교출판부, 1975.
______, 『현대한국소설론』, 고려대학교출판부, 1977.
홍일식, 『한국개화기의 문학사상 연구』, 열화당, 1980.
김종균 편, 『염상섭소설연구』, 국학자료원, 1999.
서종택, 『한국근대소설의구조』, 시문학사, 1982.
송하춘, 『발견으로서의 소설기법』, 현대문학, 1993.
______, 『탐구로서의 소설독법』, 고려대출판부, 1996.
______, 『1920년대 한국소설 연구』, 고려대 민족문화연구소, 1985.

김인환, 『상상력과 원근법』, 문학과지성사, 1993.
_____, 『한국문학이론의 연구』, 을유문화사, 1986.
_____, 『기억의 계단』, 민음사, 2001.
한승옥, 『현대소설의 이해』, 집문당, 1998.
_____, 『한국현대소설과 사상』, 집문당, 1995.
_____, 『이광수』, 건국대학교출판부, 1995.
김우종, 『한국현대소설사』, 1982.
강진호, 『한국근대문학작가연구』, 깊은샘, 1996.
김영민, 『한국근대소설사』, 솔, 1997.
김윤식, 『이광수와 그의 시대』, 한길사, 1986.
_____, 『염상섭 연구』, 서울대출판부, 1987.
_____, 『김동인 연구』, 민음사, 2000(개정증보판).
나병철, 『한국문학의 근대성과 탈근대성』, 문예출판사, 1996.
정현기, 『한국소설의 이론』, 솔, 1997.
최원식 구중서 편, 『한국근대문학연구』, 태학사, 1997.
권영민, 『서사양식과 담론의 근대성』, 서울대출판부.
이 경, 『근대성 수용양식』, 태학사, 1999.
정호웅 외, 『장편으로 보는 새로운 민족문학사』, 열음사, 1993.
김성기 외, 『모더니티란 무엇인가』, 민음사, 1992.
이정우, 『담론의 공간』, 민음사, 1994.
우한용, 『한국현대소설담론연구』, 1996.
김정자 외 공저, 『한국현대문학의 성과 매춘연구』, 태학사, 1996.
정종진, 『한국현대문학의 성표현』, 태학사, 1997.
김정자, 『한국여성소설연구』, 민지사, 1991.
송명희, 『문학과 성의 이데올로기』, 새미, 1994.
_____, 『이광수의 민족주의와 페미니즘』, 국학자료원, 1997.
최혜실, 『신여성들은 무엇을 꿈꾸었는가』, 생각의나무, 2000.
김천해, 『소설구조의 이론』, 문학과지성사, 1990.
르네지라르, 김윤식 역, 『소설의 이론』, 삼영사, 1977.
권택영, 『소설을 어떻게 볼 것인가』, 동서문화사, 1991.
김경수 외, 『페미니즘과 문학비평』, 고려원, 1994.
조영미 외, 『섹슈얼리티 강의』, 동녘, 1999.
박종성, 『한국의 매춘: 매춘의 정치사회학』, 인간사랑, 1994.

______, 『권력과 매춘』, 인간사랑, 1996.
이배용 외, 『우리 나라 여성들은 어떻게 살았을까 1·2』, 청년사, 1999.
이능화, 이재곤 역, 『朝鮮解語花史』, 동문선, 1992.
정성희, 『조선의 성풍속』, 가람기획, 1998.
김용숙, 『한국 여속사』, 민음사, 1989.
김진송, 『서울에 딴스홀을 허하라: 현대성의 형성』, 현실문화연구, 1999.
김정동, 『문학속우리도시기행』, 옛오늘, 2001.
______, 『남아있는 역사, 사라지는 건축물』, 대원사, 2000.
______, 『근대건축기행』, 푸른역사, 1999.
김종엽, 『웃음의 해석학, 행복의 정치학』, 한나래, 1994.
김형효, 『구조주의의 사유체계와 사상』, 인간사랑, 1989.
이영애, 『국가와 성』, 법문사, 1999.
______, 『성 권력 정치』, 법문사, 1995.
한은경, 『그러나매춘은없다』, 새길, 1994.
김현자 外, 『한국여성시학』, 깊은샘, 1997.
태혜숙, 『탈식민주의 페미니즘』, 여이연, 2001.
조애리 外, 『여성의 몸, 어떻게 읽을 것인가』, 한울, 2001.
여성문화이론연구소, 《여/성이론 1·2》, 여이연, 1999. 2000.
한국여성문학회, 《여성문학연구》, 태학사, 1999.
역사문제연구소 엮음, 『전통과 서구의 충돌』, 역사비평사, 2001.
필리스 체슬러, 임옥희 역, 『여성과 광기』, 여성신문사, 2000.
김삼웅, 『일제는 조선을 얼마나 망쳤는가』, 사람과사람, 1998.
강이수 신경아, 『여성과 일』, 동녘, 2001.
가라타니 고진, 『일본근대문학의기원』, 민음사, 1997.
시모어채트먼, 김경수 역, 『영화와 소설의 서사구조』, 1990.
나탈리 에니크, 서민원 역, 『여성의 상태; 서구 소설에 나타난 여성상』, 동문선, 1999.
미셸 푸코, 『성의 역사(1~3)』, 나남, 1990.
________, 『담론의 질서』, 새길, 1993.
________, 『말과 사물』, 민음사, 1980.
________, 『감시와처벌』, 나남출판, 1994.
________, 김부용 역, 『광기의역사』, 인간사랑, 1991.
________, 박정자 역, 『사회를 보호해야 한다』, 동문선, 1997.

미셸 푸코 외, 『미셸 푸코, 섹슈얼리티의 정치와 페미니즘』, 새물결, 1995.
질 들뢰즈, 권영숙 조형근 역, 『들뢰즈의 푸코』, 새길, 1995.
________, 하태환 역, 『감각의 논리』, 민음사, 1995.
들뢰즈 가타리, 조한경 역, 『소수 집단의 문학을 위하여』, 문학과지성사, 1992.
J. 윅스, 『섹슈얼리티: 성의 정치』, 서동진 채규형 역, 현실문화연구, 1994.
조셉브리스토우, 이연정 역, 『섹슈얼리티』, 한나래, 1998.
자크르 고프, 유희수 역, 『서양 중세 문명』, 문학과지성사, 1992.
콜린 고든 편, 홍성민 역, 『권력과 지식: 미셸 푸코와의 대담』, 나남, 1991.
앤소니 기든스, 배은경 황정미 역, 『현대 사회의 성 사랑 에로티시즘』, 새물결, 1996.
블로흐, 서석연 박종만 역, 『매춘의 역사』, 까치, 1994.
로빈 메이 쇼트, 최성애 역, 『인식과 에로스』, 이화여대 출판부, 1999.
한나 아렌트, 이진우 태정호 역, 『인간의 조건』, 한길사, 1997.
볼프강 라트, 장혜경 역, 『사랑 그 딜레마의 역사』, 끌리오, 1999.
빌헬름 라이히, 박설호 역, 『문화적 투쟁으로서의 성』, 솔, 1996.
___________, 유수종 역, 『성혁명』, 수유연구실 편, 1999.
마르쿠제, 김인환 역, 『에로스와 문명』, 왕문사, 1977.
필립 아리에스 외, 김광현 역, 『성과 사랑의 역사』, 황금가지, 1996.
조혜정, 『한국의 여성과 남성』, 문학과지성사, 1989.
조혜정, 『성찰적 근대성과 페미니즘』, 또하나의문화, 1998.
캐롤린 라마자노글루, 김정선 역, 『페미니즘, 무엇이 문제인가』, 문예출판사, 1997.
헤스터 아이젠슈타인, 한정자 역, 『현대여성해방사상』, 이화여대출판부, 1986.
한국여성연구회, 『한국여성사』, 풀빛, 1992.
여성한국사회연구회 편, 『여성 가족 사회』, 열음사, 1991.
여성신문사 편, 『20세기 여성 사건사』, 여성신문사, 2001.
강금숙 · 김옥순 · 박경혜 · 신은경 · 이경희, 『한국 페미니즘의 시학』, 동화서적, 1996.
루트벤(K. K. Ruthven), 김경수 역, 『페미니스트 문학비평』, 문학과비평사, 1989.
김경수 外, 『페미니즘과 문학비평』, 고려원, 1994.
리사서틀, 유혜련 호승희 역, 『페미니즘 사전』, 동문선, 1999.

레니 린디호프, 이란표 역, 『페미니즘 문학 이론』, 인간사랑, 1998.
크리스테바 外, 김열규 외 공역, 『페미니즘과 문학』, 문예출판사, 1988.
김용숙, 『조선조 여류문학연구』(증보판), 혜진서관, 1990.
장영란 外, 『성과 사랑, 그리고 욕망에 관한 철학적 성찰』, 서광사, 1999.
요시미 요시아키, 이규태 역, 『일본군 군대위안부』, 소화, 1998.
케이트 밀레트, 정의숙·조정호 역, 『성의 정치학』, 현대사상사, 1976.
토릴 모이, 임옥회·이명호·정경심 역, 『성과 텍스트의 정치학』, 한신문화사, 1994.
팸 모리스, 강희원 역, 『문학과 페미니즘』, 문예출판사, 1997.
로즈마리통, 이소영 역, 『페미니즘 사상』, 한신문화사, 1995.
한국여성문학연구회, 『여성과 문학』 1, 문학세계사, 1989.
한국여성소설연구회, 『페미니즘과 소설비평』, 한길사, 1995.
한국여성연구회 문학분과 편역, 『여성해방문학의 논리』, 창작과비평사, 1990.
장윤화, 『여성 몸 성』, 또하나의 문화, 1999.
알렝 꼬르벵, 이종민 역, 『娼婦』, 1995, 동문선(1978, Paris).
주디 와츠맨, 조주현 역, 『페미니즘과 기술』, 당대, 1991.
번벌로, 보거벌로, 김석희 역, 『섹스와 편견』, 정신세계사, 2000.
뤼스 이리가라이, 박정오 역, 『나, 너, 우리』, 동문선, 1996.
다이안맥도넬, 임상훈 역, 『담론이란 무엇인가』, 1992.
한국성폭력상담소엮음, 『섹슈얼리티 강의』, 동녘, 1999.
오생근·윤혜준 공편, 『성과 사회』, 나남출판, 1998.
레비스트로스, 『야생의 사고』, 한길사, 1996.
여홍상 엮음, 『바흐친과 문학이론』, 문학과지성사, 1997.
클리언스부룩스로버트 펜 워렌, 안동림 역, 『소설의 분석』, 현암사, 1996.
E. M. 포스터, 이성호 역, 『소설의 理解』, 문예출판사, 1972.
니체, 김태현, 『도덕의 계보/이사람을 보라』, 청하, 1982.
리타펠스키, 김영찬 심진경 역, 『근대성과 페미니즘』, 거름, 2000.
야나기무네요시, 심우성 역, 『조선을 생각한다』, 학고재, 1996.
이상섭, 『문학비평용어사전』, 민음사, 1976.
이승훈, 『문학상징사전』, 고려원, 1995.
조셉칠더스 게리헨치 편, 황종연 역, 『현대문학문화비평용어사전』, 문학동네, 1999.

JACOQUES LE GOFF, *HISTIRY AND MEMORY*, Columbia University press, 1977.

Roger N. Lancaster and Micaela di Leonardo, *The Gender/Sexuality Reader*, ROUTLEDGE, New York and London, 1997.

Stevi Jackson and Sue Scott, *Feminism and Sexuality*, EPINBURGH UNIVERSITY PRESS, 1996.

Rita Felski, *Beyond Feminism Aesthetics*, Harvard University press, 1989.

Luce Irigaray, *An Ethics of Sexuel Difference*, The Athlone Press Londer, 1993.

Gilles Deleuze, *A THOUSAND PLATEAUS*, Translation and Foreword by Brian Massumi, The University of Minnesota.

SEYMOUR CHATMAN, *STORY AND DISCOURSE*, Cornell University Press, 1978.

Jackson, Stevi and Sue Scott eds.(1996), *Feminism and Sexuality*, Columbia University Press.

Rubin, Gayle(1984), *Thinking Sex: Notes for Radical Theory of the Politics of Sexuality, Pleasure and Danger*, de. by C. Vance, Routledge & Kegan Paul.

3. 論文

이기인, 『1920년대 소설의 심미성과 그 소설사적 의의』, 고려대 박사학위논문, 1990.

강헌국, 『한국근대소설의 서사유형 연구』, 고려대 박사학위논문, 1996.

김창수, 『한국 근대시에 나타난 집 이미지 연구』, 고려대 박사학위논문, 2001.

이태숙, 『여성성의 근대적 경험양상』, 고려대 박사학위논문, 2000.

이동재, 『20세기의 한국소설에 나타난 근대적 집의 형성사 연구』, 고려대 박사학위논문, 1999.

류양선, 「근대지향성의 문제와 현실 뒤집기의 수법」, 『염상섭 문학연구(권영민 편), 염상섭 문학전집 별권』, 민음사, 1987.

박설호, 「지배이데올로기, 혹은 해방으로서의 성: 빌헬름 라이히의 성 경제학」, 『문화과학』, 1995 봄.

서동진, 「누가 성정치학을 두려워하는가」, 『섹스, 포르노, 에로티시즘: 쾌락의 악몽을 넘어서』, 현실문화연구, 1994.

고갑희, 「시적혁명과 경계선의 철학」, 『페미니즘 어제와 오늘』, 민음사, 2000.

서정자, 『일제강점기 한국 여류소설 연구』, 숙명여대 박사학위논문, 1987.

김연숙, 『고소설의 여성주의적 연구』, 서강대 박사학위논문, 1995.

정영자, 『한국여성문학연구』, 동아대 박사학위논문, 1988.

서례순, 『춘향전에 나타난 기생의 세계』, 고려대 석사학위논문, 1986.12.

김미현, 「'성장'과 '생존'의 두겹쓰기: 이선희론」, 『문학과의식』 29, 1995.8.

김미현, 「하강과 상승의 이중적 글쓰기: 백신애소설연구」, 『문학과의식』 27·28, 1995.3.

김양선, 「'신여성' 드러내기의 두 가지 방식」, 『한국여성문학비평론』, 개문사, 1995.8.

김영혜, 「한국 여성해방문학의 연구 현황에 대한 비판적 고찰」, 『文學精神』 59, 1991.9.

김영희, 「여성문학론의 비판적 검토」, 『창작과비평』 61, 1988.9.

김은정, 「여성적 자아로의 접근」, 『한국여성문학비평론』, 개문사, 1995.8.

金亭子, 「한국시에 나타난 페미니즘」, 『東洋文學』 33, 1991.3.

김준오, 「현대시와 페미니즘의 인식: 문학과 여성」, 『문학과비평』 20, 1991.12.

김지향, 「한국 근대여성문학의 기층의식 연구: 나혜석과 김탄실의 문학을 중심으로」, 『漢陽女專論文集』 16, 1993.2.

金賢子, 「페미니즘적 관점에서 본 한국 현대시 연구」, 『韓國文化硏究院論叢』 64·1, 梨花女大, 1994.12.

김혜순, 「페미니즘과 여성시」, 『문화예술』 153, 1992.4.

문학사상 자료조사연구실, 「세계의 독자들을 향한 한국의 여성문학」, 『文學思想』 279, 1996.1.

변신원, 「박화성의 초기소설 연구」, 『문학과의식』 27·28, 1995.3.

변신원, 「페미니즘 비평」, 『詩文學』 238, 1991.5.

변신원, 「페미니즘 비평」, 『詩文學』 239, 1991.6.

서정자, 「여성작가와 자기발견의 서사: 한국 페미니즘문학의 계보」, 『文學精神』 59, 1991.9.

서정자, 「이광수 초기소설과 결혼 모티브: 신문학 초기 페미니즘 소설연구」, 『語文論集』 3, 淑明女大, 1993.2.

서지영, 「길찾기의 한 방식과 자기 확인의 담론」, 『한국여성문학비평론』, 개문사, 1995.8.

테리 이글튼 著, 여홍상 譯·「페미니즘 사상」, 로즈마리 통 著 이소영 譯·「현대 미국 문학 비평」, 빈센트 라이치 著 김용권 外譯 <書評>, 『현대비평과이론』 9, 1995.5.

송인화, 「하층민 여성의 비극과 자기인식의 도정: 강경애론」, 『문학과의식』 27·28, 1995.3.

송지현, 『1930년대 한국소설에 있어서의 여성자아 정립양상 연구』, 전남대 박사학위논문, 1991.

송현호, 「근대 초기 문학에 나타난 탈식민주의와 페미니즘」, 『亞洲語文硏究』 1, 1994.12.

신명란, 「1930年代 小說의 여성인물 연구: 염상섭·채만식을 중심으로」, 『대구어문론총』 12, 1994.6.

심정순, 「兩性的 문화전통의 올바른 확립을 위하여: 새로운 現代文藝理論特講 페미니즘」, 『文學思想』 204, 1989.10.

안숙원, 「유사남성적 언술과 <젠더> 의식의 錯綜」, 『한국여성문학비평론』, 개문사, 1995.8.

이 정, 「여성문제의 인식과 글쓰기 방식」, 『한국여성문학비평론』, 개문사, 1995.8.

이상경, 「여성의 근대적 자기표현의 역사와 의의」, 『민족문학사연구』 9, 1996.6.

이호숙, 「나혜석 문학 연구: 그 페미니즘의 허와 실」, 『문학과의식』 26, 1994.10.

전미정, 「나혜석의 삶과 여성의식」, 『한국여성문학비평론』, 개문사, 1995.8.

정영자, 「한국 페미니즘소설의 계보」, 『文學精神』 59, 1991.9.

鄭英子, 「한국문학의 페미니즘적인 비평접근」, 『東洋文學』 33, 1991.3.

정해룡, 「실천적 페미니즘 비평으로 여성해방소설이 나아갈 방향 제시: 「문학과 성의 이데올로기」(송명희 著, <書評>)」, 『比較文學』 19, 1994.12.

최동호, 「여류시와 페미니즘 그리고 기담시(奇談詩)」, 『文學思想』 287, 1996.9.

최정숙, 「한국여성 문학의 흐름과 전망(評)」, 『예술세계』 60, 1995.9.

찾 아 보 기

<인명>

김윤선

1967년 인천에서 출생했으며, 인일여고를 졸업한 후 상경했다.
덕성여자대학교 국어국문학과를 졸업하고, 고려대학교 대학원 국어국문학과에서 문학석사와 문학박사 학위를 받았다.
주요 논문으로 「한국 현대 소설에 나타난 인간 갈등」, 「나도향 소설에 나타나는 '낭만적 사랑'의 문제」, 「변화된 부부 정체성과 부부 윤리-가족위기시대 소설을 중심으로」, 「1930년대 한국 소설에 나타난 성담론 연구-강경애 소설을 중심으로」, 「생존의 서사로서의 전시소설」, 「황순원 소설에 나타난 꿈 연구」 등이 있으며, 저서로 『한국의 식민지 근대와 여성 공간』(공저)이 있다.
고려대학교 민족문화연구원 한국어교육센터와 고려대학교, 덕성여자대학교, 인천가톨릭 대학교, 한림대학교, 한성대학교 강사를 역임했으며, 지금은 고려대학교 연구교수, 가톨릭여성연구원 연구위원으로 있다.

한국 현대 소설과 섹슈얼리티

초판 1쇄 인쇄 • 2006년 4월 9일
초판 1쇄 발행 • 2006년 4월 11일

지은이 • 김 윤 선
펴낸이 • 박 성 복
펴낸곳 • 도서출판 月印
서울특별시 강북구 수유2동 252-9
등록 • 제6-0364호 / **등록일** • 1998년 5월 4일
대표전화 • (02) 912-5000 / **팩스** • (02) 900-5036
http://www.worin.net

ⓒ 김윤선, 2006

ISBN 89-8477-309-3 93810

값 12,000원

☞ 잘못된 책은 구입하신 서점이나 본사에서 바꾸어 드립니다.